리처드 와이코프

나는 어떻게 투자하는가

'Howi Trade
and Invest in
tocksand Bond

리처드 와이코프
나는 어떻게 투자하는가

리처드 와이코프 지음 | 박선령 옮김

P page2

지난 33년 동안 나는 증권시장의 끈질긴 학생이었다. 여러 증권거래소의 일원이자 채권 딜러, 트레이더, 투자자이기도 한 나는 주문을 실행하고 시장에 대처하는 수천 명의 사람들, 그리고 그 시장에서 거래하는 트레이더나 투자자들과 적극적으로 접촉했다.

지난 15년 동안은 「월스트리트 매거진 The Magazine of Wall Street」을 편집하고 출간하는 일도 했는데, 현재 이 잡지는 전 세계에서 가장 많은 발행 부수를 자랑하는 금융 간행물이다.

이런 경험 덕분에 주식과 채권시장뿐만 아니라 이와 관련된 모든 걸 연구할 수 있는 기회가 생겼고, 이 시장에 영향을 미치는 힘과 그들의 활동이나 광범위한 변동에 크게 기여하는 인적 요소를 관찰할 수 있었다. 이를 통해 특정한 거래 및 투자 방법을 발전시키거나 채택하거나 공식화했고, 그중 몇 가지를 정리해서 이 책에 소개하려고 한다.

이 책을 쓰는 목적은 두 가지다.

첫째, 증권시장은 방대한 기술적 기계이고 너무 복잡해서 많은 사람이 이해하지 못한다고 생각하는 새로운 투자자 수천 명을 염두에 두고 썼다. 이런 잘못된 인상을 없애고, 다른 곳과 마찬가지로 월스트리트에서도 가장 중요한 건 상식이며 여기에 공부와 실무 경험을 결합해야 한다는 걸 강조하기 위해 노력했다. 또 이 분야에서 성공하기 위한 요건을 모두가 이해할 수 있는 방식으로 설명하려고 애썼다.

둘째, 내 첫 번째 책인 『테이프 리딩 연구Studies in Tape Reading』를 쓰면서 알게 된 것처럼, 내가 지키려고 노력하는 운용 원칙을 글로 써서 머릿속에 명확하고 구체적으로 아로새기는 건 개인적으로도 큰 도움이 될 것이다. 이런 두 가지 관점에서 볼 때, 내 생각을 체계적이고 일관된 순서에 따라 정리하는 건 꽤 가치 있는 일이라고 생각한다.

리처드 D. 와이코프
롱아일랜드주 그레이트 넥Great Neck에서
1922년 3월

Part 2
데이 트레이더의 바이블

"이 책은 서둘러 읽으면 안 된다.

최대한 많은 것을 얻어내려면 이 책에 담긴 수많은 메시지가

머릿속에 자리 잡도록 해야 한다."

_리처드 와이코프

Part 1

주식 및 채권 거래와 투자 방법

How I Trade and Invest in Stocks and Bonds

현명하고 정확하게 예측하고 판단하는 사람은 다른 사람보다 유리하며, 그 이점을 이용하는 건 부도덕한 일이 아니라고 생각한다. 왜냐하면 그가 개인적으로 그 사업에 더 적합하기 때문이다. 그리고 자연법에 따라 그는 자신에게 합법적으로 적용되는 권리를 부여받았다. 만약 한 명 혹은 스무 명이 여기 이 나라의 상태, 농작물, 우발적인 기후 위기 발생 가능성, 유럽의 상황 등을 살펴보더라도, 즉 세상의 모든 요소를 고려하더라도 그게 올바른 행동 방침을 예언할 만큼 현명하다면 그것이 정당하지 않을 이유는 없다.

_헨리 워드 비처Henry Ward Beecher

투자와 거래에 관한
첫 번째 교훈

♦ 어디에서 어떻게 시작했는가

월스트리트에서 일할 때 내 첫 번째 고용주의 제안에 따라 철도와 다른 기업 통계에 대한 연구를 시작하면서 매달 20달러의 후한 보수를 받았다. 1888년의 일이다.

중간에 수없이 중단되긴 했지만 그래도 연구는 계속했다. 그리고 1897년부터 세인트루이스 앤드 샌프란시스코St. Louis & San Francisco의 보통주를 주당 4달러에 구매하면서 연구한 것을 실행에 옮기기 시작했다. 당시 다른 주요 주식들은 다음과 같은 가격에 팔리고 있었다. 유니언 퍼시픽Union Pacific 4달러, 서던 퍼시픽Southern Pacific 14달러, 노퍽 앤드 웨스턴Norfolk & Western 9달러, 애치슨Atchison 9달러, 노던 퍼시픽Northern Pacific 11달러, 레딩Reading 17달러. 간단히 말하면 가격이 매우 낮았다. 많은 철로가 새로 생겨나고 있거나, 운영 중이었으며 역배당이 기본 원칙이었다.

나는 돈을 조금 모아 여러 회사의 주식을 한 주씩 사들이기 시작했다. 이런 투자 방식 때문에 성가신 존재가 되는 바람에 내가 '선호하던' 증권거래소가 나와의 거래에 관심이 없다고 말하기에 이르렀다. 그래서 더 적은 종류의 주식을 더 많이 사기로 했다.

안전하다고 믿는 것을 직접 구매하는 것, 이것이 바로 대부분의 사람이 주식투자를 시작하는 방식이다. 주식 증서를 금고 안에 넣어두면 안전하게 소유할 수 있는 건 사실이지만 다른 면에서는 그렇지 않다. 가치와 수익력의 변동이나 감소를 막아주지는 못하기 때문이다. 하지만 증권을 잘 선택해서 적절한 시기에 매수한다면 돈을 버는 데 유리할 가능성이 크다.

밤을 새워서 재무 관련 문서를 읽고 증권의 미래 가치를 연구했다. 주식을 살 돈이 충분하지 않을 때는 상상 속에서 구입한 주식을 장부에 적은 뒤 그 주식의 가치가 높아지게 될 이유를 옆에 적었다. 그중 두 종목은 아직도 기억이 나는데 시카고, 벌링턴 앤드 퀸시Chicago, Burlington & Quincy는 57달러였고, 뉴욕의 에디슨 일렉트릭 일루미네이팅Edison Electric Illuminating은 101달러였다.

이런 사례를 언급하는 이유는 증권 거래와 투자를 배우고 시작할 때 아주 좋은 방법이기 때문이다. 어떤 분야든 완벽을 만드는 건 연습이고, 월스트리트에서 실패하는 대부분의 원인은 연습이 부족하기 때문이다. 이 일을 배울 때 진짜 돈을 걸 필요는 없다. 그리고 나는 모든 게임 중에서도 가장 위대한 이 게임에 참여하는 걸 진지하게 고려한다면 2~3년(2~3개월이 아니라) 정도는 이런 공부와 모의 투자 연습을 해야 한다고 생각한다.

하지만 공부와 연습은 대다수 사람의 마음에서 가장 멀리 떨어져 있는 두 가지다. 투자를 처음 하는 사람은 그런 세부 사항에 신경 쓰고 싶어 하지 않는다는 걸 누구나 안다. 평범한 사람들은 투자 목적으로 월스트리트에 와서 구매 대금을 전액 지불할지도 모른다. 하지만 그가 원하는 건 '좋은 정보'를 듣는 것뿐이다. 그건 투자가 아니라 도박이다. 토마스 F. 우드록Thomas F. Woodlock의 말을 빌리자면, 투자를 위해서는 "지성과 선견지명을 활용해야 한다." 하지만 사람들은 대부분 지성이나 선견지명을 사용하지 않는다.

♦ 다른 사람들의 투자를 관찰하면서 얻은 교훈

독자들에게는 오래 기다린 것처럼 보일지도 모르지만, 나는 공부를 시작한 지 8년이 지나도록 투자를 시작하지 않았고, 그 후에도 6년 동안은 트레이딩을 시작하지 않았다. 때문에 학교에 다니면서 헤아릴 수 없을 정도로 가치 있는 기초 지식을 얻었다고 말할 수 있다.

주식을 한 주씩 매입했던 일과 관련해서는 내가 보유한 증권을 소유한 기업들의 재무 상태와 수익력을 정확하게 파악하긴 했지만, 일반적인 시장 상황으로 주가가 크게 변하는 경우가 많다는 걸 알게 됐다. 다시 말해, 내재가치와 미래의 가능성과 관련된 모든 게 위쪽을 가리키더라도 주가는 하락할 수 있다. 그래서 난 고려해야 할 다른 요소가 있다고 생각했는데, 이는 주로 조작, 기술적 조건, 시장 동향 등 세 가지 요소라는 걸 알게 됐다.

시장을 면밀히 연구하기 위해, 몇몇 유명 사업가의 대규모 거래를 체결한 뉴욕 증권거래소와 나를 동일시했다. 그리고 표면적으로 보이는 걸 바탕으로 변동을 예측하려고 하는 외부인의 관점에서가 아니라, 내부자의 관점에서 가격에 영향을 미치는 요인을 관찰하는 게 얼마나 필요한지 알게 됐다.

조사 결과, 가격에 영향을 미칠 수 있는 많은 사람이 소규모 트레이더와 똑같은 실수를 자주 저질렀다는 걸 알게 됐다. 다만 그들의 실수는 큰 액수의 돈과 관련이 있을 뿐, 그들의 이익에 비례하지는 않았다. 예전에 증권 중개회사에서 사무직으로 일할 때 소규모 트레이더들의 경향을 알아차렸는데, 이제는 그 경향이 대형 투자자들에게까지 확대되었다는 걸 알게 됐다.

다음 단계인 기술적 연구에서 가장 중요한 요인은 시장의 동향이며, 과잉 매수 또는 과잉 매도가 이루어지는 시장 상황이 다음 변동의 방향과 가장 관련이 깊다는 걸 깨달았다.

내가 쓴 《테이프 리딩 연구》에서 말한 원칙들은 그 책을 쓰기 오래전부터 내 머릿속에서 굴러다니고 있었는데, 글로 쓰면서 한층 명확해졌다. 예전에는 큰 규모로 거래했지만, 그 사실을 깨달은 뒤로는 주식을 10주씩 매매하는 방식으로 배운 걸 실행에 옮기기 시작했다. 올바른 원칙을 세우고 충분히 연습한다면, 단기적인 결과만 바라보지 않고 지속적인 투자 능력과 그에 따른 이익 증가로 이어질 강력한 토대를 바탕으로 점차 거래를 늘려갈 수 있을 것 같았다.

중개업에 종사하는 동안 나의 직접적인 목표는 고객에게 더 많은 돈을 벌어주는 것이었다. 그것이 그들을 영구적이고 성공적인 고객으로 남길 수 있는 유일한 방법이라는 걸 깨달았기 때문이다. 하지만 내 궁극적인 목표는 중개업에서 벗어나 증권시장에 시간을 쏟는 것이었는데, 다행히 몇 년 전에 그 지점에 도달했다고 말할 수 있어서 만족스럽다.

시장 운영을 확대하기 위한 돈을 벌려고 사업을 하는 사람들과 다르게, 나는 이익을 실현해서 더 많은 돈을 투자하는 데 관심이 있다. 「월스트리트 매거진」의 전속 작가들은 칼럼을 통해 사업가는 잉여자금을 건전한 유가증권에 투자해야 한다고 주장하는데, 나는 트레이딩 일을 하고 거기에서 나오는 이익을 투자한다. 다시 말해, 투자하기 위해 주식 거래를 하는 것이다.

조금 거슬러 올라가서 이 주제를 객관적인 방법으로 연구하던 중에 떠오른 몇 가지를 적어 보겠다.

내 첫 번째 고용주의 사무실에서 이루어진 시장 운영은 큰 의미가 없었다. 작은 회사였고 고객도 많지 않았기 때문이다. 그 회사 대표는 자신이 하는 일에 대해 이해하는 것처럼 보였고, 거래를 조금씩 하면서 돈도 좀 벌었다. 반면 대부분의 고객은 자신이 하는 일을 이해하지도, 돈을 벌지도 못했다. 가끔 누군가 찾아와 이 사업에 덥석 뛰어들어 많은 수수료를 지불한 후 혐오감을 느끼며 떠나버리기도 했다. 이런 트레이더들은 자기 자신에게 혐오감을 느껴야 한다. 대다수는 거래를 스포츠나 모험으로 여기면서 실패한 모든 사람보다 자신의 판단력과 능력이 더 낫다는 걸 증명하려는 것 같았다.

거의 모든 사람이 그냥 추측만 하고 있는 것처럼 보였다. 한 남자는 고점에서 사고 저점에서 파는 사업에서 확실히 승리를 거뒀다. 또 다른 사람은 레딩의 3차 수익 채권 한 장을 약 300달러에 샀는데, 몇 년 동안 레딩의 상승세에 힘입어 가치가 엄청나게 올라 25만 달러가 넘는 자산을 모았다고 말했다. 그러나 이 특정한 시기에 그는 다시 골치 아픈 상황에 빠졌다.

우리 고객인 한 노인은 높은 등급의 철도 채권을 아주 낮은 가격일 때만 구입했다. 그는 이런 채권을 수집하는 일에 푹 빠져 있었고, 자신의 광기를 채우기 위해 안경다리가 부러져도 새로 사지 않고 노끈으로 고정할 정도로 돈을 절약했다. 그와 같은 극단적인 투자자들은 가장 만족스러운 고객이었다. 그들은 해마다 계속 찾아오는 반면, 투기하던 이들은 하나둘씩 사라졌기 때문이다. 후자의 경우에는 작은 이익을 받아들이고 큰 손실을 감수하는 경향이 매우 두드러지게 나타났다.

그 무렵, 브루클린의 한 유명 인사가 몇 번의 투기를 시도한 뒤에 혼잣말하는 걸 들었다. "난 이 게임의 비밀을 안다. 트레이더들은 모두 작은 이익을 얻고 큰 손해를 입는다. 만약 내가 무허가 중개소를 차리면 다들 나에게 손실을 줄이고 큰 이익을 취하라고 강요할 것이다." 그는 실제로 무허가 중개소를 차렸다. 그리고 얼마 지나지 않아 호텔 두어 개를 샀고 백만장자가 되었다. 당연히 그는 다른 사람들처럼 자신의 트레이딩 능력을 믿지 않았고, 이 수익성 높은 원칙을 엄격히 따랐다(무허가 거래소 소유주는 철자는 같아도 내용은 다른 두 가지 원칙이 있을 수 있다). 그는 이 사업에 뛰어들면 고객들의 무지 때문에 잃는 것보다 더 많은 돈을 벌게 되리란 걸 알고 있었다.

다시 내 중개사무소에 대해 이야기하자면, 투기에는 도움이 되지 않았지만 슬기로운 투자의 두드러진 장점을 보여줬다고 말할 수 있다.

　다음 회사는 개인 전화선과 지점, 그리고 크고 작은 상당수의 고객을 보유한 회사였다. 그중 몇몇은 대규모 트레이더였고, 몇몇은 매우 성공적이었다. 여기서 나는 그들의 방법을 관찰했고, 뭔가를 제대로 배우기 시작했다. 가장 깊은 인상을 준 사람은 우리에게 전화선을 임대한 전신 회사의 고위 관리였다. 손실을 짧게 하려는 고정된 원칙 때문에 다른 사람들과 차별되었다(여기서 전쟁 같은 원칙이 다시 등장한다). 그는 2포인트 스톱을 수반하지 않는 이상 주문하지 않았다. 그리고 시장 양쪽에서 가장 활발하고 변동이 심한 문제들을 다루었다. '쉽게 변하는 패배자'였던 많은 고객과 달리, 그는 내가 기억하는 집요하게 성공한 유일한 사람이었다. 그는 대개 주식을 한 번에 200주씩 거래했고, 일반적으로 그가 위험을 감수한 2포인트와 수수료보다 약간 큰 이익을 얻었다.

　내가 그 회사에 있던 1893년 공황이 발생했다. 114달러였던 제너럴 일렉트릭General Electric 주가는 20달러로 떨어졌고, 아메리칸 코디지American Cordage는 140달러에서 회사 정리 수준까지 폭락했다. 이 경험을 통해 가능한 손실을 제한하거나 면밀히 관찰하지 않고 투자한 사람들은 자신이 틀렸다는 사실을 깨닫고 시장에서 빠져나가려고 할 때 어떤 위험을 무릅쓰게 되는지 알 수 있었다. 매수자는 거의 없고 의무 매도자만 많아지게 되면 이런 주식과 주식시장은 붕괴된다. 1890년에 발생한 베어링Baring 공황 때도 이런 모습을 본 적이 있지만, 이번과 똑같은 인상을 받지는 않았다. 당시에는 상당한 규모의 투기를 한 이들과 별로 긴밀하게 접촉하지 않았기 때문이다.

몇 년 뒤에 개인 전용 전화선과 지점, 전국에 제휴사를 두고 거대하고 야심 차게 성장 중인 뉴욕 증권거래소에서 일하게 됐다. 뉴욕 증권거래소는 고객이 많고 중요한 인맥도 많았기 때문에 곧 월스트리트에서 가장 큰 거래소 중 하나로 발전했다. 이곳에서는 주식과 채권뿐만 아니라 면화와 곡물도 대규모로 거래했기 때문에 나는 시장에 대한 더 넓은 시각을 얻을 수 있었다. 많은 사람이 상당한 돈을 벌었다. 몇몇 사람은 짧은 시간에 엄청난 이익을 냈지만, 그들은 갑작스럽게 불어난 재산으로 과도한 확장을 한 탓에 큰 손실을 초래하기도 했다. 이는 큰 금액을 거래하는 상황에서 현명한 판단을 내리지 못했기 때문이다. 이것이 천천히 재산을 늘려가는 과정을 선호하게 된 또 다른 이유였다.

보스턴, 필라델피아, 시카고에 있는 대규모 증권사들은 우리를 통해 큰 사업을 진행했지만, 개별 고객들의 운영 상태를 몰랐다. 때문에 나는 증권사의 이름으로 제공되는 합성물로만 판단할 수밖에 없었다. 분명히 두 종류의 작업이 진행되고 있었다. 하나는 매수 주문과 매도 주문이 대거 유입된 것인데, 이는 분명히 즉각적인 변동을 예상하는 사람들에게서 비롯된 것이다. 이런 결과는 해당 거래의 증거금으로 유입된 자금으로 손실을 처리하여 순이익을 발생시키는 것으로 나타났다. 이는 다른 도시의 트레이더들도 내가 이곳에서 만난 트레이더들과 다를 게 없다는 것을 증명했다. 즉 그들도 이 사업에서 비실용적이고 비효율적이기는 마찬가지였다.

가장 인상 깊었던 건 다른 종류의 거래였다. 이 거래는 애치슨 제너럴 모기지 4SAtchison General Mortgage 4s와 인컴, 노퍽 앤드 웨스턴 Incomes, Norfolk & Western 우선주, 유니언 퍼시픽 우선주, 자산 관리 상태에서 막 벗어난 기업들의 상위 등급 주식과 채권을 구입하려는 고정적인 주문으로 구성되었다. 이들은 매우 대량으로 구입했고 주로 서부로 운송되었다. 위대한 철도 중심지인 시카고와 그 주변은 철도 사업에 익숙했고, 또 재앙과도 같았던 과거에도 불구하고 그런 주식과 채권의 미래 가능성을 내다보는 사람들이 있었던 것 같다.

♦ 맥킨리 붐의 놀라운 교훈

1896년 맥킨리의 첫 선거로 시작되어 몇 년 동안 이어진 상승

장세에서 수익 관리, 재편성, 평가를 거친 유니언 퍼시픽, 레딩, 애친슨, 기타 주식은 가치가 몇 배나 증가했고 지금까지 내가 받은 가장 놀라운 교훈을 제공했다.

우리 고객 가운데 가장 성공한 고객층은 선견지명이 있는 투자자로 레딩과 같은 주식을 평가 금액보다 낮은 금액으로 보유하거나 매수하고 있었다. 이런 평가를 위해 그들은 일반적으로 우선주를 받았다. 그리고 후자의 시장 가격이 결국 액면가로 상승했을 때 평가 금액을 돌려받고 이전 손실을 만회하거나 낮은 가격으로 취득한 보통주를 통해 큰 이익을 얻었다.

그 회사에서 일한 4년 동안 투기에 관한 교훈을 많이 얻었다. 호황기였기 때문에 소액 계좌가 거액으로 발전하는 사례가 많았다. 플라워 주지사는 당시 상승장의 우두머리였고, 그의 주식 일부는 소형주에서 대형주로 바뀌었다. 그에게는 추종자가 많았고 그들에게 더없이 정직했으며, 롱아일랜드 리버헤드에 있는 낚시 클럽에서 무를 너무 많이 먹는 바람에 세상을 떠날 때까지 대중을 위해 많은 돈을 벌었다. 다음 날 아침, 강세장에서 돈을 벌어서 처음 투자한 금액을 몇 배나 불린 사람들 대부분은 장이 열리자마자 그 돈 대부분을 잃었다.

♦ 가격 변동을 일으키는 요인

동료 직원 한 명이 적은 돈으로 뭘 할 수 있는지 보여줬다. 소량의 주식으로 시작한 그는 돈을 계속 불려서 3,000달러의 이익을 실현했는데, 주급 30달러를 받는 직원에게는 매우 큰 액수다. 나는 그가 뉴스에 근거해서 판단을 내리는 게 아니라, 변동성에 대한 연구를 기반으로 거래한다는 걸 알게 되었다. 그의 전문 분야는 아메리칸 슈가American Sugar와 브루클린 래피드 트랜싯Brooklyn Rapid Transit이었다. 그는 주식으로 번 돈을 '아무도 빼앗아 갈 수 없도록' 계약금 3,000달러를 지불해서 집을 샀다. 그는 당시 '차트 광'으로 알려진 사람들이 그랬던 것처럼 시장의 차트를 기록하고 그것을 지능적으로 연구했다.

당시에는 차트를 기록하는 건 다람쥐에게나 어울리는 일로 여겨졌다. 중개소 안팎에는 겨드랑이에 차트를 끼고 눈을 부릅뜬 채 법석을 떠는 이들이 많았다. 그들은 이중 고점과 저점에 대해 장황하게 얘기하면서 '큰손들'에게 본인이 좋아하는 주식으로 이런저런 일을 하는 장소와 방법, 이유를 알려줄 것이다. 그러나 그들 중에는 돈이 많은 사람이 아무도 없는 것 같다. 아마 그건 그들이 엄격한 규칙만 따를 뿐, 생각을 많이 하지 않기 때문일 것이다. 차트가 그들에게 정확히 뭘 해야 하는지 알려주는 것 같았다!

시장에서 성공한 학생들은 소수지만 그래도 있기는 있다. 그리고 나는 그들의 추론 방법에 대한 정보를 들었다. 시장 자체가 자신의 미래 진로에 대한 증거를 자주 제시한다는 걸 알고 놀란 나는 그 선들을 조사하기 시작했다. 이는 내재가치와 수익력에 대한 연구를 방해하지 않고 오히려 보완했다. 왜냐하면 종종 통계와 시장의 움직임이 같은 방향을 가리킨다는 걸 발견했기 때문이다.

조작과 관련해서는 공공 매수, 매도, 배제라는 세 가지 목적 중 하나를 가지고 있는 듯했다. 그리고 난 조종자들은 그와 반대의 일을 하려고 노력한다고 판단했다. 당시 시장은 커지고 있었지만 상대적으로 적은 수의 종목으로 구성되어 있었다. 주요 트레이더는 제임스 R. 킨James R. Keene이었다. 록펠러 일행은 일부 주식에서 활동했다. J.P. 모건은 스틸 트러스트Steel Trust를 아직 '출발'시키지 않았고, 게이츠Gates와 해리먼Harriman은 막 지평선 너머에서 모습을 드러낸 참이었고, 굴드Gould의 태양은 거의 질 무렵이었다. 새롭고 막강한 이익집단이 협력하여 활동할 경우 쉽게 흔들릴 수 있는 시장이었다. 대중의 참여와 거래량이 많기는 했지만 참여자 수나 거래되는 주식 수에서 오늘날의 시장과 비교할 수준은 아니었다.

시장에 대한 새로운 관점을 확보한 나는 주로 일반적인 추세와 관련된 움직임을 통해 판단하려고 노력했다. 특히 다우Dow 가격 이동 이론에 상당한 인상을 받았다. 1) 오랜 기간 동안 지속되는

앤드류 카네기   J. P. 모건

혼 엘버트 H. 개리   제임스 A. 파렐

U.S.스틸의 역사

오랫동안 가장 인기 있는 투자 대상이었던 U.S.스틸의 역사 조직 및 경영과 관련된 주요 인물 4명

긴 추세, 2) 30~60일 사이의 변동, 3) 하루~며칠간 이어지는 작은 변동 등 세 가지 뚜렷한 시장 움직임이 동시에 진행되고 있다

는 그의 이론을 분명히 이해했다. 이런 제안을 적절히 활용할 경우 그 가치가 매우 큰 것으로 나타났다.

　나는 주식시장과 투자 지식에 목말라 있었지만 나를 도와줄 수 있는 사람이 거의 없었고, 괜찮은 책도 별로 없다는 게 매우 유감이었다. 그래서 할 수 있는 한 최선을 다해 파헤쳐야 했다. 나는 지식을 빨리 흡수할 만큼 똑똑하지 않았고, 매우 느리게 배웠지만 그래도 다음 장에서 나오는 것처럼 진전을 이뤘다.

정말 성공하려면 나만의 거래 방법을 만들어야 했다. 나의 가장 큰 단점은 조급함이다. 활동적인 성격인 나는 큰 이익이 쌓일 때까지 오래 기다리기 힘들었다. 어떤 때는 내 수익보다 중개인에게 주는 수수료가 더 많았다. 또 어떤 때는 시장의 움직임이 아닌 다른 것에 영향을 받기도 했다. 하지만 나는 이런 결점을 고민과 자기 훈련을 통해 대부분 극복했고, 이익을 거두기 시작했다.

중개 및 출판 분야에서의
유익한 경험

♦ 중개사업 입문: 트레이딩 방법 연구를 통해 도달한
세 가지 결론

스스로 트레이딩을 시작할 수 있을 만큼 충분한 돈을 모은 나
는 대형 증권사를 그만두고 비상장 증권 거래를 시작했다. 나중
에 몇몇 동료와 함께 뉴욕 증권거래소에서 경영 파트너가 되었
고, 몇 년간 주식 중개업을 계속했다. 이 과정에서 여러 고객과
대형 기업과 긴밀하게 접촉할 수 있었다.

그들을 오래 관찰하지 않았는데도 거래 방법에 관한 확실한 세
가지 결론을 얻을 수 있었다.

1. 증권을 사고파는 사람들 대다수는 그 사업에 대해 거의 무지했다.
2. 그들은 정신적으로 게을렀다. 해당 주제에 대한 지식을 늘리려는 의지를 보이지 않았고, 그들에게 팁이나 소위 '정보'를 제공하는 사람들에게 가장 큰 매력을 느꼈다.
3. 트레이딩 당사자가 필요한 준비를 갖추기 위해 공부하려고 해도 교육적인 문헌을 찾기 어려웠다.

슬기롭고 신중하며 자기 사업에서 성공한 사람들이 주식이나 채권을 거래하려고 할 때 무작정 월스트리트로 찾아와서 경계심을 다 버리고 행동하는 걸 보면 놀랍다.

♦ 일반 트레이더가 실패하는 이유

나는 시장을 공정하게 판단할 수 있는 경지에 이르렀고, 그런 사람들을 돕기 위해 최선을 다했다. 시간이 흐르면서 많은 사람이 상당한 돈을 벌 수 있게 도와줬지만, 그들 대부분은 배우려고 하지 않고 남에게 기대려고만 한다는 걸 알게 됐다. 그들은 이익에 대한 희망에 이끌리고, 손실에 대한 두려움에 쫓기며 표류했다.

내가 그 시기에 접촉한 고객은 트레이더와 투자자의 심리를 명확하게 알려줬고, 시장에 대한 그들의 관점이 대체로 매우 뒤틀려 있다는 걸 알게 됐다. 그들은 매우 중요한 기술적 조건이 아니라 시장의 표면적인 상황을 기준으로 판단을 내렸다. 성공적인 운영을 기대하는 모든 사람에게는 이런 기술적 조건에 대한 명확한 이해가 가장 중요하다. 그래서 상당한 기간 동안 나는 생각과 관심 대부분을 투기보다 증권 투자 쪽에 쏟았다.

♦ 1907년 공황 때「월스트리트 매거진」창간

1907년 공황 당시「티커The Ticker」라고 알려진「월스트리트 매거진」을 창간한 뒤로 시장 변화에 대해 더 알고 싶어 하는 사람들에게 수많은 문의가 들어오기 시작했고, 해당 주제를 연구한 사람들에게 기사도 기고받았다. 또 다른 종류의 의사소통에는 필자들이 의견을 원했던 다소 기계적인 방법에 대한 설명도 포함되어 있었다. 당시에는 인간의 잘못된 판단을 없앨 수 있는 방법을 찾는 데 관심이 많았다. 이것은 무지개를 좇는 행동처럼 보였지만, 내가 시장 행동을 연구해 많은 걸 배울 수 있었다는 데는 의심의 여지가 없다. 우리에게 보내온 수많은 아이디어와 직접 연구해서 얻은 몇 가지 포인트는 시장을 판단하는 데 큰 도움이 됐다.

♦ 그래프(차트)는 도움이 되는가: 내 초기 성공 비결

개별 주식이나 증권 그룹의 움직임을 그림으로 나타낸 그래프, 차트, 다이어그램 등은 모두 시장에 대한 많은 사람의 심리를 나타내는 구체적인 역사이다. 그리고 내가 이것을 연구하는 목적은 징후를 맹목적으로 따르기 위한 게 아니라 어떤 종류의 정신 작용이 이를 야기했는지 확인하기 위한 것이다. 그렇게 대중 심리의 좋은 점과 나쁜 점을 추려 진정한 투자 방법을 알 수 있게 되길 바랐다.

그래서 여기에서는 모든 형태의 그래프에 대해 좋은 말만 하고 싶다. 그래프의 가치를 조사하기 위해 노력하지 않는 사람들은 그래프를 남용하거나 오용하기 쉽다. 오늘날 수천 가지 다양한 형태의 상태, 작업 등의 지표로 그래프를 사용하지 않는 사업이나 직업은 거의 없다. 그러니 증권시장처럼 복잡한 문제를 확인하고 명확히 하기 위한 수단으로 그래프를 이용하는 것보다 더 논리적인 방법이 어디 있겠는가?

시간이 지남에 따라 내 출판물은 이 문제를 다양한 각도에서 다룬 많은 사람에게 관심의 중심이 되었다. 그들의 아이디어를 검토해 좋은 점은 받아들이고 나쁜 건 제거하는 동안, 이 문제에 기꺼이 시간과 관심을 쏟으면서 다른 건 전부 부차적으로 만드는 사람이 어떻게 영구적인 성공을 거둘 수 있는지에 대해 상당히 명확한 생각을 품게 됐다. 시장을 그 자체의 행동으로 판단하는 문제에 관련된 정보를 요구하는 수요가 여러 방면에서 생기자, 이 주제를 전문으로 연구하면서 글을 쓰기로 결심했다. 그 결과물이 《테이프 리딩 연구》라는 책이었는데, 이 책은 그 후 여러 번 재출간되었다. 그 책에 명시된 원칙은 「월스트리트 매거진」에 연재 형식으로 처음 소개된 이후 수십 년 동안 시장의 온갖 우여곡절을 겪으면서도 변하지 않았다.

증권시장처럼 어려운 주제로 글을 쓰는 것과 아이디어를 실제 운용하는 것, 즉 그것으로 돈을 버는 건 별개의 문제라고 말하는 사람들이 많을 것이다. 지금은 내가 그 책을 쓴 뒤로 거기에 명시된 방법(시장과 개별 증권의 미래 방향을 통해 판단하는 방법)을 활용해서 나와 독자들이 수백만 달러를 벌었다고 말하는 것만으로 충분할 것이다. 그리고 난 매년 쓰는 돈보다 훨씬 많은 돈을 벌 것으로 예상한다. 그 책에서 소개한 원칙은 시장에서 돈을 번 것으로 증명되듯이 절대적으로 건전하고 실행 가능하기 때문이다.

♦   개별 주식의 가격 변동에 대한 유익한 발견

『테이프 리딩 연구』에서는 날마다 평균적인 손실액, 비용, 수수료를 초과하는 이익을 내는 것을 목표로 삼아 매일 수익을 올리는 거래를 하라고 제안했다. 하지만 결국 5포인트, 10포인트, 20포인트 변동을 통해 훨씬 더 좋은 결과를 얻을 수 있다는 걸 알게됐다. 게다가 후자의 방식대로 하면 매일 끊임없이 테이프를 들여다보면서 주요 활황주와 그것의 이전 움직임에 대한 모든 시세를 외우느라 생기는 긴장감을 줄일 수 있다는 걸 알았다.

나는 평균 30~60일 동안 진행되는 중요한 변동에서 진짜 돈이 만들어진다는 걸 알게 됐는데, 이때 변동이 준비 단계에 있는 동안 축적이나 분산이 명확하게 표시되었다. 경험에 따르면 시장에서 잘 계획되고 실행된 모든 캠페인은 세 가지 단계를 거쳤다.

1. 상향 이동의 경우 누적이 나타나며 이는 몇 주 또는 몇 달 동안 지속될 수 있다.
2. 주가 상승 단계인데, 주가가 강세장 소식이나 공격적인 매수로 인해 분배가 가능한 수준에 도달할 때까지 상승한다.
3. 분산 단계다.

하락장의 경우에는 이 주기가 반대로 움직일 것이다.
나는 종종 상향 조정되는 주식이 상당히 만족스러운 이익을 실현할 수 있는 지점을 훨씬 넘어서는 걸 발견하곤 했다. 하지만 대형 사업자들은 확실한 수치보다는 평균적인 매매 가격에 따라 작업을 하기 때문에, 이 경우 그들의 분산 때문에 하락세가 발생할 것이다. 예를 들어, 50~60달러 사이 범위에서 주식을 모았고 객관적인 평균 판매 가격이 80달러라면, 해당 종목을 액면가까지 끌어올렸다가 다시 70달러로 돌아온 후에 매도하면 판매한 물량에 대한 평균 가격이 80달러 이상이 될 수 있다.

♦   심각한 손실 방지 방법

이런 점들을 설명하는 이유는 독자들이 내가 문제를 해결한 방법에서 아이디어를 얻도록 하기 위해서다. 내 목표는 대규모 거래자가 무엇을 어떻게 했는지 알아내거나 추론하는 것이다. 그러면 나도 같은 방식을 이용해서 아마 더 큰 성공을 거둘 수 있을 것이다. 세련되지 못한 아웃사이더의 태도가 아닌 전문 트레이더의 마음가짐으로 운영할 경우 큰 이점이 있는 걸 보았다.

앞서 얘기한 것처럼 먼저 소량의 주식을 거래해서 내 이론을 시험해 봤다. 예기치 못한 시장 변화, 원칙에서 벗어나려는 나 자신의 성향, 많은 세부 사항을 수정하게 만든 새로운 발견, 그리고 마지막으로 이런 특정한 거래 방식에 대한 경험을 줄 수 있는 일련의 장기 거래의 필요성 때문에 진행이 종종 중단되곤 했다.

정말 성공하려면 나만의 거래 방법을 만들어야 했다. 나의 가장 큰 단점은 조급함이다. 활동적인 성격인 나는 큰 이익이 쌓일 때까지 오래 기다리기 힘들었다. 어떤 때는 내 수익보다 중개인에게 주는 수수료가 더 많았다. 또 어떤 때는 시장의 움직임이 아닌 다른 것에 영향을 받기도 했다. 하지만 나는 이런 결점을 고민과 자기 훈련을 통해 대부분 극복했고, 이익을 거두기 시작했다.

『테이프 리딩 연구』에서 설명한 것처럼 시장 판단과 관련된 세부 사항을 일일이 설명하지는 않겠지만 이는 오랜 연습을 통해 직관으로 자리 잡았다. 시장에서 10~20포인트 변동이 발생했을 때 분명한 전환점이 될 수 있는 걸 예상하는 데 성공했다고만 말하면 충분할 것이다. 그리고 시장에 대한 지식이 있는 사람이라면 누구나 이해하듯이, 이 분야에서의 성공은 한 해 동안 수수료, 세금, 이자 비용을 포함한 손실 총액보다 더 큰 총이익을 얻는 데 달려 있다.

나는 일반적으로 주식시장에서 돈을 버는 사람이라면 누구나 백만 달러 정도는 벌 수 있다는 환상을 품고 있다는 걸 안다. 대중들은 돈 저장고를 활용하는 방법을 알면 그걸 작동시키기만 하면 된다고 생각하는 것 같다. 이보다 오해의 소지가 더 큰 오류도 없을 것이다.

일부 대형 트레이더들이 때때로 엄청난 이익을 올리는 건 사실이다. 하지만 대개의 경우 그들은 손실도 이에 비례하는데, 이런 얘기는 들어본 적이 없을 것이다. 수백만 달러를 버는 이들은 종종 한 번의 거래에 그들이 가진 모든 것, 즉 수백만 달러를 잃을 위험을 무릅쓴다. 그리고 실제로 파산하는 경우도 많다. 나는 주식시장에서 이런 상황을 겪은 적이 없는데, 그 이유는 취약한 상황에 처하는 걸 스스로 허락하지 않았기 때문이다. 나는 심각한 손실 없이 몇 차례의 공황을 견뎌냈다.

♦ U.S.스틸에서 2만 달러의 수익을 거둔 이야기

한꺼번에 많은 돈을 버는 건 내가 트레이딩하는 목표가 아니다. 나는 얼마 안 되는 내 자본의 5%나 10%를 넘지 않는 비교적 적은 액수로 거래한다. 너무 여러 가지 일을 벌이거나 어떤 예기치 않은 상황이 발생했을 때 무력해지고 싶지 않기 때문이다. 이윤을 자신의 시장 운영을 확대하기 위한 수단으로 여기는 사람들이 많다는 걸 안다. 하지만 내 방법은 이윤이 줄더라도 내 자본을 안전한 소득 지급 증권, 가능하면 가치를 높일 기회가 있는 증권에 투자하는 것이다.

적은 돈으로 투자 사업을 운영하면 여러 가지 이유로 훨씬 큰 만족감을 느낄 수 있다. 한정된 운용 자본으로 큰 이익을 실현해야 한다는 과제를 스스로 정했기 때문에, 더 많은 돈으로 운용할 때처럼 위험을 감수하지 않고 신중하게 계획을 짜서 행동하게 된다. 그러면 다음 단계에서는 매우 작은 위험을 감수해서 상당한 이익을 얻었다고 느낄 수 있다. 5,000달러의 자본으로 1만 달러를 버는 게 2만 5,000달러를 투자해서 똑같이 1만 달러를 버는 것보다 훨씬 만족스럽다. 가장 만족스러웠던 것은 어떤 증권이 12~15포인트 정도 오를 것이라고 예상하고 적절한 서비스를 받을 수 있는 중개사무소 계좌에 여러 번 3,000달러를 넣은 것이다. 이때 내가 가장 선호하던 주식 중 하나는 다른 어떤 주식보다 큰 성공을 거둔 U.S.스틸이었다.

몇 년 전만 해도 너무 바빠서 하루 종일 시장을 지켜볼 수 없었지만, U.S.스틸이 급격한 상승 또는 하강 움직임이 예상되는 위치에 오기만을 기다렸다가 보호를 위해 3포인트에 스톱 주문을 설정하여 300주씩 사들이거나 팔았다. 2포인트 오를 때마다 100주씩 더 사고 3포인트 스톱 주문을 통해 추가되는 주식을 보호했다. 주가가 10포인트 정도 오른 뒤에는 매수를 중단했다. 그때쯤 되면 800주를 보유하게 될 것이다. 그러면 적어도 수천 달러의 이익을 얻을 수 있도록 이익을 실현하거나 스톱 주문 가격을 올린다.

앞에서 언급한 이 해에 U.S.스틸을 통해 이런 식의 작전을 세 차례 한 걸 제외하고는 거의 거래하지 않았다. 각 작전에 사용한 증거금은 3,000달러를 넘지 않았지만, 이를 통해 얻은 순이익은 약 2만 달러 정도였다. 리스크가 매우 제한된 상태로 진행했고, 원래 금액에 비해 이익이 컸기 때문에 '좋은 거래'라고 할 만하다. 첫 번째 작전 이후 얻은 이익은 두 번째와 세 번째 작전을 위한 자본을 공급하기에 충분했다.

♦ 성공한 트레이더가 되기 위해 알아야 할 것

나를 포함하여 다른 누군가가 끊임없이 성공을 거두면서 무한히 거래를 계속할 수 있다고 말하려는 게 아니다. 단지 설명한 것과 같은 이점이 있는 하나의 운영 방법을 제시한 것뿐이다. 그건 항상 적에게 측면을 보여주지 않고 뱃머리만 보여주어 표적이 훨씬 덜 드러나게 하는 군함을 연상시킨다. 월스트리트의 꽤 많은 사람이 이런 식으로 일을 한다. 여러분은 그들에 대해 들어보지 못했을 것이다. 왜냐하면 그들은 잡지를 출간하거나 책을 쓰지 않기 때문이다. 며칠 전에 내 오랜 친구가 뉴욕 증권거래소의 전직원에 대해 이렇게 얘기했다.

"그는 내가 만나본 가장 성공적인 투기꾼이다. 그는 주식을 주의 깊게 관찰해서 중요한 움직임을 위한 준비가 되었다고 판단되면 아마도 500주를 살 것이다. 그리고 자신이 예상한 방향으로 움직이면 매 포인트마다 추가 매수를 하지만, 매수 후 2~3포인트 하락하면 처음의 판단이 잘못됐다고 생각해 곧바로 내던진다. 그는 이제 많은 돈을 벌어서 1만 주씩 주식을 매입하는데, 그 주식 자체가 그가 성취한 일의 증거다."

더 얘기하기 전에, 모든 사람이 주식 거래에 적합한 건 아니라는 걸 말하고 싶다. 사실 이것을 기술이나 사업, 직업, 혹은 여러분이 부르고 싶은 다른 어떤 이름으로 받아들인다면 이 일에 적합한 사람은 거의 없다. 한 가지 이유는 대부분의 남자는 상업적인 교육을 받았기 때문에 적극적으로 증권 거래를 하는 데 적합하지 않다.

내가 아는 최악의 트레이더 한 명은 부동산으로 큰돈을 벌어 성공한 남자였다. 그가 사용한 방법은 도시 변두리에 있는 땅을 사서 상당한 이익을 거두며 파는 것이었다. 그는 이 방법을 주식시장에도 그대로 적용했다. 그 결과, 그는 모든 시장에서 주식을 샀지만, 몇 달 또는 몇 년씩 증권을 보유한 뒤에야 팔 수 있었다. 그는 주식시장에서는 추세가 1년에도 몇 번씩 방향을 바꿀 수 있고, 또 부동산 업계에는 존재하지 않는 역류와 반류가 있다는 것을 몰랐다.

간접비와 판매비를 제하고도 10%의 이윤을 얻을 수 있는 확실한 시장이 있다는 사실을 알고 상품을 도매로 구입하는 상인의 경우에도 월스트리트에 오면 상황이 불리해진다. 한 가지 이유는 매도하기 전에 매수하는 것에 익숙하기 때문인데, 반면에 증권 거래자는 매수 계정을 통해 매수하는 것처럼 최대한 융통성을 발휘해서 기꺼이 공매도할 수 있어야 한다.

그 상인은 자기 분야의 시장에 정통하다. 그는 공급과 수요를 통해 시장을 판단하고 그에 따라 상품을 구매한다. 그러나 월스트리트에 와서는 수요와 공급에 대해 연구하지 않는다. 그것은 매우 기술적인 주제이고, 완벽하게 습득하려면 몇 년간 세심한 주의를 기울여야 한다. 하지만 가장 훌륭하고 경험 많은 트레이더도 시장의 특성이 너무 당황스러워지거나 어떤 이유로 그들의 판단이 기대에 미치지 못하면 곤경에 처하거나 불운한 시기를 겪게 된다.

제조업체도 아직 생산되지 않은 상품에 대한 주문을 받는 공매를 한다. 그는 이 상품에 대한 주문이 쌓이는 걸 보고 원료를 구입해서 완제품을 제조한 뒤 배송하는 방법으로 공매를 커버한다. 그러나 유가증권을 사고파는 사업에 뛰어든다면 공매도는 그가 가장 하고 싶지 않은 일이 될 것이다.

이것을 보면 적을 만나서 패배한 자들의 대열에 합류하지 않으려면 특별한 훈련이 필요하다는 걸 알 수 있다. 내가 말하는 건 활발한 트레이딩 업무이지, 완전히 다른 문제인 성공적인 투자 (이후에 설명할 것이다)를 말하는 게 아니라는 것을 명심하자.

♦   유용한 6가지 규칙

내가 알게 된 트레이딩에서 유리한 몇 가지 원칙은 다음과 같다.

첫째, 주요 요인은 추세다. 시장 추세에 맞춰 일을 하면 추세를 거슬렀을 때보다 성공할 가능성이 3~4배는 커진다. 즉 강세장에서 매수하면 일반적인 상황에서는 그 추세가 이익을 안겨줄 것이다. 하지만 시장 추세가 하향세일 때 상승 기대주를 매입하면 여기서 빠져나올 유일한 방법은 우연한 가격 상승뿐이다. 이 짧은 설명이 이후 장에서 다루게 될 요점이다.

둘째, 위험은 언제나 제한되어야 한다. 트레이딩하는 모습을 지켜본 이들의 경험뿐만 아니라 나 자신의 경험을 통해서도 이 일반적인 원칙에서 벗어날 때마다 심각한 손실이 초래된다는 게 증명된다. 위험을 제한하는 가장 좋은 방법은 가격 변동에서 이익을 얻을 목적으로 이루어진 모든 거래 뒤에 2~3포인트 정도의

E. H. 해리먼(E. H. Harriman)
해리먼의 원칙, "나는 10%의 수익에는 관심이 없다. 더 성장할 뭔가를 원한다."

스톱 가격을 설정하는 습관을 기르는 것이다.

　해리먼은 3/8포인트 또는 1포인트 정도면 충분하다고 주장했지만, 그는 원래 증권거래소 현장에서 일하던 트레이더였다. 가장 성공한 트레이더들은 모두 이 규칙을 따랐고, 그 중요성은 아무리 높게 평가해도 지나치지 않다.

셋째, 예상 수익은 최소한 리스크의 3~4배는 돼야 한다. 거래 중 일부는 손실을 볼 것이라고 예상해야 한다. 트레이더는 성공한 거래를 통해, 손실과 다른 비용을 제해도 여전히 이익이 남는 것을 목표로 삼아야 한다. 스톱 주문 지점을 더 높이거나 남은 절반의 비용을 줄이기 위해 약정 절반을 매도해서 이익을 보호하는 경우도 많다. 「월스트리트 매거진」을 보면 이 주제에 관한 기사가 많다.

넷째, 시장 양쪽에서 모두 자유롭게 거래할 수 있어야 한다. 이렇게 할 수 없는 사람은 트레이더가 아니라 투자자가 되어 공황 상태나 주가가 큰 폭으로 하락할 때 내재가치 이하로 팔리는 증권을 구입하는 편이 낫다.

다섯째, 인기주를 거래해야 한다. 수익을 내려면 주식이 움직여야 한다. 거래가 부진한 주식에 묶여 있는 트레이더들은 많은 돈과 기회를 잃는다. 상업 분야에서도 상품을 무한정 진열대에 놔두는 게 아니라 재고가 계속 움직이게 해야 한다. 주식을 거래할 때도 계속 움직이자!

여섯째, 트레이딩을 업으로 하지 않는 사람은 트레이더가 되려고 하지 말자. 제대로 훈련받지 않은 사람이 광업, 제조업, 의료업 등의 분야에서 성공할 수 없는 것처럼 트레이딩에서도 성공할 수 없다. 그리고 내가 말하는 '훈련'은 가끔 한 번씩 손을 대보는 정도를 뜻하는 게 아니다. 이 사업에 별로 적합하지 않은 사람은 똑똑하지 않은 트레이더보다 현명한 투자자가 되는 게 낫다.

두려운 눈빛으로 미래를 바라보는 것은 결코 안전한 방법이 아니다. 인생에서 중요한 것은 위대한 목표를 갖는 동시에 그 목표를 이루기 위한 능력과 끈기를 갖는 것이다.

E. H. 해리먼

특정 주식과 채권을
매수하는 이유

♦ 버는 것보다 늘리는 게 중요한 돈

"돈을 버는 게 지키는 것보다 쉽다"라는 옛 속담이 있다. 내 목표는 돈을 버는 것에서 더 나아가 돈을 유지하고 늘리는 것이다.

돈을 유지하는 것이 가장 중요한 문제인 경우가 많은데, 이것은 방어적인 참호전 같은 것이다. 주로 소득과 원금 인상을 위한 견고한 투자의 백 라인이 있다. 그 앞에는 가난과 노후에 대비한 두 번째 방어선이 있는데, 대개 소득과 수익을 위해 구입한 유가증권으로 구성되어 있다. 또 그 앞에는 두 번째와 세 번째 방어선에 대한 장악력을 잃지 않고 더 많은 기반을 확보하기 위해 거래하는 투기성 증권 라인이 있다.

✦ 주요 투자 대상으로서의 장비 신탁 채권

나는 더 나은 등급의 증권을 선택할 때 특히 장비 채권 같은 유리한 문제를 진지하게 고려한다. 이런 채권은 대개 철도 회사가 전체 가격의 10~20%만 지불하고 기관차와 객차를 구입할 때 발행하기 때문에 '전당업자 증권'이라고 부른다. 채무 잔액은 10년이나 15년, 또는 20년에 걸쳐 매년 분할 상환한다. 따라서 채무는 매년 감소하지만, 나머지 장비에 대한 보증금은 부채에 비례해서 매년 커진다. 그러므로 장비 신탁 기간이 끝날 때쯤에는 철도 차량 보증금이 남은 지급 금액의 수백%까지 증가하게 된다. 따라서 장비 신탁은 중요한 투자 수단으로 간주된다.

미국 철도 건설과 개발을 둘러싼 많은 어려움에도 불구하고 장비 채권이 채무 불이행된 사례는 거의 없다고 생각한다. 따라서 이런 문제는 투자 거점의 최종 보호에 적합하다.

✦ 단기 채권 중 저렴한 물건을 찾는 방법

내가 선호하는 또 다른 수익 창출 증권은 다양한 단기 채권 발행에서 찾을 수 있는데, 이는 특정 목적을 위해 적립하거나 특정 날짜에 필요한 자금을 마련하기 위한 훌륭한 수단이다. 이런 채권을 발행하는 회사의 성격과 다른 유가증권의 수익률을 고려해 본 결과, 채권의 수익률이 예상했던 것보다 더 높다는 것을 알게 됐다. 투자 시장에서 발생하는 예상 밖의 변화 때문에, 나는 종종 다른 증권으로 전환 가능한 채권을 헐값에 살 수 있었다. 그러나 단기 채권의 만기가 다가오면 회사가 의무를 이행할 수 있는지와 관련해 온갖 의문이 드러나기 때문에 이런 선택을 할 때는 매우 신중해야 한다.

안전한 채권 투자와 관련해서는 일반적으로 지불 약속이 매우 건실하고 안전성에 의심의 여지가 없는 자산을 선호한다. 또 가능하다면 유니언 퍼시픽의 국채 자산, 유전, 서던 퍼시픽의 자회사, 펜실베이니아 레일로드 국채와 같은 제휴 철도 시스템의 지분 등 대형 주식을 좋아한다.

♦   해리먼의 원칙과 내가 그것을 택한 이유

증권으로 돈을 버는 목적은 투자할 돈을 더 늘리는 것이다. 시장에서 돈을 벌 때는 대규모로 거래하기 위한 수단으로 여기지 않고 그 돈이 창출할 수입을 생각한다. 즉 즉각적인 소득뿐만 아니라 원래의 돈을 적절히 투자할 경우 원금 증가를 통해 추가로 얻을 수 있는 소득까지 고려한다.

예전부터 "나는 10%의 수익에는 관심이 없다. 더 성장할 뭔가를 원한다"라는 해리먼의 원칙을 받아들였다. 그래서 증권을 선택할 때도 가능성이 큰 것을 주로 선택하려고 한다.

세상에는 다양한 유형의 투자자가 있다. 어떤 이는 수익률이 낮더라도 최고 등급의 채권을 원한다. 어떤 이는 6~8%의 수익률을 올리고, 또 어떤 이는 채권과 다르게 만기가 도래하지 않으며 제대로 선택할 경우 무기한 배당금을 지급하는 우선주를 원한다. 그리고 배당금 확보뿐만 아니라 원금의 가치까지 높이기 위해 최고 등급의 보통주를 매수한 후 적당한 이익에 만족하는 투자자도 있다.

나는 투자를 성공적으로 운영할 수 있는 기간은 제한되어 있다는 걸 깨닫고 가용 자금 대부분을 약간 다른 방식으로 투자한다. 빠르게 성장할 수 있는 투자 채널에 최대한 많은 돈을 투자하고, 늘어난 자금을 똑같은 기준으로 다시 투자한다.

금융계의 경영진들과 가깝게 지내다 보니, 수익성 있는 투자와 원금 상승 기회가 너무 많아서 상당한 액수의 자금을 유휴 상태로 남겨두어서는 안 된다는 생각이 들었다. 고급 투자를 위해 항상 어느 정도의 금액을 보유하고 있지만, 원금 증가보다 소득을 더 중시하는 나이나 단계에 이르지는 못했다. 나이가 들수록 소득을 위해 구입하는 증권 비중이 늘어나는 건 당연하겠지만, 보험사의 말처럼 마흔여섯 살 때부터 만성적인 이자 생활자로 사는 건 이르다는 생각이 든다.

　그러나 이 책을 읽는 대부분의 사람에게 고급 증권과 쿠폰은 적절한 투자 수단이며, 특히 실제 투자와 기회를 구분하는 전문가가 아닌 보통 사람들에게는 더욱 적절하다. 그들은 자금과 관련해 소득만을 추구하는 단계에 머물러야 한다.

　♦　1919년 12월에 채권 가격이 '너무 낮다'라고 확신한 이유

　증권시장에는 특정한 운용 방식이 유리한 시기가 있다. 이런 시기는 쉽게 오지 않는 것처럼 보일 수 있지만, 높은 등급 채권의 변동 기록을 살펴보면 가끔 할인 가격에 나와 있다는 걸 알 수 있다. 1919년 12월도 그런 시기였고, 난 그 사실을 알아차렸다. 만기까지 한참 남은 더없이 안전하고 전통 있는 철도 채권을 그 정도 가격에 확보할 수 있는 기회는 사실상 거의 없다. 투자자인 독자들은 당시 내가 어떤 요인 때문에 채권 가격이 '너무 낮다'라고 판단했는지 알고 싶을 것이다. 당시 금융 상황 분석과 함께 이를 「월스트리트 매거진」 칼럼에 기고했다.

　　"매수자가 만족할 만한 가격으로 증권을 구매할 수 있다면

소득만을 위한 증권 구입은 언제든 가능하다. 하지만 지금은 그야말로 역대급 시기이며, 다른 세계에서 대격변이 발생하지 않는 이상 앞으로 10~20년 동안 이런 상황이 재현되지 않을 수 있다. 예전에는 철도가 안전한 채권 투자를 위한 유일한 수단이었지만, 오늘날에는 매우 다양한 산업과 기타 유형의 담보대출이 있는데, 이들은 안전성이 더 크거나 비슷하지만 순이익도 더 큰 경우가 많다.

이런 시기는 사람들이 높은 등급의 유가증권을 사 모으는 게 정당화되는 시기다. 즉 영구적으로 보유하고 싶은 것보다 두 배나 많이 사는 것이다. 이는 구매한 양의 절반에 대해서만 대금을 지불한 후 은행에 유가증권을 맡기고, 소득에서 점차적으로 잔금을 상환한다. 이 소득이 투자에서 발생하는지, 아니면 사업이나 다른 외부 원천에서 발생하는지는 중요하지 않다. 여러분이 거래하는 은행은 모두 기꺼이 이 합의를 연장할 것이고, 여러분의 판단에 대한 은행의 존중도 커질 것이다.

현재(1919년 12월)는 보기 드문 기회를 제공한다. 이런 작업 덕분에 여러분은 지금 구입하는 추가 수량을 통해 상당한 이익을 얻게 될 것이다. 뿐만 아니라, 취득한 채권의 잔액 비용 감소에 적용되는 이 이익은 전체 운용을 통한 순이익을 크게 증가시키므로 이 기회를 결코 간과해서는 안 된다. 지금까지 뉴욕주의 저축은행들이 합법적으로 취급하는 높은 등급의 채권이 1919년 말처럼 낮은 가격에 팔린 적은 없다. 목록을 보면 주요 발행 채권 대부분이 2년 전의 가격보다 10~25포인트 낮은 가격에 팔리고 있다는 걸 알 수 있다. 유니온 퍼시픽 1st 4s 같은 전통 있는 투자를 예로 들면 이 회사는 27년 동안 약 5.25%의 이익을 올렸다. 1995년 서던 퍼시픽 Ref. 4s 이익률 5.45%, 1996년 노퍽 앤드 웨스턴 통합 4s 5.23%, 1937년 루이스빌 앤드 내슈빌 골드 5s 5.09%, 1987년 시카고 앤드 노스웨스턴 제너럴 $3\frac{1}{2}$s 이익률 5.26%, 1958년 벌링턴 제너럴 4s 이익률 5.43%. 이 채권들은 모두 통화 상황이 확실히 달라지고, 외국 정부의 발행 한도가 확인되면 가격이 즉시 회복될 것이다.

1947년 유니언 퍼시픽 4% 채권은 약 82달러에 팔렸는데 이는 2년 전의 시장 가격보다 18포인트 정도 내린 가격이다. 이런 유형의 채권 가격이 자연적인 수준으로 상승하는 걸 보려면 조건이 바뀌기만 기다리면 된다. 만약 이것이 3년 뒤에 일어난다면, 평균적인 가치 증가는 연 6%가 될 것이고 여기에 5% 가까운 현재의 투자 수익률을 더하면 연수익률이 약 11%가 될 것이다. 만약 이것이 5년 동안 이어진다면 수익률은 8%가 될 것이다. 이는 기회를 의미한다.''

✦ 은행 주식으로 최대 이익 창출

나를 매료시킨 분야 중 하나는 은행 주식이었는데, 그 이유는 「월스트리트 매거진」에 실린 이 주제에 관한 기사에 매우 명확하게 설명되어 있다.

은행과 다른 금융기관의 유가증권을 선택할 때는 자동차 운전자와 같은 입장이 된다. 운전자는 대개 기어 박스에서 세 가지 속도 중 하나를 선택할 수 있다. 1단 기어로 천천히 움직일 수도 있고, 2단 기어로 조금 더 빨리 움직일 수도 있고, 3단 '하이'를 선택해서 매우 빠르게 움직일 수도 있다. 구식 스타일의 은행 사업을 하는 금융기관은 1단 기어에 비유할 수 있다. 이때도 일정 반경 내에서는 진전을 이루지만 은행에 신탁부서가 생기거나 신탁회사와 긴밀한 제휴를 맺어 한 기관을 두 부분으로 나누면 2단 기어로 이동하는 것으로 생각할 수 있다. 그러나 이 두 가지를 모두 포함하면서 금융권에서 주주에게 매우 유리한 부가 기능을 받아들인 또 다른 유형의 기관이 존재한다. 신디케이트로 투자 증권 업무를 인수하고 수행할 목적으로 '증권사'를 소유하거나 제휴하고 있는 은행을 말하는데, 이들은 당연히 수익성이 매우 높다.

나는 십여 개 이상의 뉴욕 금융기관에서 주식을 매입한다. 배당금, 권리금, 주식 분배가 모두 이 하나의 계좌로 거래되고, 같은 종류의 증권에 재투자될 수 있도록 다른 증권과 분리해서 신탁회사의 관리하에 두었다. 내가 관찰한 바에 따르면 은행 주식 투자에서 가장 큰 이익을 얻으려면 거기에서 파생된 소득을 소비하거나, 그 권리를 팔거나, 분배된 주식을 팔면 안 된다. 왜냐하면 이것들은 곧 같은 종류의 소득을 만들어 내고, 이 두 번째 세대도 자녀와 손주를 낳게 되면서 결국 상당 부분 소득과 원금에 합산되기 때문이다.

보유나 재투자를 위해 증권을 신탁회사에 맡길 때, 신탁 담당자에게 이 계좌는 대부분 부채 계정이 될 것이라고 말했다. 수입이 들어오기 전에 먼저 매입할 생각인데, 그 목적에 필요한 돈은 신탁회사가 빌려줄 것이라고 기대하기 때문이다.

1919년 후반에는 다음과 같은 두 가지 기회가 생겼다. 뱅커스 트러스트Bankers Trust Co. 이사들이 자본금을 1,500만 달러에서 2,000만 달러로 증액하라고 권했다. 이 새로운 주식은 주당 100달러에 주주들에게 제공된다. 구주 3주당 신주 1주를 기준으로한 것이다. 주당 가격이 약 485달러인 뱅커스 트러스트 주식을 보유하고 있었기 때문에 난 100달러에 신주를 청약할 수 있었고, 이로 인해 평균 비용은 주당 약 389달러로 낮아졌다.

시간이 지나면서 나는 상당한 양의 뱅커스 트러스트 주식을 갖게 될 것이며, 이 새로운 주식은 또 다른 주식 배당금, 권리, 현금 배당금을 만들어 낼 것이다. 어떤 형태로든 소득을 재투자하면 뱅커스 트러스트 주식 비용은 매우 낮은 수준으로 감소할 것이다.

내가 주당 약 675달러에 매입한 체이스내셔널은행이 주주들에게 보낸 통지서도 이런 사례에 속한다. 주주들은 은행 자본금을 1,000만 달러에서 1,500만 달러로 증액하고 이 은행 계열사인 체이스 증권의 지분도 비례적으로 늘리는 안건에 대해 투표해 달라는 요청을 받았다. 주주들은 1919년 12월 26일 이전에 보유하고 있던 구주 2주에 대해 은행 신주 1주와 증권사 신주 1주를 청약할 수 있었다. 청약 가격은 은행 주식 1주와 증권사 주식 1주당 250달러였다. 나는 이 모든 주식, 즉 내가 산 신주와 권리락으로 팔게 될 구주의 가치가 조만간 내가 지불했던 주당 675달러 선으로 회복될 것이라고 믿었다. 이는 내가 주주인 이 은행과 다른 은행 기관들뿐만 아니라 그 배후에 있는 사람들, 그리고 세계 금융 중심지로서 뉴욕의 미래에 대한 믿음을 품고 있음을 의미한다.

주요 발행주에 대한 권리, 특별 배당금, 정기 및 추가 현금 분배 등을 감안하면 연평균 수익률은 12%가 넘을 것으로 추정된다. 이런 추세라면 내 투자금은 6~7년 사이에 두 배가 될 것이고, 모든 배당금을 같은 종류의 증권에 재투자할 수 있을 것이다.

연방 당국의 엄격한 통제를 받는 은행 기관들은 실패하는 경우가 적기 때문에 소득 증대와 안전을 중시하는 보수적인 투자자들에게는 이런 증권이 적합하다. 내가 선택한 주식 중에는 증권사가 계열사로 있는 기관들의 주식 비율이 더 높다. 이 기관들은 두 개의 회사를 하나로 결합하고, 모든 경우에 주주들에게 매우 수익성 있는 결과를 제공하기 때문이다.

이것은 수입을 줄이지 않으면서 어느 정도의 돈을 특정 분야에 투자하는 것이지만, 성장을 통해 이익을 얻으려는 투자자는 원하는 수준까지 이를 추구할 수 있다. 한 은행의 주식 1주나 다른 주식 또는 채권으로 이것을 시작할 수 있다. 이것은 투자 활동이지만 소득과 이익을 위한 것이고, 이익을 실현하거나 회수하려는 게 아니라 추가적인 투자 자금을 얻기 위한 것이다. 이는 얼마 안 되는 현금을 가진 사람에게 저축은행에 계좌가 생긴 것처럼 엄청난 일이다. 나는 5달러짜리 지폐 한 장(그 이하의 액수로는 은행에서 계좌를 개설해 주지 않았기 때문)으로 첫 번째 저축계좌를 개설했을 때 매우 기뻤다. 그리고 계좌에 5달러와 10달러 지폐를 몇 장 더 넣게 됐을 때 매우 만족스러웠다.

이자를 인출해야 하거나 상황이 안 좋아져서 원금 일부를 인출해야 하는 사람들은 이런 식의 작업에서 불리해질 것이다. 하지만 상황이 다시 좋아지면 이런 결손을 보충하고 비용을 한도 이내로 유지해서 매년 발생하는 추가금이 원금의 수익력을 빠르게 증가시키도록 하는 게 목적이다.

주도적으로 자신의 책임을 다하지 않고, 자신이 생각하는 계획이나 그것의 실현 가능성에 대해 다른 사람들과 상의하지 않고는 아무것도 하지 못하는 사람들이 있다. 자기보다 다른 사람을 더 신뢰하는 사람은 모든 의욕을 잃고 행동 방침에 대한 명령을 기다리는 의존자가 될 것이다. 이런 사람이 세상과 화합해서 성공하는 건 불가능하다. 기회가 찾아와도 그는 이웃의 의견을 묻지 않고는 그 기회를 잡는 걸 두려워한다.

04

수익 창출 기회 발굴

♦ 수익률 vs. 내재가치, 무엇이 중요한가

수익과 이익을 위해 채권이나 다른 고급 증권을 살 때는 특별한 이유로 내 목적에 잘 맞는 걸 선호한다.

먼저 증권의 성격에 따라 내재가치 이하의 가격으로 판매되는 것을 고려한다. 이런 상품 중에는 이자 수익이 높은 것도 있지만, 이 상황에서는 이자 수익을 지나치게 강조하지 않는다. 하지만 즉시 현금화할 수 있는 증권을 선호하기 때문에 내게는 시장성 문제가 중요하다. 나는 항상 위협적인 공황이나 흥정 기회를 이용할 수 있는 위치에 있기를 바라며, 시장의 전반적인 상황을 아주 가까이에서 지켜보면서 문제의 징후를 멀리서부터 감지하고 대비할 수 있기를 바라기 때문이다.

내가 보유하고 있는 5% 채권의 경우 매우 안전하며 상당한 잉여금도 벌고 있지만 어떤 이유 때문인지 알려지지 않았다. 60달러 전후에 팔리는 이 채권을 만기까지 놔뒀다가 팔면 수익이 상당히 많겠지만, 이 채권을 선택할 때 투자 대중이 실제 가치를 깨닫고 향후 2~3년 안에 가격이 20~25포인트 인상될 가능성에 더 주목했다. 3년 안에 85달러로 상승할 경우, 채권의 고정 수익률에 연간 약 $8\frac{1}{3}$%의 수익이 추가될 것이다. 60달러에 산 5% 채권은 소득 재투자를 고려하지 않을 경우 약 $8\frac{1}{3}$%의 순수익을 올릴 것이다. 여기에 더하여 3년 안에 $8\frac{1}{3}$%의 이익을 더 실현할 경우, 소득에 이윤까지 더하면 연간 $16\frac{2}{3}$%가 된다.

내가 보유하고 있고 항상 선호하는 채권 종류는 전환사채[사채로 발행되었지만, 일정 기간이 지난 후 소유자의 청구에 의하여 발행회사의 주식(보통주)으로 전환할 수 있는 권리가 부여된 사채]다. 전환사채의 장점은 「월스트리트 매거진」에서 너무 자주 설명했으니 여기서 다시 얘기하지는 않겠지만, 전환사채에 대해 지속적으로 연구하면 매년 증가하는 이익을 창출할 수 있는 새로운 기회를 발견할 것이다. 일반 투자자들에게는 다소 복잡하게 느껴지는 건 간과되거나 무시되기 쉽다. 최상의 결과를 얻기 위해서는 많은 종류의 전환사채에 대한 기술적 특성과 전환사채가 발행되는 조건에 익숙해져야 한다(롤린스Rollins의 『전환사채Convertible Bonds』에서 확인할 수 있다). 어떤 경우에는 이런 발행 증권을 가지고 할 수 있는 일을 알아내기 위해서는 약간의 계산이 필요하다.

♦ 투자자들이 간과하는 기회

수익의 관점에서만 보면 나는 전환사채 투자에 매력을 느끼지 못했지만, 전환사채가 될 수 있는 가능성이 보이는 증권에는 매력을 느꼈다. 1918년에 10만 달러어치의 전환사채를 샀다. 액면가로 전환될 수 있는 주식에서 미래의 큰 가능성을 보았기 때문이다. 그 당시 주식은 채권 가격과 비슷하게(90달러 정도에) 팔리고 있었다. 주식 약세 기간 동안 채권의 움직임을 관찰한 결과, 주식이 10~15포인트씩 떨어지더라도 채권 가격은 크게 떨어지지 않을 것이라고 확신했다. 투자자가 얻는 이자 수익이 시장 가격을 유지할 만큼 충분한 매수세가 생겨서 채권의 투자 가치가 일정 수준을 유지했기 때문이다. 전환사채를 매입하면서 나는 걱정할 필요가 없었고, 만약 투자 대중이 주식의 본질적인 가치를 인식한다면 내 전환사채도 주식을 따라 가격이 오를 것이라고 확신했다.

그리고 정확히 그런 일이 일어났다. 얼마 후 주가가 25포인트 상승했고, 채권은 주식보다 약간 높은 가격을 유지했다. 그러던 어느 날 채권이 주식보다 가격이 훨씬 높아졌고, 나는 채권을 팔고 대신 주식을 샀다. 그리고 두 유가증권의 가격 차이만큼 채권 가격이 내렸다.

이런 비용 절감은 투자할 때 매우 중요한 요소이며 항상 이 점을 염두에 두고 있다. 모든 투자자는 자신이 보유한 자산 일부를 이익을 보고 매각해서 잔고 비용을 줄이고 있다는 걸 기억해야 한다. 이건 좋은 습관인데 나중에 자세히 설명하겠다.

♦ 구독자들에게 좋으면 내게도 좋다!

당연한 얘기지만 나처럼 모든 종류의 증권을 거래하는 사람이 주식에 관심을 두는 데는 여러 가지 이유가 있다.

1913년인가 1914년에 "어떤 종류의 주식이 가장 좋은가?"라는 시리즈 기사를 쓴 적이 있다. 이건 구독자뿐만 아니라 내게 필요한 정보를 모으기 위해 쓴 글인데, 이 주제를 다룰 때도 내가 평소에 쓰던 방법을 그대로 사용했다. 증권시장을 탐색할 때는 내 돈을 투자할 기회를 찾고, 구독자들에게 그 기회에 대해 말해 준다는 두 가지 목적이 있었다. 난 구독자들에게 좋은 것이 나한테도 좋다고 생각한다. 동시에 나도 때때로 실수한다는 말을 하고 싶다. 이는 해당 분야에서 얼마나 오래 일했든 상관없이 모든 사람이 마찬가지다.

내 변함없는 목표는 독자들이 스스로 판단할 수 있는 방법을 알려주는 것이다. 내가 잘 모르는 한 작가는 이렇게 말했다. "주도적으로 자신의 책임을 다하지 않고, 자신이 생각하는 계획이나 그것의 실현 가능성에 대해 다른 사람들과 상의하지 않고는 아무것도 하지 못하는 사람들이 있다. 자기보다 다른 사람을 더 신뢰하는 사람은 모든 의욕을 잃고 행동 방침에 대한 명령을 기다리는 의존자가 될 것이다. 이런 사람이 세상과 화합해서 성공하는 건 불가능하다. 기회가 찾아와도 그는 이웃의 의견을 묻지 않고는 그 기회를 잡는 걸 두려워한다."

그래서 나와 직원들은 독자들이 자기 사업을 하는 것처럼 투자 분야에서 진행할 캠페인을 생각하고 계획을 세우고 실행하도록 유도한다. 이것은 "어떤 종류의 주식이 가장 좋은가?" 시리즈를 쓰는 목적 중 하나였다. 기사 시리즈가 진행되는 동안, 체인점과 통신판매사 주식이 많은 면에서 철강, 구리, 철도, 전화 같은 다른 주요 주식 그룹보다 우수하다는 걸 알 수 있었다. 주된 이유는 이 회사들이 다른 단일 그룹보다 더 많은 수익을 사업에 다시 투자하고 있기 때문이다.

그래서 시어스, 로벅 Sears, Roebuck & Co. 주식을 샀다. 이 회사의 역사를 보면 3~4년마다 한 번씩 주식 배당금을 주었다. 이것은 회사의 오랜 관행이었다. 시어스, 로벅은 이 방법을 통해 회사에 현금을 보관해 두었다가 건전하고 수익성 있는 확장을 위해 이 돈을 사용한다. 주식을 100주 보유한 주주는 신주를 25~33주 정도 받는데, 이는 회사의 운전자본을 줄이지 않으면서 주주의 수입에 추가된다. 이렇게 늘어난 25~33주의 주식 덕분에 앞으로 몇 년 안에 아마 6~11주가 더 생길 것이고, 따라서 주식 배당금도 늘어날 것이다. 이 주식 배당금이 모두 원래 주식에 추가되어 조만간 추가적인 현금 투자 없이도 투자자의 주식 보유량이 두 배로 늘어날 것이다.

✦ 1919년에 D. L. & W.를 산 이유

델라웨어, 라카와나 앤드 웨스턴 철도D.L. & W. 같은 주식을 산 건 완전히 다른 이유 때문이다. 그 주식의 배당 수익률은 별로 매력적이지 않았지만, 그 종목을 살펴본 결과 이들이 매우 중요한 개선에 엄청나게 많은 돈을 투자했다는 걸 알게 되었다. 이 회사의 한 임원은 20~25년 정도는 지출을 늦출 수 있었지만, 도로와 장비에 투자했다고 전했다. 여러분은 "철도 상황이 좋지 않은데 철도 주식에 투자하는 건 이상하다"라고 말할지도 모른다. 하지만 과거 성공적인 사업의 결과로 막대한 자본을 보유하고 있는 회사의 주식을 사들인다면 결국 훨씬 큰 이익을 얻게 될 것이다.

언젠가 라카와나를 비롯한 철도가 다시 한번 본연의 모습을 보여줄 날이 올 것이기 때문이다.

1918년 말, 라카와나는 총 발행주식 4,227만 7,000달러에 대해 5,724만 7,984달러의 손익 흑자를 기록했다. 1909년 6월, 이 회사는 잉여금에서 50%의 현금 배당과 15%의 주식 배당을 발표했다. 1911년 11월에는 35%의 주식 배당을 선언했는데 이는 뉴저지의 라카와나 철도 주식으로 지급되었다. 이 철도는 길이가 1,580킬로미터밖에 안 되지만 철도계의 대부이다. 1906년부터 지금까지 가장 낮은 가격이 160달러였다. 1919년 5월에는 217달러까지 올랐다. 그러다가 1919년 10월에 석탄 파업으로 위기에 처했을 때 가격이 180달러 정도로 하락했다. 난 가격이 저렴하다고 생각했고, 만약 더 하락한다면 매우 좋은 거래가 될 것이라고 생각했다.

월스트리트의 역사는 위험이나 재난이 실제로 발생했을 때보다 발생 위험이 있을 때 증권 가격이 저점에 도달하는 경우가 더 많다는 걸 보여준다. 그래서 그런 사건이 실제로 발생하기 직전이나 바로 그 시점에 저점이 형성된다. 그때쯤이면 무슨 일이 일어날까 두려워하는 사람들이 팔았기 때문이다. 그 사건이 발생하거나 예방되면 더 이상 청산은 이루어지지 않고, 공매도 또는 상황이 개선되면서 생긴 투자 수요에 의해 가격은 상승한다.

내가 델라웨어, 라카와나 앤드 웨스턴 철도 회사의 주식을 산 것도 이런 이유 때문이었다.

♦ 고가의 주식은 좋은 투자 대상인가

시어스, 로벅이나 라카와나 같은 고가의 주식이 초저가 주식보다 저렴한 중요한 이유가 있다. 10달러, 20달러, 30달러 선에서 팔리는 주식은 대부분 수익력이 거의 없다. 대부분의 경우 수익률은 1~2% 정도에 불과하고, 배당 가능성은 거의 또는 전혀 없다. 5~8%의 배당금을 지불하는 주식은 주당 가격이 60~100달러까지 다양하다. 이를 기준으로 계산해 보면 1%를 지불하는 주식 가격은 12~20달러 정도일 것이다. 이를 통해 무배당주의 가격은 0~12달러 정도임을 알 수 있다. 그 이상을 바라는 건 과도한 희망이다.

그러나 우리는 많은 무배당주가 최초 신고 전에 다양한 가격으로 판매되는 모습을 보아왔다. 예를 들어, 아메리칸 캔American Can은 얼마 전에 배당금 지급 없이 68달러에 팔렸다. 브루클린 래피드 트랜싯은 1899년에 무배당으로 137달러에 팔렸다. 그 후 10년이 지났지만 아직도 첫 번째 배당금을 지급하지 않았다.

하지만 주당 200~400달러 이상으로 거래되는 주식을 살펴보면 이러한 가격을 정당화할 수 있는 내재가치, 미래 전망, 수익력 또는 이 모든 것이 합쳐진 것임을 알 수 있다. 대부분의 초고가 주식은 주주들에게 당장 이익이 되지는 않지만, 언젠가는 이익을 안겨줄 숨겨진 가치가 내재되어 있다. 오늘은 매수 포지션을 취하고 내일은 매도 포지션을 취할 사람은 이런 요인에 관심이 없을지 모르지만, 기업 발전과 다양한 산업 및 국가 전반의 미래 성장을 주시하는 장기 투자자는 관심을 가질 것이다. 내가 가격이 매우 낮은 투기 종목보다 고가의 주식을 선호하는 이유도 그 때문이다.

절대로 특정 증권에 얽매여서는 안 된다. 때때로 보유한 주식 포트폴리오를 살펴보면서 다른 종목을 사는 게 더 이익이 되지 않을지 신중하게 고민하며 포트폴리오를 조정하는 것도 좋다. 투자를 소규모 사업체로 생각할 때 최상의 결과를 얻을 수 있다. 주주는 그 기업의 파트너인데 나는 죽은 파트너가 아니라 살아 있는 파트너가 되고 싶다. 내가 내 이익을 챙기지 않으면 아무도 챙겨주지 않을 것이기 때문이다.

05

광산주와 관련된
몇 가지 경험

♦ 절대로 유가증권에 목매지 마라!

　자신들의 자산에 꾸준히 자금을 투자하는 회사의 증권을 선택하는 투자자는 잘못될 가능성이 거의 없다. 하지만 변경된 조건으로 인해 정책이 바뀌거나 자산 통제권이 다른 사람의 손에 넘어가지는 않는지 계속 경계해야 한다. 뉴욕, 뉴헤이븐 앤드 하트포드 레일로드New York, New Haven & Hartford Railroad는 과거 진보적, 보수적 경영의 본보기였으며 수십 년 동안 최고의 투자처로 간주되었다. 그러나 확장 정책이 뉴헤이븐을 비탄에 빠뜨렸다. 이와 관련해 많은 징후가 있었는데, 특히 지속적인 청산은 뭔가가 잘못되고 있음을 나타내는 징후였다.

카네기는 "달걀을 전부 한 바구니에 넣고 잘 지켜보라"고 말했다. 나는 달걀을 여러 바구니에 나눠 넣고 모든 바구니를 지켜보겠다.

절대로 특정 증권에 얽매여서는 안 된다. 때때로 보유한 주식 포트폴리오를 살펴보면서 다른 종목을 사는 게 더 이익이 되지 않을지 신중하게 고민하며 포트폴리오를 조정하는 것도 좋다. 투자를 소규모 사업체로 생각할 때 최상의 결과를 얻을 수 있다. 주주는 그 기업의 파트너인데 나는 죽은 파트너가 아니라 살아 있는 파트너가 되고 싶다. 내가 내 이익을 챙기지 않으면 아무도 챙겨주지 않을 것이기 때문이다.

이것이 내가 다양한 부분에서 상류층 사람들과 파트너십을 맺으려고 하는 이유 중 하나다. 왜냐하면 그들은 밤잠을 설쳐가며 나나 다른 주주들의 돈을 빼돌릴 방법을 궁리하지 않는다는 걸 알기 때문이다. 비난을 면할 수 있는 기업 총수는 없을지도 모르지만 U.S.스틸, 베들레헴 스틸Bethlehem Steel, 제너럴 모터스General Motors, 제너럴 일렉트릭General Electric 같은 산업이나 금융 분야의 리더 기업에 투자한다면, 이 회사들은 수십만 명의 주주들에게 이익이 되는 방향으로 기업을 경영하려는 업계 최고의 대표들이 운영하고 있다는 사실에 안심할 수 있을 것이다.

그러므로 "회사를 선택하라"는 것은 투자자에게 좋은 수칙이다.

예전에는 월스트리트에서 한 무리의 노상강도가 회사를 운영하면서 주요 철도 및 산업 주식에 가위를 휘두르며 대중과 돈을 분리하곤 했지만, 이제 그런 시절은 빠르게 지나가고 있다. 금융계의 리더들은 다른 어떤 방법보다 공정한 거래로 더 많은 돈을 벌 수 있다는 사실을 오래전에 배웠다. 그래도 경영진의 과거 기록을 확인해 그들이 자신의 이익이 아닌 여러분의 이익을 위해 일하고 있다는 걸 확신할 때까지는 회의적인 태도를 취하는 게 좋다.

♦   왜 그렇게 많은 광산 사업이 실패하는가

「월스트리트 매거진」 독자들뿐만 아니라 나 자신의 이익을 위해 이런 필수적인 요소를 그 어느 때보다 철저하게 조사하고 있다. 어떤 발전이 표면적인 사실과 조건에 의해 나타난다는 걸 아는 것만으로는 충분하지 않다. 나는 사물의 근원을 깊이 파고들어서 그 이유를 알고 싶다. 그래서 조사관, 변호사, 광업 및 석유 기술자를 고용한다. 사람들을 전국 각지로 파견해서 그 지역의 특색을 파악하고 다양한 각도에서 제안을 듣는다.

광산 엔지니어가 일을 제대로 하는지 확인하는 방법

기술자 한 명을 고용한 뒤에는 때때로 다른 기술자를 보내서 그의 상태를 확인하게 한다. 몇천 달러가 들 수도 있지만, 실제 자금을 사업에 투입할 때는 큰 확신이 있고, 아무리 철저히 조사해도 부족하다. 얼마 전에 광산 회사 두 곳에서 투자를 부추겼는데, 피상적인 조사 결과만 봐서는 괜찮아 보였다. 이들의 특성을 조사하는 데 2,000달러가 들었지만, 엔지니어의 보고서를 본 후 그 회사에 투자하는 것을 거절했다. 어떤 경우에는 처음 소개받았을 때보다 더 괜찮은 광산인 것으로 판명된 경우도 있다. 이들 중 하나 혹은 둘 다 큰 광산 기업으로 발전할 수도 있지만, 모든 상황을 고려할 때 내가 투자하기에는 충분하지 않다는 결론을 내렸다.

물론 엔지니어의 보고서가 그 광산에 대한 결정적인 의견은 아니지만, 자기 자신이나 비전문가들의 의견을 듣는 것보다는 전문가의 의견을 듣는 게 백배 낫다. 그러나 광산업의 특이한 부분은 뛰어난 엔지니어가 광산에 대해 부정적인 보고를 할 수도 있지만, 한편으로는 그들을 속일 수도 있다는 것이다.

나는 광업에 큰 매력을 느낀다. 사실 땅에서 나오는 건 와이코프 가문의 수많은 구성원에게 항상 특별한 관심거리였다. 최초의 와이코프 가문 사람은 1600년대 초 뉴욕에 상륙한 후, 현재 허드

슨 터미널 빌딩이 서 있는 뉴욕 시내에 위치한 피터 스터이베산트Peter Stuyvesant의 사유지를 관리했다. 그의 후손인 우리 할아버지는 하노버 화재보험사Hanover Fire Insurance Co.를 설립했고 하노버 국립은행의 초기 이해관계자 중 한 사람이었는데, 광업에도 깊은 관심이 있었다. 할아버지는 1850년대에 분리 공정을 발명했고 남북전쟁 이전과 전쟁 기간 동안 월더니스 전투가 벌어진 장소 근처인 버지니아주에서 성공적으로 금을 채굴했다.

내 사업 경력을 다시 계획할 수 있다면 난 광산 엔지니어링을 선호할 것이다. 정말 흥미로운 직업이기 때문이다. 그러나 수많은 광산 시설을 방문해서 기술자들이 일하는 방식과 다양한 광산에 만연해 있는 열악한 환경을 살펴보면, 대지가 어떻게 최고의 광산을 속일 수 있는지 쉽게 알 수 있었다. 그래서 난 투자한 돈을 모두 잃을 각오가 되어 있지 않은 한 결코 광산 사업에 뛰어들지 않을 것이다.

하지만 비전문가라도 광산 기술자처럼 강력한 사람의 진위를 확인할 수 있는 방법은 많다. 나는 광산 주식으로 상당한 돈을 벌었고, 지금까지 많은 것을 배웠으며, 앞으로도 내가 가진 지식을 유리하게 활용할 것이다. 때문에 훨씬 많은 돈을 벌게 될 것이라고 예상한다.

광산 사업에 투자하기 전에 하는 질문

우선 누가 광산의 배후에서 이익을 얻고 있는지 알고 싶다.

'누구의 돈이 내 돈과 나란히 있는가? 그들은 다른 광산 기업을 성공적으로 발전시킨 기록이 있는가? 그들은 어떤 실수를 저질렀는가? 그들은 스스로를 속인 것인가, 아니면 다른 주주들을 속인 것인가? 아니면 둘 다인가? 현재 어떤 방향으로 개발 작업이 진행되고 있는가? 그 회사는 자금 조달이 제대로 되고 있는가? 개발 업무를 이끄는 엔지니어의 성격과 평판은 어떤가? 그들이 생산하는 금속이나 광물이 지금 그리고 앞으로도 항상 유리한 시장을 확보할 수 있는가? 금, 은, 구리 광산의 경우 해당 금속들의 전망은 어떤가? 광산이 제조업이나 투자 대상으로 간주될 수 있을 정도로 미래 조건이 형성되고 있는가? 광석의 특성상 몇 년 안에 고갈될 것인가, 아니면 다이아몬드 드릴로 뚫어서 그 가치를 추정할 수 있는 확인 가능한 특정 매장지가 있는가? 이런 조건에서 광산의 예상 수명과 그 기간 동안의 주당 이익은 얼마나 되는가?'

나는 광산에 돈을 투자하기 전에 나 자신과 다른 사람들에게 이런 수십 가지의 질문을 던진다.

일부 광산은 매우 투기적이고, 일부는 투자 단계에 있거나 그에 근접해 있다. 내 문제는 맛있는 크림이 모두 사라지는 단계에 도달하기 전에 그중 가장 좋은 것에 뛰어드는 것이다. 다시 말해, 나도 크림을 좀 먹고 싶은데 그걸 얻으려면 종종 일찍 진입해서 크림을 떠내는 과정이 모두 마무리되기 전까지 오랫동안 기다려야 한다.

♦ 5만 5,000달러의 수익을 얻지 못한 이유

때로는 시세 변동을 통해 이익을 얻으려고 광산 주식을 사기도 하고, 때로는 땅에서 이익을 얻으려고도 한다. 이 부분에 대해 설명하기 위해 4년 넘게 상당한 양의 주식을 보유하고 있는 마그마 코퍼Magma Copper의 운영에 대해 살펴보자.

어느 날 시내에 나왔다가 만난 친구가 마그마에서 "뭔가 진행되고 있다"라면서 한번 지켜보라고 제안했다. 그 말대로 지켜봤더니 신중한 구매가 진행되는 모습이 보였다(나는 항상 다른 사람들의 말보다 시장 움직임에 더 중점을 둔다). 내 기억으로 그 주식은 원래 주당 12달러 정도였는데, 18달러까지 올랐다가 15달러 선에서 팔렸다. 그런데 친구가 이 회사 얘기를 했을 때는 20달러까지 올랐고, 새로운 영향력이 작용하고 있음을 알 수 있었다.

나는 200주를 사기로 하고 앞으로의 상황을 지켜보기로 했다.

하루 이틀 동안은 가격이 같은 수준을 맴돌았는데, 갑자기 중개인이 전화를 걸어서 마그마가 21달러로 올랐다고 전했다. 나는 즉시 시장에서 500주를 사라고 주문했다. 그는 500주 중 일부에 대해서는 22달러를 지불해야 했다. 그리고 나서 500주를 더 샀는데 이때도 주당 1달러 정도 더 지불했다. 난 항상 '구입하기 어려운' 주식을 사는 걸 좋아하기 때문에 이 주식의 움직임을 보고 기뻤다. 특히 그날 밤에 28~29달러 선에서 마감됐을 때는 매우 기뻤다.

그리고 왜 이런 움직임이 발생했는지 알아보았다. 마그마에 있는 광석의 특성을 조사해 본 결과, 만약 그 광석이 대량으로 존재한다면 해당 광산은 미국에서 가장 중요한 광산 중 하나가 될 것이라는 사실이 밝혀졌다는 것을 알게 됐다. 내부자들은 그것이 주당 200달러의 가치가 있다고 생각했다. 그래서 친구들에게 이 얘기를 했다.

당연한 얘기지만 무허가 중개소에는 이 주식이 많이 부족했다. 그래서 긴급 매수가 계속되면서 가격이 급등했고 약 3주 만에 69달러에 팔렸다. 내가 보유한 주식 1,200주는 약 5만 5,000달러의 이익을 얻게 됐다.

내가 이익을 실현했을까? 아니, 그러지 않았다. 나는 그 정도 돈 때문에 이 일에 뛰어든 것이 아니다. 지난 4년간 주가가 25~55달러 사이를 오가는 동안 이익 실현을 하지 않은 것에 대해 조롱당한 적이 있을까? 있다. 왜 이익 실현을 하지 않았을까? 그 주식을 샀을 때 나는 누군가가 거짓말을 하지 않은 이상 시세 변동으로 돈을 버는 것보다 광산에서 더 많은 돈을 벌겠다고 결심했기 때문이다. 그리고 광산에 투자한 돈은 얼마가 됐든 잃을 것에 대비하겠다는 평상시의 결심에 따라, 투자 대상이 가짜이거나 대박이라는 사실이 밝혀질 때까지 마그마에 대한 2만 3,000달러의 투자금을 가만히 놔두기로 했다.

결국 그것은 대박으로 판명되었고, 비록 오늘날 그 주식은 최고가였던 69달러의 절반 가격에 팔리고 있지만 나는 이들의 미래에 대해 1915년에 얘기한 것과 같은 의견을 가지고 있다. 뿐만 아니라 그 기업의 건전성을 믿을 이유가 훨씬 많아졌다.

마그마 코퍼 컴퍼니는 자본금이 150만 달러이고, 액면가 5달러에 주식 발행 금액이 120만 달러이다. 주식 수가 24만 주밖에 안 되기 때문에 주당 가격이 35달러면 시장 가치는 840만 달러다. 주요 이해관계자는 윌잠 B. 톰슨Wilzam B. Thompson 대령인데 그는 지난 12~15년 동안 월스트리트의 다른 누구보다 광산 증권으로 많은 돈을 벌었다.

광산의 진짜 가치를 발견한 이후 톰슨과 그의 친구들은 꾸준히 마그마 주식을 사 모았고, 이 때문에 24만 주 가운데 지금까지 일반인이 소유한 지분은 2만 주도 안 된다. 내가 이걸 어떻게 아느냐고? 많은 노력과 비용을 들여 여러 각도에서 사실을 확인했기 때문이다. 나는 누구의 말도 믿지 않는다. 그래서 월스트리트의 관점에만 의지하지 않고 사실관계를 파악했다.

　몇 달 전에 나는 광산 엔지니어와 함께 그 광산을 방문해서 지하 425미터까지 내려갔다. 몇몇 터널과 교차로 구석구석에서 40~60% 정도의 보르나이트가 있는 것을 봤다. 그곳은 엄청난 규모로 개발되고 있었고, 이제 새로운 수직 통로가 완성되어 대량 생산이 가능했다. 이곳에서 생산되는 은과 금의 가치 때문에 구리는 원가가 매우 낮아져서 오늘날 미국에서 가장 저렴한 생산 자원 중 하나가 됐다. 그리고 그 아래에는 광석의 세계가 있다.

　톰슨 대령을 잘 아는 사람들은 그가 마그마 지분을 절대 팔지 않을 것이라고 말했다. 나는 그가 배분을 시작할 때까지 기다릴 작정이었다. 그러면 사람들이 내 지분을 인수할 것이다.

　잔소리가 심한 비평가들은 "그는 마그마 지분을 팔기 위해 마그마 인기를 높이려는 것"이라고 말할 것이다. 나는 이 책을 읽는 사람이 마그마 주식을 사든 안 사든 상관없다. 그건 톰슨 대령에게도, 내게도, 「월스트리트 매거진」에서 읽은 정보를 바탕으로 주식을 사서 2만 주 대부분을 보유하고 있는 내 친구와 구독자들에게도 아무 문제가 안 된다. 나는 그들에게 "계속 보유해도 후회하지 않을 것이다"라고 말하고 싶다. 전문적인 기생충과 자칭 비평가들에게는 내가 뉴욕 증권거래소와 그 외부에서 거의 모든 증권에 대해 한 번쯤 얘기하고, 쓰고, 조사하고, 거래하고, 투자했다는 사실에 주의를 환기시키고 싶다. 따라서 비평은 사전에 준비하고 필요할 때 쉽고 빠르게 접근할 수 있도록 알파벳 순으로 정렬해 두는 게 좋다.

마그마에서의 이런 경험은 철저하게 조사한 뒤 확실한 이유로 인해 입장을 바꾸게 되는 일이 일어날 때까지 자신이 보유한 주식을 결사적으로 지키는 것의 이점을 보여준다. 지금까지 마그마에서 얻은 가공이익이 어떤 기준이 된다고 주장하지는 않지만, 투자나 투기적 거래와 관련해 건전한 전제를 기초해서 결심하는 것의 중요성을 강조하고 싶다. 그것을 여러분이 발을 디디고 영원히 서 있을 수 있는 일종의 통계적 암석으로 만드는 것이다.

"왜 일단 팔았다가 더 싼 가격에 사지 않았느냐?"라고 말하는 사람들이 많다. 개인적으로 나는 역거래로 돈을 번 적이 없다. 역거래란 월스트리트에서 자주 사용되는 말로, 성공적인 사람은 예리한 통찰력을 가지고 있음을 나타낸다.

만약 내가 높은 가격에 팔았다면 당연히 낮은 가격에 다시 살 수 있었을 것이다. 그리고 다시 팔았다가 또다시 살 수 있었을 것이다. 하지만 앞서도 말했듯이 난 그런 종류의 작전에는 참여하지 않았다. 비록 때로는 저항하는 데 상당한 결단력이 필요했지만 말이다. 땅속의 광석이 일류 경영진, 충분한 자본, 광산을 운영하는 사람들의 개인적인 헌신과 결합하면 은행에 있는 돈만큼이나 안전하다. 그러나 적절한 종류의 광석이어야 하고 또 초기 투자에 비례해서 매우 큰 수익을 올릴 수 있는 양이어야 한다.

다른 장에서는 큰 이익이 생기기까지 기다리는 일의 어려움에 대해 얘기하겠지만, 대부분의 사람들은 큰 손실을 직면했을 때도 인내심을 발휘하는 데 어려움을 겪는다. 이런 어려움을 극복할 수 있는 한 가지 방법이 있다. 뭔가에 돈을 투자할 때는 신중하게 정보를 수집하고, 그 상품을 보유하고 있는 동안은 계속해서 모든 걸 확인하는 것이다. 그러면 문제가 생겨도 추측할 필요가 없다. 이것은 투자를 성공시키기 위해 얼마나 많은 노력과 비용을 지출할 의향이 있느냐의 문제다.

우리의 성공은 결과를 추구하기 위해 사용하는 에너지와 진취성의 양에 비례한다. 성공은 뭔가가 자기 무릎에 떨어지기만을 앉아서 기다리는 사람을 위한 것이 아니다.

기회가 문을 두드리기를 기다리는 건 어리석은 행동이다. 난 기회가 문 앞에 도착하기 훨씬 전에 길을 따라 내려오는 소리를 들을 수 있도록 귀를 훈련한다. 그리고 기회가 노크하면 손을 뻗어 기회의 옷깃을 잡고 홱 잡아당긴다.

나는 늘 끔찍한 실패를 기회로 만들려고 애쓴다.

진정으로 부유해지고 싶다면, 돈이 돈을 벌어다 줄 수 있도록
만들어라.

기회가 찾아오지 않음을 원망하는 사람은 자신의 무능력함을
인정하는 것과 같다. 행운이란 진실로 원하는 사람에게 찾아
간다.

_존 데이비슨 록펠러

06

성공적인 투자의
기본

♦ 록펠러 가문이 사는 종목

투자할 때 가장 중요한 고려 사항 중 하나는 해당 증권이 대표하는 산업의 특성과 상태를 이해하는 것이다. 존 D. 록펠러와 그의 가족들이 선택한 투자 대상을 살펴보면 대부분 석유, 가스, 식품 같은 생활필수품이나 철, 철강, 수확 기계처럼 필수품에 가까운 것임을 알 수 있다.

이는 연료, 조명, 식품 또는 이를 생산하는 데 필요한 재료처럼 이미 창출되어 지속적인 수요가 있는 분야이다. 이 점을 꼭 명심해야 한다.

존 D. 록펠러(John D. Rockefeller)
거의 10억 달러에 달하는 그의 재산은 대부분 생활필수품이나 필수품에 가까운 것에 투자해서 모은 것이다.

증권으로 돈을 벌고 그런 다음 증권을 통해 더 많은 돈을 벌 방안을 마련한다는 이 문제에 점점 더 깊이 빠져들수록 생각, 연구, 조사를 위한 새로운 길이 끊임없이 발전하고 있다. 최근에는 뉴욕과 다른 지역에 상장되어 있거나 상장되어 있지 않은 수많은 기업이 대표하는 산업의 현재 상황과 미래 경향을 이해하는 것의 중요성에 대해 그 어느 때보다 깊은 인상을 받았다. 그래서 「월스트리트 매거진」에 '무역 경향'이라는 부서를 신설했다. 이 특징은 주의 깊게 연구할 가치가 있다.

과거에는 주로 시장의 동향에 대한 고려에서 시작해 증권 선택으로 넘어갔지만, 지금은 다음과 같은 순서로 요인을 나열한다.

1. 시장의 장기 추세
2. 산업의 성격과 경향
3. 선택한 기업의 업무 동향(개선 또는 반대 방향)
4. 경영진의 성격과 평판
5. 재무 상태와 수익력
6. 중간값 대비 상대적 포지션, 즉 30~60일 사이의 가격 변동

이 모든 사항이 만족스럽다는 사실이 증명될 때 투자하는 게 안전하다고 느낀다. 물론 다른 고려 사항도 있지만 이것들이 가장 중요하다. 거의 모든 사람이 동의하고 있는, 일련의 기사에서 나는 시장의 장기 추세를 아는 게 얼마나 중요한지 강조했다. 이것은 모든 경로를 안내하는 나침반이다.

매우 기본적인 것이라서 논의할 여지가 거의 없지만, 성공적인 투자의 핵심 포인트 중 하나라고 할 수 있다. 그 이유는 매수 타이밍이 좋지 않은 상황에서도 전반적인 가격이 상승하는 추세라면 조만간 이익을 볼 가능성이 크기 때문이다. 강세장에서는 부

진한 약세 종목도 어느 정도는 오른다. 반대로 약세장에서 주식을 사면 아주 오랫동안 보유해야 할 수 있다. 기업의 재무 상태가 좋지 않을 경우 수익 관리 상태를 확인해야 하며, 남은 돈을 조금이라도 살리기 위해 큰 손해를 보고 매각을 결심할 수도 있다. 이를 통해 장기 추세에 대한 지식이 얼마나 중요한지 알 수 있다.

♦ 장기적인 가격 추세 분석 방법

내가 자동차 산업이 매우 건전하고 앞으로 번성할 유망한 산업이라고 판단해서 자동차 회사 중 가장 좋은 주식에 대한 투자를 고려하고 있다고 가정해 보자. 시장의 장기 추세가 상승세라고 확신하지 않는 이상 이런 투자를 하는 게 정당하다고 느끼지 않을 것이다. 시장의 움직임은 6개월에서 1년 전의 비즈니스 상황을 고려한다. 주식 가격은 개인이 볼 수 있는 것보다 훨씬 앞서 있으며, 이 가격은 유가증권을 거래하는 수백만 명의 의견을 종합한 것이다. 그들은 매수와 매도로 자신을 표현한다. 그러므로 일반 시장과 개별 주식의 경향에 대한 연구는 인간의 심리에 대한 연구다.

따라서 자동차 산업이 유리한 위치에 있고, 시장의 장기 추세가 상승세라고 판단되면 나는 해당 산업에 종사하는 회사를 선택하려고 한다. 그런 다음 1) 그 사업의 경향이 개선되는 쪽으로 향하고 있는지, 아니면 반대 방향으로 가고 있는지, 2) 경영진의 성격과 평판, 3) 재정 상태와 수익력, 4) 일반 시장 대비 주식과 채권의 위치, 30~60일 사이의 가격 변동에서 나타나는 중간 변동(주식의 경우)에서의 위치를 판단한다.

내가 정해진 어떤 공식을 따른다고 주장하는 건 아니지만, 이것이 내가 따르는 일반적인 추론 계획이다. 다양한 종류의 시장 유가증권, 재무제표, 경영, 주기적인 가격 변동을 오랫동안 살펴보다 보니 거의 본능적이 되어서, 어떤 기업이 내 요건을 충족하는지 판단하는 데 시간이 별로 걸리지 않는다.

♦ 「월스트리트 매거진」에 '트레이드 추세 부서'를 설립한 이유

변호사나 의사 등이 처음 일을 시작할 때처럼 처음에는 자리에 앉아 방대한 양의 데이터와 통계자료를 샅샅이 뒤지고 기록을 찾아봐야 했다. 하지만 트레이딩과 투자도 다른 일들과 마찬가지로, 오래 일할수록 필요한 기술을 많이 습득하게 된다. '힘든 노력'이 필요 없는 지름길을 안다는 생각은 슬프게도 잘못된 생각이다.

투자를 고려할 때 다른 여러 요소보다 산업의 조건과 전망을 우선 검토해야 한다는 것에 대해 설명하려고 한다. 내가 월스트리트에 처음 왔을 당시 뉴욕 증권거래소에는 사실상 철도업이라는 하나의 업종만 있었다. 국가의 주요 작물로 밀, 옥수수, 귀리, 기타 작물은 작물 상태가 중심이었지만, 굴드Gould, 킨Keene, 필립 아머Philip Armour, 디컨 화이트Deacon White 같은 대형 사업자들이 진행하는 투기 작전에서는 작물 전망이 기반이었다.

이제 그런 상황이 바뀌었다. 지금은 투자자들이 자유롭게 거래하는 상장 및 비상장 증권으로 대표되는 수백 개의 업종이 존재하며, 이 목록에는 매주 새로운 기업이 추가되고 있다. 그래서 철도 주식은 여전히 중요하지만, 현재는 철도보다 석유 관련 주식이 더 많고, 자동차 관련 주식도 전보다 훨씬 많아졌다. 이 주식들은 모두 해당 산업에 미치는 다양한 영향을 받고 있다. 그리고 많은 경우 산업끼리 너무 얽혀 있어서 어떤 집단이 번성하거나 침체하면 다른 집단에도 비슷한 상황이 초래될 수밖에 없다.

자동차 산업이 대표적인 예이다. 한 고위 관계자의 말처럼 자동차 200만 대에 대한 잠재 수요가 존재한다는 것은 고무 타이어, 철강, 석유 산업에도 비슷한 확장 가능성이 존재한다는 뜻이다. 철도 산업에서도 또 다른 예를 찾아볼 수 있다. 도로를 소유자에게 반환하고, 철도의 재정 상태와 수익력이 확실해지면 그 즉시 철도 장비에 대한 전례 없는 수요가 발생할 것이다. 이것은 또 철강 산업에 유리한 영향을 미치는데, 철도는 철강을 사용하는 철로나 기타 장비의 매우 큰 소비자이기 때문이다.

그런 다음, 이 분야의 번영이 다른 산업에 미치는 영향에 대해 고려해야 한다. 자동차를 제조하려면 차체, 상판, 라디에이터, 모터, 바퀴 등 문자 그대로 수백 개의 부품이 필요하며, 이로 인해 번영하는 자동차 사업 상황이 발휘하는 간접적인 효과가 수천 개의 경로를 통해 전파된다.

앞에서 언급한 두 가지 요소는 노동력과 자재에 대한 수요로 인해 높은 수준의 수입을 유지하는 수백만 명의 구매력에 큰 영향을 미친다. 그리고 대중의 구매력은 수천 개의 거래 채널로 확대되어 모든 산업 분야에 큰 자극을 준다.

어쩌면 주제에서 조금 벗어났을지도 모르지만, 논리적인 결론에 도달하기 위해 어떤 생각을 따라가는 건 흥미로운 일이다.

♦   바람직한 투자의 특징

이와 같은 조건은 직간접적으로 다양한 업계를 자극하는 반면, 불리한 조건에서 일하는 다른 업계에서는 그 효과가 정반대다.

따라서 시장에는 항상 수많은 경향이 존재하고, 그중 일부는 이런 증권 그룹의 높은 가격에 반영되는 반면, 다른 그룹은 가격이 하락하고 있다는 결론을 내려야 한다. 이를 통해 다른 업종들의 여건이 다소 불리하더라도 최선의 결과를 보일 가능성이 큰 업종을 선택하기 위해 다양한 업종을 연구하는 게 왜 그렇게 중요한지를 분명히 알 수 있을 것이다.

특정 산업의 발전이 시장의 전체적인 하락세를 상쇄하고도 남을 정도로 영향을 미쳐서, 일부 종목은 가격이 오르는 반면 다른 종목들은 꾸준히 하락하는 경우를 본 적이 있다. 거래 조건이 이상적인 투자를 할 수 있고, 시장의 장기 추세가 확실하게 상승세라면, 또 모든 요소가 만족스럽다면 수익성 있는 결과를 얻게 될 것이라고 확신한다.

◆　개별 주식의 가격-행동 연구

이런 점들이 해결되면 다음 단계는 수익력과 재정 능력, 경영진의 성격과 평판 등의 측면에서 볼 때 해당 산업에서 어떤 주식이 가장 좋은 위치에 있는지 결정하는 것이다. 투자 관점에서는 이 요소들이 지배적이어야 하지만, 투기 관점에서는 기술적 위치의 문제가 거의 동일한 비중을 차지할 것이다.

소득과 이익을 위한 주식을 선택하거나 주로 이익을 위해 매수할 주식을 선택할 때, 나는 항상 가장 짧은 시간 안에 가장 큰돈을 벌 수 있는 주식을 선택한다. 이때 기술적 포지션에 대한 연구가 필요하다. 100달러에서 150달러로 올랐다가 하락장의 공세 (하지만 기본적인 포지션, 전망, 수익력에는 특별한 변화가 없음) 때문에 110달러로 가격이 떨어진 주식이 내 눈에는 좋아 보일 수도 있다. 만약 이 주식이 그 수준에서 강하게 압력에 저항하는 모습을 보인다면, 40~50포인트 정도 가격이 오른 후에도 분포 범위 내에 있다면, 상단에서 매우 활발하게 움직이는 다른 주식보다 그 주식을 더 선호할 것이다.

이것은 단지 다양한 주식 움직임에 대한 연구의 간단한 예일 뿐이며, 이 사례의 모든 요소를 적절하게 고려한 후 특정 주식을 선택한 이유 중 하나이다.

♦ 풀pool 작동 방식

앞에서 언급한 중요한 요소들을 사람들이 계속 무시하는 건 아무래도 이상한 일이다. 그 이유는 아마 증권 변동의 기초가 되고, 증권 움직임의 원인을 이해하지 못하기 때문일 것이다. 나는 앞날을 멀리 내다보면서 유리한 방향으로 사거나 팔 수 있는 상황이 다가오는 모습을 관찰하는 소수 혹은 다수의 남성으로 구성된 풀에서 계획하고 실행한 캠페인을 참조한다.

찰스 H. 다우Charles H. Dow가 자주 하던 말처럼, "대중은 가치를 알려주기 전까지는 거의 보지 못한다." 이는 대중이 상황을 주도하는 게 아니라 투기에 이끌린다는 의미다. 그들은 행동하라는 지시를 받거나, 약간의 구두 정보나 시황 안내서 등을 통해 어떤 행동이 제안되기 전까지는 거의 행동하지 않는다.

그러나 대중에게 가장 강력한 영향을 미치는 또 다른 제안이 있다. 바로 시장 자체의 행동이다. 주식 가격의 상승은 여전히 높은 가격임을 시사하며, 주식 가격의 하락은 가격이 더 하락할 것이라는 의미이다. 풀은 대중의 무지로 인해 발생하는 이런 약점을 해소하기 위해 만들어졌다. 그들은 가격을 올리지 않고 주식을 모은 다음, 시장 상황이 좋을 때 주식을 비싸게 판다. 사람들은 항상 '상승하는' 뭔가에 동참하고 싶어 하기 때문에 이것이 매수를 자극한다. 반대로 주식이 하락하기 시작할 때 대중의 지지에 의지해서 주가를 하락시키려고 할 것이다.

나는 오래전부터 주식시장에서 성공하려면 가장 영향력 있는 사람들이 일하는 방식을 제대로 이해해야 한다고 생각했다. 이런 이해관계자들은 오랜 세월 시장에서 사업을 연구하고 운영해 온 전문가이기 때문이다. 그들이 시장 운영에 사용하는 원칙을 알면 테이프에서 그들의 지문을 감지하고 그들을 따르면서 기쁨과 이익을 얻는 데 도움이 될 것이라고 생각했다.

시장에는 많은 이해관계자가 있다. 그들은 일반적으로 주가가 하락할 때 매수하고, 회복세일 때 매도하기 위해 스케일 주문을 넣는다. 그들은 주가가 상승을 계속할 때 매도하기 때문에 주가가 하락할 때 매수할 돈이 항상 있다. 그들은 이익을 실현하는 동시에 다음 하락을 대비해 자금을 공급할 수 있다. 만약 대중이 이 방법을 배운다면 주식시장에서 사망자가 줄어들 것이다.

♦ 주식시장의 '기술적 포지션'을 결정하는 방법

투기적 투자를 할 때 기술적 포지션 연구는 매우 중요하다. 많은 사람이 "약한 기술적 포지션 또는 강한 기술적 포지션이란 무엇인가?"라고 물어볼 수 있다. 간단히 말해, 상승장에서 다수의 외부 투기꾼이 주식을 매수해서 보유하고 있거나, 이들 대부분이 이익을 추구하거나, 주식 가격이 당분간은 더 이상 매수세를 자극할 수 없을 정도로 상승했다면 해당 주식은 기술적 포지션이 약한 것이다. 매수세가 소진되면 재정 능력, 경영 능력, 수익력이 아무리 강해도 주가는 하락하게 마련이다.

반면, 약세장에서는 감당할 수 있는 걸 모두 팔아치우고, 투자 및 투기적 구매자들의 구매력이 하락장의 압력에 저항할 수 있을 때, 즉 수요가 공급을 능가할 때 주식은 단기적으로 약한 기술적 포지션에 있다. 이런 포지션의 약점은 공매도 포지션을 취한 사람들이 모두 잠재적인 강세 매수자라는 것이다. 이들은 조만간 거래를 완료하기 위해 약정을 이행할 것이다. 그들은 무한정 쇼트 포지션을 유지하기를 바라지 않는다. 곰이 황소보다 용기가 부족하다는 건 잘 알려진 사실이고, 기술적 포지션이 워낙 강해져서 가격을 낮출 수 없게 되면 어쩔 수 없이 더 높은 가격에 사야 하는 경우가 많다. 공매도 후의 약세장은 약점이 아니라 강점 요소다.

✦ 기술적 포지션 연구의 엄청난 중요성

거의 매 순간 시장에 쏟아지는 수많은 영향력이 계속 변하기 때문에 정확한 과학과는 거리가 멀지만, 이 연구는 모든 투자자와 트레이더의 관심을 끌 만한 연구다. "잘 사면 절반은 판 것이다"라는 옛 격언을 항상 명심해야 한다. 기술적 포지션에 대한 이 연구는 꾸준히 해야 한다. 주식시장에서 이에 대한 교육 없이는 완전할 수 없으며 인내심과 오랜 경험, 연습 없이는 숙달될 수 없다.

"대중이 알고 있는 것보다
꼭 먼저 알아야 할 필요는 없다.
중요한 것은 알고 있는 것을 이해하는 것이다."

_피터 린치

월스트리트와 미국 전역에서 자신의 균형 관념에 따라 이윤을 챙기는 습관을 들이는 남성들이 많다. 그들은 "적은 양의 주식이라도 50포인트는 큰 이익이니까 가져가겠다"라고 말한다. 어떤 이들은 "나는 투자를 통해 100%의 이익을 얻었고, 그걸로 족하다. 나머지는 다른 사람에게 넘겨야겠다"라고 말한다.

아메리칸 그래포폰American Graphophone의 경우 나는 다른 규칙을 따랐다. 포인트 수치, 즉 수익률은 내게 영향을 미치지 않았다. 가격 변동은 흥미로웠지만 주가가 오르든 내리든 그것이 일정 수준에 이를 때까지 기다렸다가 이익을 취하기로 했다. 이는 내부자들이 매도하기 시작하는 지점을 의미한다.

07

소액 단주 이야기

♦ 아메리칸 그래포폰 주식 가능성에 대해 처음 듣다

이전 글에서 여러분이 투자하기로 한 증권이 속한 업계를 철저히 이해하는 게 중요하다고 말했다. 이 점은 아무리 강조해도 지나치지 않다. 일간지에 게재된 증권 목록을 보면서 줄여서 쓴 종목명이 철도인지 산업인지, 아니면 다른 무엇을 지칭하는지 모르는 사람도 있다. 하지만 이런 걸 잘 알아야 하며, 특히 자기가 선택한 기업의 역사와 재정 그리고 경영의 특성을 알아야 한다.

나는 예전부터 축음기 산업의 역사와 발전에 대해 잘 알고 있었고, 앞으로의 추세도 계산해 왔다. 이 산업은 오랫동안 효과적인 특허 보호를 통해 대부분 독점되어 왔다(몇몇 사람이 이의를 제기하긴 했지만). 1919년 2월에 친구와 점심을 먹었는데 그가 아메리칸 그래포폰(지금은 컬럼비아Columbia로 사명 변경)의 다가오는 회의에서 뭔가 중요한 얘기가 나올 것 같다고 말했다. 난 그 회사에서 진행 중인 발전의 이면에 어떤 일이 일어날 수 있다는 확실한 근거가 있다는 걸 알았다.

우리는 전쟁에 나갔던 수백만 명의 군인이 어떻게 음악에 푹 빠져서 돌아왔는지, 그리고 그들의 경험이 가정에서 축음기의 가치를 어떻게 증명했는지에 대해 논의했다. 전에는 그런 사치품을 살 여유가 없었던 사람들이 이제 구입할 여유가 생기자 축음기와 음반에 대한 전례 없는 수요가 생겼다. 내 친구는 "회의가 끝나고 발표가 나면 주가가 150달러로 오를 것 같다"라고 말했다.

그 종목은 당시 135달러 정도에 팔리고 있었기 때문에 거기에 별로 관심을 기울이지 않았고, 그 일을 거의 잊고 있었다. 그러던 어느 날 아침 사무실에 나가 보니, 신문에 아메리칸 그래포폰 이사들이 주당 2.50달러의 현금 배당과 20분의 1 주식 배당을 선언했다는 작은 발표문이 실려 있었다. 신문의 다른 면에 실린 모호한 뉴스 중에는 분기마다 일정 금액의 현금을 지출하고 소액 주식 배당도 하는 것이 향후 그래포폰의 정책이 될 것이라는 의견이 제시되어 있었다. 공식 발표와 작은 뉴스 기사 모두 그 중요성이 겉으로 드러나지 않을 정도로 겸손한 용어로 표현되었다.

그러나 약간만 암산해 봐도 이런 결과가 나온다. 분기별로 주당 2.50달러면 1년에 10달러다. 분기마다 주당 20분의 1이면 1년에 주당 5분의 1에 해당한다. 주식의 시장 가격이 135달러이므로 5분의 1이면 1년에 주당 27달러, 즉 현금 배당과 주식 배당을 모두 합치면 주당 37달러에 달한다. 결론은 배당금 지급이 얼마나 규칙적으로 이루어지는지에 따라 다르긴 하겠지만, 주식 가격이 주당 200~300달러로 오를 것으로 예상됐다.

♦ 내 정보를 확인한 방법

사무실에 도착하자마자 그 회사 본사에 전화를 걸어보니 경영진이 분기별 주식 배당금을 20분의 1 비율로 무기한 신고할 계획이라는 걸 알게 됐다. 나는 시장가로 최소 1만 5,000달러로 아메리칸 그래포폰에 투자를 시작했다. 다른 사람들도 그 작은 발표문이 무엇을 의미하는지 알고 있었던 게 분명하다. 사려는 사람은 많았지만 팔려는 사람은 거의 없었기 때문이다. 마침내 평균 164¼달러의 가격으로 20주씩 두 개를 사는 데 성공했고, 그다음에 제시받은 가격은 약 179달러였다. 이 가격은 내가 구입하기 시작한 가격과 거리가 멀었고, 난 그렇게 많은 경쟁자와 맞서면서 가격을 올리는 걸 좋아하지 않았기 때문에 이미 산 40주를 아내에게 주었다. 그리고 소량의 주식으로 그녀를 위해 할 수 있는 일을 알아보기로 했다. 얼마 지나지 않아 매수가는 180달러, 그리고 200달러까지 올랐고, 그사이에 거래는 거의 없었다.

✦ '무상으로' 얻은 40주

이 40주의 가격은 6,575달러였는데, 투자 규모는 크지 않았지만 그 규모에 비해 큰 가능성이 있었다. 그래포폰과 거래하는 게 처음은 아니었다. 그전에 70달러 정도에 사서 135달러에 팔고, 다시 110달러 정도에 사서 160달러까지 가지고 있으면서 상당한 돈을 벌었기 때문이다. 이런 거래를 생각하면 40주 정도는 아무것도 아닌 셈이다.

5년쯤 전에 「월스트리트 매거진」에 축음기 산업에 관한 기사가 실린 적이 있는데, 그 기사는 이 산업이 크게 번성 중이고 전망도 매우 좋다는 걸 보여줬다. 뉴욕의 한 주식 중개인은 아메리칸 그래포폰의 예전 주식이 오래전에 잘 분배되었고 그 통제권이 공개 시장에 있다는 사실을 알게 되었다. 그래서 델라웨어주 윌밍턴으로 가서 듀폰du Pont의 이해관계자와 15분간 인터뷰하는 데 성공했다. 그 결과, 듀폰은 지배력을 확보하여 마지막 주식을 주당 200달러 이하의 가격으로 매입했다.

그런 뒤 새롭고 보다 진보적인 경영 아래에서 개발과 확장이 시작되었다. 결과적으로 그 회사는 지난 몇 년 동안 매우 큰 발전을 이루었다. 이 기간 동안 196달러 정도였던 주가는 점차 하락해서 1918년 여름에는 주당 약 50달러에 팔렸다. 그 가격 수준과 내가 다시 관심을 가졌을 때의 가격인 135달러 사이의 어딘가에서, 그 회사의 지배권을 쥐고 있던 사람들은 분명히 그들이 관심을 가졌던 제너럴 모터스나 다른 대기업처럼 이 회사도 '더 크게 키울' 수 있는 기회를 보았을 것이다. 그 소식이 전해지자 주식이 부족해졌다.

나는 최근에 구주를 인수한 신생 기업이 구주와 교환할 때 사용되는 것보다 훨씬 많은 보통주를 발행했다는 걸 알았다. 이 배당 발표의 행간을 읽은 결과, 아메리칸 그래포폰의 과거를 잘 알지 못했고, 듀폰의 자금 조달 및 발전 방법을 연구하지 않았지만 훨씬 정확하게 예측할 수 있었다.

이는 앞 장에서 기술적 포지션에 대해 설명한 글에서 확인할 수 있다. 이 소식이 전해진 후 이 주식에서 이보다 더 강력한 것이 존재한다고 상상하기 어려울 것이다. 월스트리트에서 흔히 하는 말로 "팔 물건이 없었기 때문이다." 그리고 얼마 지나지 않아 주식은 주당 300달러 이상에 팔렸다.

◆ 주가가 135달러에서 500달러로 오르는 동안 내가 한 일

내가 알래스카로 긴 여행을 떠난 여름 동안, 「뉴욕 신문」을 7~15일 정도 늦게 받아보았다. 하지만 크고 중요한 일은 완료되기까지 몇 주가 걸린다는 걸 알고 있었기 때문에 그 정도면 충분한 정보를 얻은 셈이다.

잦은 휴식과 반응을 겪으면서 주가는 꾸준히 상승해서 주당 400달러, 그다음에는 500달러까지 올랐다. 그리고 새로운 상승이 있을 때마다 분기별로 분배되는 주식 배당금의 가치는 더 높아졌다. 즉 1년에 주당 5분의 1씩 지급되는(분기마다 주당 20분의 1의 비율로 지급해서 1년에 총 4번 지급) 주식 배당금의 경우, 주식이 200달러에 팔릴 때는 주당 40달러였다. 주식이 300달러에 팔릴 때는 주당 60달러, 400달러에 팔릴 때는 주당 80달러, 500달러에 팔릴 때는 주당 100달러가 된다. 이것은 내가 본 사례 중 스스로 끌어올린 것에 가장 근접한 사례였다.

40주에 대한 첫 번째 배당은 2주에 달했고, 두 번째 배당은 2.1주로 총 44.1주가 됐다. 그 무렵, 회사가 곧 액면가 100달러의 구주를 액면가가 없는 신주로 교환할 것이며, 구주 1주를 보유한 사람은 신주 10주를 받게 될 것이라고 발표하면서 다가오는 사건의 그림자가 보이기 시작했다. 장외시장에서 가끔 거래되는 주식은 주당 500달러 정도였다. 새로운 주식은 '발행되자마자' 43~50달러 사이에 거래되기 시작했으며, 1919년 8월 한 달 동안 59달러까지 치솟았다. 8월과 9월에 43.5~46달러의 저점까지 내려간 주식은 뛰어난 저항력을 보였지만, 반면에 나머지 시장은 약세를 유지했기 때문에 나는 그 행동을 보고 우리가 '불꽃놀이' 단계에 가까워지고 있다는 결론에 도달했다.

10월에는 뉴욕 증권거래소에 상장된 뒤 매우 활발한 움직임을 보이기 시작했고, 하루에도 몇 포인트씩 빠르게 상승해서 75포인트에 도달했다. 거래량이 크게 증가했다. 일부 세션에서는 5만~7만 5,000주가 거래되었고, 기록되지 않은 단주 거래도 많았다. 수많은 신문 기사가 이 회사의 발전에 주의를 기울였다. 난 주식 가격이 70~75달러 사이를 오가는 걸 지켜봤다. 그러다가 어떤 징후가 나타나는 걸 보고 만약 다시 70달러로 떨어지면 예전에 갖고 있던 단주의 일부를 팔기로 결심했다.

당시 갖고 있던 44.1주를 신주 441주로 교환했고, 얼마 뒤 22주에 대해 일부 배당을 받아서 463주가 됐다. 가격은 주당 70달러였다.

3만 2,410달러

+ 다양한 로트에 대한 주당 2.50달러의 배당금 3회   315.25달러

- 원래 갖고 있던 40주와 수수료 비용	3만 2,725.25달러
주당 70달러일 때의 가공이익	6,575달러
(*로트Lots: 거래하는 통화의 양을 나타내는 단위)	2만 6,150.25달러

　분기별로 지급되는 주식 배당금은 분기당 23주, 즉 1,610달러에 달한다. 주가가 70달러를 유지한다면 연간 6,440달러인 셈이다. 여기에 분기별로 주당 25센트, 즉 연간 1달러의 비율로 지급되는 현금 배당금을 더하면(신주의 경우 구주의 10분의 1에 해당) 최초 6,600달러 미만의 투자를 통해 약 6,900달러의 수입을 올리는 셈이 된다.

　만약 주가가 주당 70달러를 유지한다면 이는 큰 비율이겠지만, 주식 움직임을 보면 내부자들이 자신이 보유한 주식의 일부, 적어도 원래 투자금을 회수하기에 충분할 만큼의 주식을 팔았다는 것을 알 수 있다. 내부자가 매도할 때가 팔아야 할 때라고 판단한 나는 주식 263주를 70달러에 청산해서 원금 6,575달러 외에도 현금 1만 2,080.25달러의 수익을 올렸다. 그리고도 배당금을 받을 수 있는 주식 200주가 남았다.

♦ 매각 전에 기다렸던 것

사실 이익과 현금 배당을 고려하면, 주당 60달러 정도인 주식 200주는 아무것도 아니었다. 그래서 아내가 그 거래에서 어떻게 손해를 볼 수 있는지 깨닫지 못했다.

주식 일부를 매각한 것은 또 다른 이유에서 유리한 위치에 서게 됐다. 만약 내부자들이 하락세에 있는 주식을 지지해서 가격을 높은 수준으로 다시 끌어올린다면, 나는 남은 보유 주식으로 이익을 얻을 수 있다. 하지만 주가가 하락하도록 놔둔다면(이쪽이 더 가능성이 크다) 나는 매각한 지분을 더 낮은 가격으로 사들이고, 이후 발생할 수 있는 부차적인 가격 상승이나 배당금 분배를 이용할 수 있다.

이런 소량의 단주 거래와 관련해서 명심해야 할 사항은 다음과 같다. 나는 해당 업계와 현재 그곳의 과잉 매매 상태, 그리고 미래 추세에 대해 알고 있었다. 또 그와 관련된 아메리칸 그래포폰의 입장에 대해서도 알고 있었다.

내부 정보에 따르면 주식이 15포인트 상승할 것이라고 했다. 하지만 그 정보는 틀렸다. 가격은 수백 포인트 상승했다. 내가 실제로 행동의 근거로 삼은 정보는 모두에게 공개되었다. 나는 회사 사무실에서 사실을 확인했다.

- 내부자들의 입장에 서본 덕에 그들의 추론을 따르고 캠페인의 이면에 숨겨진 목적을 알 수 있었다. 나는 그들이 이익을 낼 때 같이 이익을 얻었기 때문에 손실 가능성을 넘어선 강력한 현금 포지션을 취할 수 있게 되었다.
- 표면적인 상태나 현재 상태는 고려하지 않고 미래가 어떻게 될지 보여주는 사실만 고려했다. 내부자들이 움직이는 어떤 징후가 있는지 기술적 상황을 예의주시했다.
- 고점 근처일 때 매도한 덕에 더 낮은 지점에서 매입하여 대체할 수 있는 현금을 마련했다.
- 이런 소량 거래에서 100%의 가능성을 얻지는 못했지만 그것에 거의 근접했다.

아메리칸 그래포폰 주식투자에 대한 경험은 단주 투자는 어떻게 해야 하는지를 보여주며, 단주는 너무 작아서 신경 쓰기 힘들고 무시해야 한다고 여기는 사람들에게 이의를 제기한다. 나는 모든 움직임에 대한 이유를 명확히 제시하기 위해 이 문제를 자세히 설명했고, 이 제안이 독자에게 시사적인 가치가 있을 거라고 믿는다.

"지금까지 겪었던 큰 손실을 모두 떠올려보라.
그리고 주식이 하락했을 때 작은 손실을 받아들일 만큼
현명했다면 큰 손실들도 예외 없이 모두 피할 수 있었다는
사실을 기억하라."

_리처드 와이코프

주식투자자로서 다년간의 경험으로 내가 확신하게 된 것이 있다. 그것은 개별 주식에서 특정한 기회에 돈을 벌 수는 있지만, 누구도 일관되게 그리고 지속적으로 주식시장을 이길 수는 없다는 것이다. 아무리 숙련된 트레이더라도 지는 게임을 할 가능성은 있으며, 투기란 100% 안전하게 이루어질 수는 없다.

_제시 리버모어, 『어느 주식투자자의 회상』

08

거래와 투자에서
내가 따르는 규칙들

♦ 월스트리트에서 성공이 의미하는 것

내가 이전에 쓴 글을 참고하여 적절한 훈련과 경험을 쌓으면 증권 거래와 투자로 돈을 버는 게 쉽다는 인상을 받는 사람도 있을 것이다. 나는 이런 인상이나 혹은 형성되었을지 모르는 다른 인상을 서둘러 바로잡고자 한다. 그 글은 나 개인적으로 항해하기 쉽다는 얘기였다.

나는 아직까지 월스트리트 안팎에서 계속 또는 중단 없이 증권으로 돈을 버는 사람을 찾지 못했다. 내 경험은 월스트리트에서 성공한 것으로 알려진 많은 사람의 경험과 다르지 않다. 다른 사람들처럼 나도 좋은 기간과 나쁜 기간이 있다. 때로는 내가 손대는 모든 게 잘되는 것처럼 보이고, 때로는 모든 게 잘못되는 것처럼 보인다. 이것은 모든 업종이 다 비슷하다.

트레이딩에서 성공한다는 것은 손실보다 이익이 더 많다는 뜻이고, 투자 분야에서의 성공은 나쁜 투자보다 좋은 투자가 많다는 뜻이다. 만약 누군가가 자신은 거의 늘 성공할 수 있다고 말한다면, 그는 쉽게 잘 믿는 여러분의 성격을 이용하려는 것이라고 여기고 무시해야 한다.

♦ 모건, 킨, 해리먼에 대한 비공식적인 설명

J.P. 모건도 100% 정확도는 달성하지 못했다.

제임스 R. 킨은 10번 중 6번을 맞힐 수 있다면 잘하고 있는 거라고 말했다. 나는 종종 브로드가 30번지 존슨 빌딩 5층에 있는 그의 사무실을 방문해서 그가 티커로 거래하는 모습을 지켜보곤 했다. 그리고 그가 티커와 전화기 사이를 오가는 긴장한 모습에서 일이 잘 풀리지 않는다는 사실을 똑똑히 확인할 때가 많았다. 당시 그의 나이는 30~40세쯤이었다. 그는 월스트리트에서 경력을 쌓는 동안 한 번 이상 파산했다.

해리먼의 사무실에 갔을 때 시장이 그의 예상과 다르게 돌아가는 바람에 그가 큰일을 저지를 것 같은 모습을 보기도 했다.

♦ 내가 아는 가장 영리한 트레이더의 조언

현세대에서는 제시 리버모어의 운용이 가장 훌륭하지만, 그도 항상 옳은 건 아니다. 다른 모든 트레이더처럼 그도 때때로 크고 작은 심각한 실수를 저질렀다. 그가 나에게 직접 자기가 사용하는 방법을 자세히 설명한 적이 있다. 그것은 실수, 사고, 판단 오류, 그리고 운영자들 모두가 고려해야 하는 예상치 못한 크고 작은 사건들을 보여주었다.

뉴욕 증권거래소에서 가장 영리하고 경험 많은 트레이더 중 한 명(대개 플로어 트레이딩을 통해 1년에 30만 달러를 번다)인 그는 이렇게 말했다. "내가 어떤 주식을 매점했을 때 손실이 2만~2만 5,000달러에 달해서 일상적인 트레이딩에서도 걱정되기 시작하면 그 주식의 거래를 중단한다."

이제 투자 분야로 들어가 에쿼터블Equitable, 뮤추얼Mutual, 뉴욕 라이프New York Life 같은 대형 생명보험사 중 금융권과 가장 좋은 연결고리를 가지고 있고 저명한 금융업자, 변호사, 전문가, 보험 계리사의 조언과 지도에 따라 투자하는 회사들이 보유하고 있는 연간 증권 투자 목록을 살펴보자. 투자를 잘못하여 평가절하 하거나 결손으로 공제하는 일도 자주 발견하게 될 것이다.

따라서 어느 분야에서든 성공은 이익이 손실과 소득을 초과하는지 여부, 즉 얼마나 100%에 근접할 수 있는지 여부에 달려 있다. 얼마나 오래, 얼마나 열심히 공부하든, 안내자나 조언자, 은행가가 아무리 세심하고 보수적이고 경험이 많든지에 상관없이 불행한 투자와 운영을 어느 정도는 예상해야 한다.

이런 이유 때문에 내 투자의 많은 부분(전부는 아니지만)은 큰 이익을 실현할 뿐만 아니라, 우발적이고 피할 수 없는 손실을 상쇄하려는 의도를 가지고 이루어진다. 나는 절대 손해를 보지 않는다고 주장하는 사람을 몇 명 만나봤다. 그게 사실일 수도 있지만 나는 그런 투자의 최종적인 결과를 확인하기보다는 손실을 감수하고 싶다. 왜냐하면 원래 가격과 동떨어져 있고, 단지 '희망' 또는 '미약한 희망'으로 분류해야 하는 많은 증권이 존재하기 때문이다.

♦ 제시 리버모어가 지키는 몇 가지 트레이딩 규칙

이것을 보면 제시 리버모어가 따르는 매우 영리한 트레이딩 규칙이 생각난다. 그는 주식을 매수 또는 공매도한 후 2~3일 안에 이익을 거두지 못하면 주식의 즉각적인 움직임에 대한 판단이 잘못되었고, 여기에 묶여 있을 여유가 없다고 생각해 거래를 종료한다. 그는 "거래가 잘되기를 바라는 걸 느낄 때마다 거기에서 빠져나온다"라고 말했다.

이 규칙에서 리버모어의 목적은 자신의 거래 자본을 유통하는 것이므로 자본이 절대 정체되지 않게 한다. 이것은 좋은 규칙이다. 곰곰이 생각해 보면, 여러분은 종종 절망적인 투자를 고수하는 바람에 돈만 잃는 게 아니라 많은 기회까지 잃었다는 걸 기억할 것이다.

리버모어의 또 다른 원칙은 손실을 줄이는 것이다. 물론 그처럼 1만 주, 2만 주, 5만 주를 움직일 때는 100주, 200주, 500주를 거래할 때와 같은 스톱 주문[특정 가격(스톱 가격)에 도달했을 때 활성화되는 조건부 주문]을 할 수는 없지만 그는 보통 정신적인 정지선을 정해두고 거기에 도달하면 거래를 종료한다.

리버모어는 이 두 가지 규칙을 사용해서 시간 스톱과 가격 스톱을 모두 정해두는 모습을 관찰할 수 있다. 그는 자신의 마진(자본)을 거래에 며칠 이상 투자하지 않으며, 자신에게 불리한 거래가 몇 포인트 이상 진행되도록 하지 않는다. 내가 알기로 첫 번째 규칙은 그가 직접 만든 것이지만 두 번째 규칙인 스톱 주문은 오래 전부터 성공한 주식투자자들이 가장 우선시하던 원칙 중 하나였다. 해리먼, 킨, 그리고 다른 많은 사람이 위험의 절대적 제한을 옹호했다.

✦ 어떻게 하면 최고의 결과를 얻을 수 있는가

나도 대부분의 경우 위험을 제한하는 것을 관행으로 삼았지만, 대부분의 주요 손실은 거래가 이루어질 때 스톱 주문을 설정하지 않은 데서 기인한다. 난 항상 위험의 한계를 연구했고 일반적으로 위험을 최소한으로 억제할 수 있는 방법으로 거래하려고 노력했다. 하지만 기회를 잃을 때까지 스톱 주문을 미루는 경우가 매우 많았다. 어떤 경우에는 이런 손실이 2~3포인트로 제한되기도 했지만 5~10포인트에 이르기도 했다. 이런 사건은 무엇을 피해야 하는지 알려주기 때문에 가치가 있다.

나는 최고의 결과를 얻기 위해 중요한 전환점을 주의 깊게 관찰하고, 위험을 제한하며, 10~20포인트 가격 변동에 맞춰 거래한다. 하지만 거기에 전념할 시간이 있고 내가 시장과 조화를 이루고 있다고 느낄 때는 활발하게 거래하는 걸 좋아한다. 하루 5,000주 또는 1만 주 정도의 주식을 사고팔면서 시장에 들락날락하는 건 매우 즐겁지만, 이런 행동은 트레이더보다 중개인에게 더 이득이 된다. 얼마 안 되는 하루 변동액으로 수수료, 세금, 손실액을 지불하고 이익까지 얻어야 하기 때문이다. 뉴욕 증권거래소 트레이더는 비회원보다 유리하다. 수수료 인상에 따라 비회원이 이 정도 규모의 거래를 하려면 비용이 하루에

1,000~2,000달러까지 발생한다.

일반적으로 증권 가격의 의미 있는 변동은 동일한 세션 내에서 발생하지 않는다. 시장 움직임이나 그런 움직임을 야기하는 상황이 발전할 시간이 필요하다. 찰스 헤이든Charles Hayden이 말한 것처럼 "산 날 바로 팔아서는 안 된다."

♦ 외지 사람이 월스트리트에서 성공할 수 있는가

「월스트리트 매거진」 구독자들은 종종 나에게 편지를 보내 자신이 시장에서 멀리 떨어진 곳에 사는데 '물건과 긴밀히 접촉하려면' 뉴욕이나 시카고로 가는 것이 좋으냐고 묻곤 한다. 이런 '긴밀함'이 핸디캡으로 작용한다고 생각하는 경우가 많지만, 진짜 공부는 중개인 사무소가 아니라 시장에서 멀리 떨어진 곳에서 이뤄진다.

내가 시장을 판단할 때 가장 잘한 일은 매 세션 중간에 하루 한 시간씩 정해 놓고 월스트리트에 오지 않은 것이다. 나는 뉴스 티커가 없다. 뉴스 기사를 거의 읽지 않고 오로지 시장 자체의 행동만으로 판단한다. 따라서 매일 거리에 넘쳐나는 소문, 가십, 정보 또는 잘못된 정보에 영향을 받지 않았다.

그러므로 월스트리트 밖에 있는 투자자는 그가 생각하는 것만큼 핸디캡이 크지 않다. 만약 그가 거래 중이고, 다음 날 아침에 주문할 수 있도록 그날의 운영 결과를 제때 얻을 수만 있다면, 월스트리트에 와서 티커에 매달려 있는 대다수의 사람보다 더 나은 결과를 얻을 것이다. 그의 의견은 사실에서 나온 것이므로, 이 사실들을 조립해서 적절한 결론을 도출하는 방법을 알아야 한다. 그에게 필요한 것은 그가 주시하고 있는 주식의 최고가, 최저가, 최종 가격뿐이다.

전혀 독선적이지 않은 나는 전 세계를 돌아다니면서도 매일 U.S.스틸이나 다른 활황 종목에 대한 몇 가지 세부 사항만 전달받을 수 있게 조치해 놓으면, 전보로 주문을 전송해서 이익을 얻을

제시 L. 리버모어
그의 주식시장 운영 방식은 현세대에서 가장 훌륭하다.

수 있다고 생각한다. 해당 주식이나 일반 시장의 거래량에 대해 조언받을 필요는 없다. 물론 때로는 도움이 될 수도 있지만, 확실한 건 케이블로 전달되는 어떤 뉴스도 필요 없다는 것이다.

나는 시장의 미래를 매우 확신하고 소득과 이익의 관점에서 가장 선호되는 산업 가운데 어떤 종목이 내게 가장 많은 이윤을 안겨줄지 알고 싶다. 최근 이런 문제들을 곰곰이 생각해 보고 있다. 시장의 움직임을 정확하게 예측하면 배당금보다 더 많은 돈을 벌 수 있다.

09

미래 발전 예측

♦ 더 높은 등급의 석유 증권에 돈을 투자한 이유

앞 장에서 선견지명의 가치와 가장 짧은 시간에 최고의 결과를 낼 수 있는 곳에서 돈을 운용하는 것의 이점을 얘기했다. 나는 목표한 지점으로 갈 때 지름길로 가는 걸 좋아한다. 이를 위한 한 가지 방법은 다양한 산업을 지속적으로 관찰해서 가장 큰 이점이 있는 위치를 확인하는 것이다.

요즘에는 특정 산업이 우수한 위치에 있다는 의견을 형성하기 위해 신문을 읽는 것 이상의 일은 거의 하지 않는다. 하지만 이것이 최선일까?

철강 산업은 분명히 번창하고 있다. 전쟁으로 철강 수요가 대폭 늘어나면서 상공업 분야에 생긴 거대한 공백을 뒤늦게 채울 것으로 보인다.

건설 재개는 향후 몇 년간 철강 사업에 큰 변수가 될 것이다. 우리는 모두 이 나라가 아직 제대로 개발되지 않았고, 최근에야 분명해진 건축 활동의 부흥이 철강 무역에 매우 큰 의미가 있다는 걸 알게 되었다.

이제 철도가 소유자의 손에 다시 돌아왔으므로 철도, 차량, 기관차에 대한 주문이 증가할 것으로 예상할 수 있으며, 이는 모두 다량의 강철을 필요로 할 것이다. 또한 향후 몇 년간 철도 장비 사업에서 매우 번창할 수 있는 조건을 만들어 낼 것이다.

나는 시장의 미래를 매우 확신하고 소득과 이익의 관점에서 가장 선호되는 산업 가운데 어떤 종목이 내게 가장 많은 이윤을 안겨줄지 알고 싶다. 최근 이런 문제들을 곰곰이 생각해 보고 있다. 시장의 움직임을 정확하게 예측하면 배당금보다 더 많은 돈을 벌 수 있다.

♦   전 세계적으로 줄어드는 석유 자원

현재 매우 유리한 위치에 있는 소규모 산업이 많지만, 나는 그 중에서도 특히 눈에 띄는 하나가 석유 산업이라는 결론을 내렸

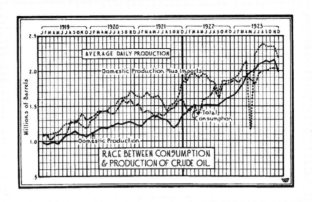

원유 소비와 생산 간의 경쟁

다. 위의 그래프는 지난 2년 동안 소비가 생산을 앞질렀고, 이런 추세에 어떠한 변화의 조짐도 없음을 나타낸다.

이는 뉴저지에 있는 스탠더드 오일Standard Oil Co. 사장인 월터 C. 티글Walter C. Teagle의 예측과 함께 석유의 통계적 포지션에 대한 근거를 제공한다. 티글은 1925년까지 전 세계에서 필요한 원유량이 6억 7,500만 배럴이라고 추정하는데, 이는 1920년에 생산된 3억 7,600만 배럴의 원유에 비해 78%나 증가한 양이다. 그는 그렇게 엄청난 양의 기름이 어디서 나오는지 질문한다. 그가 말할 수 없다면, 여러분과 나도 추측할 필요가 없다. 추가적인 확증이 필요하다면, 런던 주재 영국 무역위원회가 제출한 보고서를 참조

할 수 있다. 이 중앙위원회는 석유 수요가 현재 전 세계의 공급량을 능가하는 경향이 있다고 보고했다.

그러므로 세계적으로 석유 부족이 심각하고 앞으로도 오랫동안 이 상황이 달라지지 않으리라는 건 명백하다. 그래서 나는 최고의 석유 주식에 돈을 투자하고 있다. 다른 분야에도 유망한 기회가 많지만 당분간은 석유 산업이 장기적인 관점에서 중요한 위치를 차지할 최고의 산업이라고 생각하기 때문이다.

그 이유는 석유 생산과 정제, 특히 생산에 따르는 이윤 폭이 주당 기준으로 계산하면 철강, 장비, 자동차 또는 더 많은 공장을 짓고 더 많은 인력을 고용해서 생산량을 늘릴 수 있는 다른 주요 산업보다 훨씬 클 것이기 때문이다. 하지만 석유 산업은 다르다. 석유를 찾아야 한다. 물론 찾게 될 거라고 기대하는 곳에서 반드시 찾을 수 있는 건 아니다. 오래된 유전 중 상당수가 수명이 다해가고 있다. 1년 전까지만 해도 1만~1만 5,000배럴씩 분출되던 유정에서 지금은 수십, 수백 배럴밖에 나오지 않고 있으며, 적지 않은 경우 이를 위해 펌프를 가동해야 한다.

1919년 7월 1일, 레인저 필드는 하루에 16만 배럴을 생산했다. 1920년 2월 1일에는 1일 생산량이 8만 배럴로 줄었다. 버크버넷 필드는 근접 시추로 인해 생산량이 현저하게 떨어졌다. 멕시코에서 가장 큰 유정 중 상당수가 경제 상황, 염수 유입, 화산 폭발로 인한 형성물 변화 때문에 폐쇄됐다.

새로운 유전이 부족했다. 여러 나라의 다양한 지역에서 유전이 발견됐다는 소식이 들렸지만, 탐욕스러운 소비 수요에 보조를 맞추려면 생산량이 풍부한 유전이 많이 필요했다. 석유 산업에는 포화점이 없다는 게 명백했다. 왜냐하면 매년 가시적으로 공급이 감소되는 부족분을 보충하기 위해 무역을 통해 지속적으로 노력하고 있기 때문이다.

모든 종류의 기계 수 증가와 수작업 감소는 석유 수요의 중요한 포인트다. 기계의 각 부분마다 윤활유가 필요하고, 윤활유는 원유를 기반으로 만들어지기 때문이다. 자동차는 휘발유를 소비할 뿐만 아니라 많은 양의 윤활유도 소비한다.

트랙터도 또 다른 새로운 소비 수단을 개발하고 있으며, 자동차가 도시에서 그런 것처럼 시간이 지나면 농장에서 말을 대체할 것이다. 내가 확인한 바로는 시애틀에는 현재 말이 한 마리도 없다.

♦ 석유의 새로운 사용법이 수요에 어떤 영향을 미칠 것인가

1894년은 그리 오래되지 않은 것 같지만, 그때 내가 누군가에게 언젠가 우리가 말 없는 마차를 타고 여행하게 될 거라고 말했

다면 다들 나를 몽상가라고 비웃었을 것이다.

이제 비슷한 꿈을 또 하나 기록하고 싶다. 몇 년 뒤에는 뉴욕과 다른 모든 대도시의 거리에 난방, 제조 및 기타 목적을 위해 석탄 대신 연료유를 운반하는 파이프가 깔리게 될 것이다. 그리고 각 지역 사회에서 관련 인가를 받을 수 있는 위치에 있는 독자들에게 제안하는데, 언젠가 이런 인가를 통해 큰돈을 벌게 될 것이다.

사람들이 석탄을 캐기 위해 광산에 내려가고, 석탄을 기차에 실어 수백 킬로미터를 운반하고, 석탄을 실은 트럭이 도시 거리를 통과하고, 지하실에 쌓아뒀다가 삽으로 퍼서 화로에 붓는 날들은 곧 사라질 것이다.

현재 사용 중인 가스탱크와 유사한 거대한 오일 탱크에는 밸브를 돌리거나 온도 조절 장치를 작동하기만 해도 제어할 수 있는 액체 연료가 들어 있어야 한다.

석탄을 푸거나 재를 꺼내지 않아도 된다! 이것은 도시나 시골에서의 생활을 더욱 매력적으로 만들 것이다. 특히 5시 15분 차를 타려고 서둘러야 하는 사람들에게는 더욱 그렇다. 이런 발전은 현재 임대료, 운영비, 제조 비용 상승에 기여하는 여러 가지 요인을 제거한다는 뜻이기 때문에 제조자, 사무실 건물 소유주, 아파트 소유주들은 이를 훨씬 광범위하게 활용하게 될 것이다.

여러분은 이 제안을 따르지 않을 수도 있지만 누군가는 할 것이고, 많은 사람이 이를 이용해 수백만 달러를 벌 것이다.

실제로 땅콩 가판대부터 철도 기관차와 거대한 산업 공장에 이르기까지 모든 산업이 다양한 방법으로 석유를 소비한다. 기계 세계는 석유 없이는 존재할 수 없다. 기계, 특히 내연기관의 사용이 전 세계로 확산되고 있다. 아직 등유 단계에 있는 광대한 지역이 결국 자동차와 트랙터 단계로 발전하게 될 것이다. 더 나아가 몇 년 안에 승객뿐만 아니라 화물도 항공으로 운송하게 될 것이다. 이 모든 것이 원유를 휘발유와 윤활유로 분리하려는 수요가 매우 많아질 것임을 의미한다.

이것이 내가 최근 몇 달 동안 석유 증권을 산 이유 중 일부다. 그리고 우리가 보낸 투자 서신에서 구독자들에게 이런 유가증권을 추천한 이유이기도 하다. 원유 수요 급증으로 정유 공급 계약을 맺은 정유사들 상당수가 서로 경쟁 입찰을 하고 있기 때문에 진정한 승부수를 던지는 업체는 생산업체다. 나는 주요 석유 회사, 특히 생산 분야에서 깊이 뿌리를 내리고 있는 곳에서 엄청난 이윤을 창출하게 될 거라고 예상한다.

대부분의 사람은 평저화를 너무 빨리 시작하는 실수를 저지르곤 한다. 또 정해진 규모(예: 1포인트 하락)대로만 주식을 매수하면 예상보다 2~3배 더 하락할 경우 그 하락세를 끝까지 지켜볼 만큼 충분한 자본을 제공하지 못한다. 1909년 8월에 유니언 퍼시픽이 219달러에 팔리는 걸 봤던 한 친구는 이 회사 주가가 185달러, 그리고 다시 160달러로 떨어지자 아주 저렴해졌다고 생각했다. 그리고 135달러까지 내려가자 엄청난 헐값이라고 생각해 있는 돈을 다 털어 해당 주식을 구입했다. 하지만 116달러가 되자 그의 자본은 고갈됐고, 결국 월스트리트에서 흔히 하는 말처럼 "그는 썰물에 휩쓸려 떠내려갔다."

10

평저화의 진실

♦   많은 투자자가 평저화를 이해하지 못하는 이유

습관이 있는 사람들은 많은 돈을 잃거나 돈이 어딘가에 묶여 있게 된다. 그들의 이론은 100달러에 증권을 구입했는데 90달러로 떨어지면 그만큼 저렴해진 것이고, 가격이 낮아질수록 더 저렴해진다는 것이다. 월스트리트의 모든 규칙과 이론이 그렇듯이 이것도 때로는 맞는 말이다. 하지만 증권의 시장 가격이 하락하는 동안 내재가치와 수익력은 훨씬 빠르게 감소할 때가 많다.

특정 주식에 영향을 미치는 상황 때문에 채권이나 주식, 또는 두 가지 모두 일반 시장이 침체되면 가격 하락이 발생하는 경우가 많다. 하지만 때로는 기업의 비즈니스에 내재된 약점이나 전망이 악화되어 하락하는 경우도 있다. 이런 영향에 관한 지식은 종종 회사 업무와 긴밀히 관여하는 소수의 사람만 알 수 있다. 때로는 점차적으로 불리한 방향으로 발전하는 경우도 있고, 이전의 추정치나 가치가 하룻밤 새 급격하게 변화를 초래하는 경우도 있다.

하락의 원인이 무엇이든 간에 평저화(물타기)의 문제는 가격이 높을 때 매수한 사람들을 혼란스럽게 하며, 평저화가 좋은 해결책인지 아닌지에 대해 궁금해한다. 평저화로 인해 그 상황에 더 깊이 말려드는 경우가 많기 때문이다. 따라서 평저화를 해야 하는지 현명하게 판단하려면 하락의 원인이 무엇인지 알아야 한다.

♦ 실망스러운 구매를 평저화하는 방법

몇 년 전에 어떤 주식을 45달러 정도에 매수했다. 그 주식을 사고 얼마 후 가격이 30달러 선으로 떨어졌고, 해당 주식이 인수됐다는 사실을 뒤늦게야 알게 됐다. 내부자들 입장에서는 30달러 이상으로 판매된 모든 주식은 곧 이익을 의미했다.

회사는 사업을 잘하고 있었지만 주식은 형편없이 처리되었고, 시장 활동에 책임 있는 자들은 갓 태어난 아기를 대중의 문 앞에 남겨두고 모두 도망친 상태였다. 주식이 대중의 손에 있다는 걸 알게 된 나는 30달러에서 평저화를 시도하지 않고 15달러 언저

리로 떨어질 때까지 기다렸다가 똑같은 양을 샀다. 그리고 10포인트 이윤을 보고 매도한 덕분에 처음에 들인 비용이 35달러로 줄었다. 그 뒤 주가가 12달러로 떨어지자 다시 사들여서 16달러에 되팔아 초기 비용을 31달러 정도로 줄였다. 몇 달 뒤, 주가가 38달러로 올랐을 때 남은 걸 모두 팔았다. 결국 투자금을 회수하고 이자까지 약간의 돈을 벌고 난 뒤에 발을 뺄 수 있었다.

이 거래는 2~3년에 걸쳐 진행되었는데, 성과가 실망스러운 채권이나 주식을 평저화하는 좋은 방법을 보여준다. 이것은 앞서 설명한 것처럼 훨씬 긴밀하게 일하면서 시장의 모든 작은 변화를 이용하는 대규모 이해관계자들이 사용하는 방법이다.

주가가 떨어졌을 때 주식을 산 이유는 무엇일까? 그리고 왜 손해를 보면서도 팔지 않았을까? 회사 관계자들을 통해 조사해 보니, 45달러였던 주가가 그 몇 분의 1로 하락하는 시기에 그 회사는 부채를 줄이고 수익력을 늘리면서 매우 번창하고 있는 상태였다. 그로 인해 시장 가격은 하락하는 반면 내재가치는 상승해 있었다.

그래서 난 가격이 더 내려갈 경우 많이 사뒀다가 가격이 회복되면 팔 수 있도록 환매 자금을 마련해 뒀다. 첫 번째 로트(평균 15달러 정도)를 산 뒤에는 상승세에 매도했다가 하락세에 다시 매수할 수 있기 때문에 시장이 어떤 방향으로 흘러가든 이익을 볼 수 있었다. 가격이 10달러로 내려갔다가 다시 5달러까지 떨어졌다면, 난 아마 낮은 가격대에서 똑같은 수량이나 두 배의 양을 샀을 것이다. 그래서 항상 그 회사의 물리적, 재정적, 비즈니스적 상황을 가리키는 나침반을 주시했다.

이런 주식은 때때로 자체적인 기술적 비중이 감소한다. 즉 지원 부재와 함께 청산 압박을 받는 주식 양이 감소하거나, 낮은 가격으로 주식을 모으기를 바라는 사람들에 의해 인위적으로 하락할 수 있다. 이 경우에는 두 가지 영향이 조합되었다고 생각한다.

♦ 트레이더들은 모두 피하지만 대부분의 투자자는 피하지 않는 함정

대부분의 사람은 평저화를 너무 빨리 시작하는 실수를 저지르곤 한다. 또 정해진 규모(예: 1포인트 하락)대로만 주식을 매수하면 예상보다 2~3배 더 하락할 경우 그 하락세를 끝까지 지켜볼 만큼 충분한 자본을 제공하지 못한다.

1909년 8월에 유니언 퍼시픽이 219달러에 팔리는 걸 봤던 한 친구는 이 회사 주가가 185달러, 그리고 다시 160달러로 떨어지자 아주 저렴해졌다고 생각했다. 그리고 135달러까지 내려가자 엄청난 헐값이라고 생각해 있는 돈을 다 털어 해당 주식을 구입했다. 하지만 116달러가 되자 그의 자본은 고갈됐고, 결국 월스트리트에서 흔히 하는 말처럼 "그는 썰물에 휩쓸려 떠내려갔다."

사업, 투자, 투기 실패의 85~90%는 과잉 거래나 자본 부족 때문에 발생하는데, 이를 압축해 보면 결국 동일하다. 그리고 자신의 투자나 투기적 구매를 평저화하는 사람들은 실패의 원인을 명백하게 보여주는 많은 사례를 제공한다.

♦ 투자할 것인가, 빠져나올 것인가?

몇 년 전에 웨버 & 필즈Weber & Fields가 뉴욕에서 인기 있는 극장 중 하나가 되었을 때, 그들은 연극 내용에 은행원과 고객이 나오는 장면을 집어넣었다. '은행원'은 창구에서 '고객'을 지켜보면서 매우 적절한 질문을 던졌다. "돈을 넣으실 건가요, 찾으실 건가요?"

최근 해마다 월스트리트를 찾는 수많은 사람을 생각하자 이 일이 떠올랐다. 그들은 성공하거나 실패할 때까지 계속 돈을 넣었다 빼면서 저마다 다른 결과를 얻는다(대부분은 결과가 좋지 못하다). 그리고 난 시험문제 삼아 끊임없이 스스로에게 이렇게 질문했다. 돈을 넣거나 빼면서 내가 진전을 이루고 있는지, 아니면 퇴보하고 있는지 말이다. 우물에서 빠져나오려는 개구리처럼 나도 가끔은 미끄러지기도 하지만 해가 갈수록 발전하는 모습을 보이고 있다.

가끔은 어떤 영향으로 인해 내 판단력이 기대에 미치지 못해서 해안에 아주 가까이 붙어 있어야 하는 시기가 있다. 하지만 이런 시기에도 계속 맞서 싸울 정도로 나는 완고한 사람이다. 이런 험난한 상황에 익숙해지지 않으면 증권시장에서 오래 버틸 수 없기 때문이다. 성공이란 잘못된 투자나 사업보다 더 나은 걸 의미한다는 것은 이미 설명했으므로, 이전 장을 읽은 독자들은 내가 무슨 말을 하는지 이해할 것이다.

누구나 때때로 자리에 앉아서 재고를 조사할 필요가 있다. 증권 얘기가 아니라 자신의 능력과 판단력, 그리고 무엇보다 중요한 지금까지의 결과를 말하는 것이다. 자신이 들인 시간, 생각, 연구, 자본의 양을 기준으로 판단했을 때 지난 몇 달이나 몇 년간의 성과가 불만족스럽고 수익성이 없다고 판단되면, 그 원인을 확인할 때까지 작업을 중단하고 문제 해결에 착수해야 한다. 어려움을 극복했다는 확신이 들 때까지 연구와 연습(서류상으로, 또는 필요한 경우 10주 로트나 1,000달러짜리 채권을 이용)을 통해 꾸준히 진행해야 한다.

항상 강세장에서 활동하던 사람이 약세장에 빠질 수도 있다. 나는 시장과 조화를 이루지 못하는 경우가 많고, 만성적인 황소나 곰 상태는 아니지만 언제나 상황에 맞는 동물이 된다.

하지만 때로는 혼자 길을 떠나서 내가 서 있는 위치를 파악하고, 만약 일이 잘못되고 있다면 그 이유가 뭔지 알아내는 게 큰 이점으로 작용했다. 나는 내가 거둔 승리보다 불운을 연구하는 게 더 중요하다고 생각한다.

모든 삶은 투기입니다. 투기의 정신은 인간에게서 태어납니다. 신의 섭리는 그의 머리와 뇌에 베팅 본능을 각인시켰습니다. 그것은 그가 부여받은 가장 큰 선물 중 하나입니다. 투기가 없다면, 원한다면 도박이라고 부르세요, 주도권은 사라지고, 사업은 쇠퇴하고, 가치는 떨어지고, 나라는 1년도 채 안되어 20년 전으로 돌아갈 것입니다.

_제임스 R. 킨

11

예지력과 판단력에 관한
몇 가지 명확한 결론

♦ 투자를 집중적으로 연구할 가치가 있는가?

나는 월스트리트에서 보낸 몇 년 동안 눈과 귀를 계속 열어뒀을 뿐만 아니라 연구와 연습, 경험을 통해 많은 걸 얻었다. 그 결과, 나는 거래와 투자 사업과 관련해 확실한 결론을 내렸다. 이 결론은 솔직하고 분명하게 언급했으므로 독자들이 읽고 충분히 이해한다면 똑같은 일에 많은 시간과 노력을 기울이지 않아도 될 정도로 사람들에게 큰 가치가 있을 것이다.

세상 누구도 어떤 지식을 습득하지 않고는 잠시라도 한 분야에 머물 수 없다. 그 분야에 대해 집중적으로 공부할 것인지, 아니면 종잡을 수 없이 터벅터벅 걸어가는 데 만족할 것인지는 각자가 결정할 문제다. 독자들에게 권하는 것은 당장은 투자할 돈이 한 푼도 없더라도 내 말을 진지하게 받아들여야 한다는 것이다. 언젠가는 투자 자금이 생길 것이므로, 해당 분야에 대한 정보가 많을수록 합법적으로 돈을 모으거나 획득하려는 동기가 커지고 수익성 있는 결과를 얻을 수 있다.

♦   실패한 트레이더가 해야 할 일

월스트리트의 기만적이고 표면적인 인상과 거짓된 뉴스, 보도, 가십, 방법이 판치는 분위기에서는 어떤 사람이 뭘 하려고 하는지, 얼마나 잘하거나 못하는지를 파악하기가 어렵다. 또 자신을 평가하거나 본인의 기본 원칙이 무엇인지, 그것을 얼마나 잘 따르고 있는지 확인하는 것도 쉽지 않다.

어떤 상황을 명확하게 파악하기 힘들 때면 모든 사실을 종이에 적은 다음 유리한 것과 불리한 것으로 분류해 보면 상황을 명확히 할 수 있다는 걸 알게 됐다. 종이에 적어 보면 그 과정에서 각각의 포인트를 추론할 시간이 생길 뿐 아니라, 다음에 다시 살펴보면서 분석하면 훨씬 큰 이점을 얻을 수 있다.

이 아이디어에 따라 트레이딩 및 투자 사업과 관련해서 얻은 몇 가지 결론을 적었다. 이 결론은 개별적인 요건에 따라 인식해서 적용해야 하는 원칙들의 부분적인 목록을 구성하기 때문에 이 장과 이후 장에서 차례대로 설명할 것이다.

핵심은 투자와 투기로 거의 균등하게 나뉘지만, 어디서 시작되고 어디서 끝나는지 판단하기는 너무 어렵기 때문에, 대부분의 경우 그것들을 함께 다루어야 할 것이다. 우리가 달성하려는 목표는 개인 재산의 증가인데, 이를 신중한 투자와 돈의 느린 증가를 통해 이룰 것이냐, 원금을 늘리기 위해 수입을 재투자할 것이냐, 아니면 증권 가격의 움직임을 예측하고 이를 통해 이익을 얻어서 원금을 늘릴 것이냐 등은 모두 각자가 스스로 결정해야 한다.

내 주요 목표와 궁극적인 목표는 안전하고 수익성 있는 곳에 자금을 투자하는 것이다.

이것을 주요 목표라고 말한 이유는 무엇보다 중요한 목표이기 때문이고, 궁극적이라는 표현을 쓴 이유는 수입만 추구하는 투자자가 되길 바라기 때문이다. 모든 사람은 말년에도 자신과 가족을 부양할 수 있는 돈을 마련하기 위해 열심히 일한다. 어떤 사람들(제임스 R. 킨도 그중 하나였다)은 나이가 아주 많이 들어서도 주식 거래를 계속한다. 그러나 대부분의 사람은 적어도 60세가 되면 노후를 위해 돈을 벌어야 할 필요성에서 벗어날 수 있기를 바란다.

따라서 트레이딩 차익은 수익 창출 증권, 가급적 시장 가치가 증가할 증권에 투자하는 원금을 늘리는 데 사용해야 한다. 그런 투자 소득은 받자마자 재투자해서 복리화해야 한다.

트레이딩에 적응하지 못하는 사람은 자신이 만족할 만큼만 증명하고 사업을 포기해야 한다.

현명하고 성공적인 투자자가 되려고 노력해야 한다. 이마저도 실패한다면 저축은행과 대출 또는 기타 변동성 없는 투자에 의지해야 한다.

내 친구는 한때 10만 달러 이상의 채권을 가지고 있었는데, 그 중 일부를 중개인에게 증거금으로 예치했다. 그 채권은 그가 사업을 처음 시작했을 때부터 모은 돈의 결과물이었고, 성장 가능성이 있을 뿐 아니라 수입도 괜찮았다. 이리저리 거래하던 그는 자신이 보유하고 있던 채권을 조금씩 가져와서 중개인에게 맡긴 결과, 결국 채권이 절반 가까이 없어지는 지경에 이르렀다. 그는 이것이 자기가 트레이딩 업무에 적응하지 못했다는 결정적인 증거라고 판단했다. 그래서 트레이딩을 중단하고 처음에 채권 100개를 모을 때 사용하던 저축 전술을 재개했다.

이것이 몇 년 전의 일이다. 그는 현재 20만 달러가 넘는 재산을 보유하고 있으며, 가끔 투기 분야에 뛰어들 때는 매우 조심스럽게 적은 금액으로 한다.

나는 비슷한 경험을 한 이들에게 그의 사례를 추천한다. 하지만 예외가 있다. 그들이 기꺼이 그 일에 헌신한다면 당연히 어려움을 극복하고 추가적인 공부와 경험을 통해 더욱 성공할 것이다. 하지만 이미 많은 돈을 낭비한 일에 돈을 더 쓰는 것은 그 사람의 사업적 판단력을 드러낼 뿐만 아니라, 단기간에 극복해야 하는 성격적 약점을 나타낸다. 젊은 시절의 경험을 통해 이익을 얻을 수 있다면, 그 경험은 아주 저렴하게 샀다고 볼 수 있다.

가끔은 모두 자기 자본이 만족스럽지 못한 것에 묶이는 걸 피할 수 없다. 그러나 현재 보유 중인 자산에 손실이 발생하더라도 전환을 주저해서는 안 된다. 좋은 증권은 평범한 것보다 훨씬 빠르게 손실을 메워줄 것이다. 따라서 보유하고 있는 모든 증권과 관련해서 스스로에게 이렇게 질문해 봐야 한다. "이것보다 수익성이 좋고 짧은 시간 안에 효과를 발휘할 다른 종목이 있을까? 나는 돈을 재워 두거나 천천히 굴릴 여유가 없다. 나는 장사꾼과 비슷하다. 가급적 자주 돈을 굴려야 연평균 수익률이 최고조에 달할 것이다."

♦   자본을 최대한 활용하는 방법

가장 짧은 시간 안에 가장 큰 이익을 제공하도록 자본을 투입

해야 한다.

이것은 트레이딩 자본과 투자 자본 모두에 적용되는 얘기다. 나는 이용 가능한 총자본의 일부만 트레이딩에 사용하는 게 최선이라는 걸 알았다. 자본 전부 또는 대부분을 사용하는 건 치명적인 실수다. 예기치 못한 상황이 발생해서 큰 손실을 보는 경우, 처음부터 다시 시작해야 하기 때문이다. 반면 자본 대부분을 안전한 곳에 투자해서 수익이 생기면 아마 가치가 향상될 것이고, 그러면 재난이 발생해도 트레이딩 업무를 재개하기 위해 자본 일부를 현금으로 전환할 수 있다.

그러나 이런 일은 드물게 발생해야 한다. 만약 투자한 돈이 있는데 그 돈을 트레이딩 목적으로 자꾸 인출하는 바람에 줄어들고 있다면 그는 잘못된 길을 가고 있는 것이다. 그러므로 거기서 더 나아가기 전에 잠깐 멈춰서 자신을 돌아보는 게 좋다. 소액 자본으로 트레이딩을 해서 성공하지 못하는 사람은 많은 돈을 투자할 때도 틀림없이 큰 손해를 보게 될 것이다.

투자한 자본을 이용해서 최단 시간 내에 가장 큰 성과를 올리려면 지금 가지고 있는 것보다 더 나은 기회를 찾기 위해 노력해야 한다. 현재 90~95달러 정도에 팔리고 있고 채권시장 상황이 좋을 때는 110달러까지 오를 가능성이 있는 채권을 보유하고 있다고 가정해 보자. 그런데 현재 보유 중인 채권의 장점을 모두 갖추고 있으며, 훨씬 더 높은 가격으로 오를 가능성이 있거나, 동일한 안전성과 시장성을 갖춘 다른 채권으로 전환할 수 있다면 그 채권을 계속 보유해야 할 이유가 없다.

만약 7%를 지불하고 평균적으로 1.5배의 배당금을 지급하는 우선주를 보유하고 있는데 같은 가격으로 몇 년간 평균 3~4배의 배당금을 지급하는 다른 우선주를 살 수 있다면 전환하는 게 최선이다. 우리가 할 수 있는 것과 할 수 없는 게 무엇인지 알아내는 게 매우 중요하지만 너무 빨리 낙담해선 안 된다. 난 지금까지 투기로 돈을 벌려고 하는 이들을 수천 명이나 만나봤지만 유감스럽게도 그들 중 성공한 트레이더가 될 자격이 있는 사람은 극소수에 불과했다.

하지만 세상에는 성공한 투자자가 수십만 명이나 있으니, 독자들은 그들이 걸어온 성공과 독립의 길로 관심을 돌리길 바란다. 난 '대중'과 그들의 방법을 연구하여 대부분의 사람이 어떤 종류의 작업에 가장 적합한지 알게 됐다. 자신을 훌륭한 내과 의사나 외과 의사, 변호사, 치과 의사라고 착각하는 사람은 거의 없지만, 자신을 뛰어난 투자자나 투기꾼이라고 믿도록 스스로를 속인다.

♦   실수를 자본화하라

주위를 둘러보자. 지인들 모두가 부유하고 성공한 사업가인가?

대부분은 부자도 아니고, 가난하지도 않은 상태로 그냥 터벅터벅 인생을 걸어가고 있지 않은가? 이는 비즈니스 분야든 월스트리트든 마찬가지다. 지인이 몇 명이냐에 따라 다르긴 하겠지만, 대개는 눈부신 성공을 거둔 이들을 꼽아 보라고 하면 한 손이나 양손 손가락으로 다 셀 수 있을 것이다.

사람들이 사업에서 성공하는 이유는 처음에는 실수를 하더라도 그런 실수를 연구해서 미래에는 그 실수를 피하기 때문이다. 그런 다음 점차적으로 성공의 기본 원리에 대한 지식을 습득해서 훌륭한 사업가로 발전한다.

하지만 투자와 트레이딩에 이 규칙을 적용하는 사람이 얼마나 될까? 이런 문제를 연구하는 사람은 거의 없다. 이 주제를 진지하게 받아들이는 사람도 거의 없다. 그들은 어영부영 증권시장에 발을 들였다가 '좌절하는' 경우가 매우 많다. 그러면 한동안 시장을 피하다가 가끔 돌아와서 또 같은 결과를 얻는다. 결국 뛰어난 트레이더나 똑똑한 투자자로 발전할 기회조차 스스로에게 허용하지 않은 채 점차 시장에서 멀어지게 된다.

이것은 전부 잘못된 행동이다. 사람들은 의학, 법학, 치의학을 진지하게 연구하고 제조업이나 상품 판매업을 할 때는 확실한 목적을 가지고 시작한다. 하지만 모든 사람이 진지하게 다루어야 하는 이 중요한 주제를 깊이 연구하는 사람은 드물다.

이제 우리는 평범한 사람들은 정신적으로 게으르다는 걸 인정하자. 그는 정신노동이든 육체노동이든 상관없이 일을 싫어하기 때문에 브리지나 포커, 또는 그와 비슷하게 흥미롭고 재미있는 일 외에는 매일 저녁 한 시간은 고사하고 일주일에 한 시간도 쏟고 싶어 하지 않는다. 자기 시간을 유익하게 사용하는 사람은 부와 독립을 향해 나아가고 있다. 그러나 많은 경우 포커나 하면서 시간을 흘려보내는 이들은 나중에 자녀의 신세를 지게 될 것이다.

다시 본론으로 돌아가서, 자신이 트레이딩을 할 자격이 있는지, 아니면 투자 쪽에 전념해야 하는지 알아내는 데 몇 년 이상 걸리지 않아야 한다.

♦ 성공적인 투기의 본질

선견지명을 키우는 게 가장 중요하다.

기본적으로 증권시장에서 가장 성공한 사람은 대개 선견지명이 뛰어난 사람이다. 선견지명은 투기의 본질이다. 선견지명이 없는 사람은 투자를 하는 게 아니라 기회를 노려서 도박을 하는 것일 뿐이다.

작고한 J. P. 모건의 강점 중 하나는 금융 상황과 증권 가격의 엄청난 변화를 예측하는 능력이었다. 그가 다른 사람들이 이해하지도, 예상하지도 못한 특정 사업과 재정적 상황을 몇 개월 전부터 예측한 경우가 얼마나 많은지 놀라울 정도다. 이것이 그를 위대하게 만든 자질 중 하나다. 덕분에 그는 방대한 사업에 참여할 수 있었고(그중에서도 U.S.스틸은 눈에 띄는 사례다), 그는 놀라운 선견지명을 바탕으로 재정적 천재성을 기리는 산업 기념물들을 많이 남겼다.

E. H. 해리먼이 위대한 인물이 된 것도 선견지명 덕분이다. 그는 유니언 퍼시픽과 서던 퍼시픽 철도 개발을 예상했고, 결국 철도 제국 건설이라는 엄청난 임무를 맡게 됐다.

해리먼은 한때 평범한 일(여러분과 내가 예전에 했거나 지금 하는 일처럼)을 했다. 그가 선견지명과 그를 탁월한 존재로 만든 다른 자질을 키워서 훌륭한 결과를 얻을 수 있었다면, 여러분과 나도 각자가 받은 재능을 발휘하고 선견지명을 키우는 데 집중해서 개인적인 부를 늘릴 수 있다. 이는 투자뿐만 아니라 우리가 평생 동안 참여한 모든 사업(재정적, 사업적, 개인적으로)을 통해 가치가 증명될 것이다. 그러니 이 주제에 세심한 주의를 기울이자. 내가 거둔 성공의 상당 부분은 미래의 사건이 어떤 방향으로 진행될지 미리 내다보는 습관을 길렀기 때문이다.

♦ 누구의 판단이 최선인가?

다른 사람의 판단보다 자신의 판단에 의존하는 게 낫다.

이렇게 할 수 있는 경지에 이르지 않았다면, 건전하고 독립적인 판단을 내릴 수 있을 때까지 연구와 연습을 계속하는 게 좋다.

우리는 월스트리트에서 '내부 정보'와 중요한 인맥의 가치에 대해 많이 듣는다. 그러나 나는 자기 판단에 가장 의존하는 사람들은 이미 성공했거나 성공으로 향하는 중이라는 걸 깨달았다. 월스트리트에서는 사람들 입에 오르내리거나 가치가 있다고 느끼는, 공짜로 얻을 수 있는 수많은 의견에 휘둘리기 쉽다.

여러분이 뉴욕 증권거래소에 상장된 증권으로 대규모 거래를 하는 남자의 가장 친한 친구라고 가정해 보자. 그는 여러분에게 모든 사실을 알려줘서 현재 진행 중인 일들에 대한 빈틈없는 지식을 바탕으로 증권을 살 수 있게 해 준다. 여러분은 증권을 사서 아마 돈을 벌 수도 있을 것이다. 하지만 내부 정보에 너무 집착한 나머지 적절한 때에 팔지 못하거나, 문제가 발생해서 이익이 손실로 바뀌거나, 그 친구가 도시를 떠나거나, 시장에서 그가 설명할 수 없는 어떤 일이 발생하는 경우가 종종 생긴다.

만약 여러분이 이익을 얻었다고 가정해 보자. 여러분은 너무 흥분하는 경향이 있어서 다음 기회가 생기자마자 자신이 월스트리트를 잘 안다고 여기면서 지금껏 번 돈과 가진 걸 전부 털어서 뛰어들었다가 결국 손해를 보게 될 것이다. 여러분에게 가장 유익한 돈은 자신의 노력으로 버는 돈이다. 월스트리트에는 공짜로 뭔가를 얻으려고 노력하는 많은 사람이 있다. 그들 사이에 끼지 말자. 군중은 대부분 틀리니까 오히려 그들에게 '맞서야' 한다. 평생 지속될 수 있는 지식과 경험의 견고한 토대를 마련할 때까지 돌 위에 돌을 쌓는 소수의 성공한 사람 중 하나가 되자.

지금 「월스트리트 매거진」에 실린 수많은 기사를 읽고 연구하는 사람들이 5~10년 뒤에도 여전히 쉽게 돈 벌 방법을 궁리하고 있을 거라고 생각하면 매우 낙담이 된다. 하지만 내 생각처럼 많은 사람이 그 가르침을 통해 공부하여 현명하고 성공적인 투자자가 된다면 내가 잡지 간행을 위해 쏟은 수년간의 노력이 충분한 보상을 받았다고 느낄 것이다.

월스트리트와 익스체인지 플레이스 사이에 있는 뉴스트리트에서는 날씨가 좋은 날이면 월스트리트의 수많은 '유령'이 햇볕을 쬐고 있는 모습을 볼 수 있다. 설명하자면, 월스트리트의 유령이란 시장에서 돈을 벌려고 했다가 실패한 사람이다. 이는 모든 금융지구에서 가장 슬픈 광경이다. 한때는 부유한 사업가였을지도 모르는 사람이 이제 증권거래소를 둘러싼 소용돌이 속에서 떠다니는 유목민 신세로 전락했다. 중개사무소를 드나드는 여러분은 그가 형편없는 몰골로 횡설수설하면서 항상 '팁'을 찾고 있는 모습을 볼 수 있다. 빨간 머리의 구두닦이와 신발 끈을 매주는 짐이 그의 친구들이다. 그는 항상 모든 일이 어디로 향하는지 알고 있지만, 정작 자기는 아무 데도 가지 않는다.

익숙한 장소를 떠도는 이 늙은 '유령들'이 어떻게 될지는 모르지만, 그들의 현 상태는 스스로 판단력을 기르려고 하지 않고, 항상 다른 사람의 판단에만 의존했기 때문에 생긴 것임을 알아두면 유익하다.

경험이 길수록 비교할 수 있는 배경이 좋아지고 정확하게 판단하고 예측하는 능력이 높아진다.

상황은 계속 변하기 때문에 비슷한 시장이나 유사한 세션 같은 건 없다. 그러나 시장, 세션, 공황, 호황의 특성은 모두 주의 깊게 연구하고 깊이 이해해야 한다.

공황을 처음 겪어 보는 사람은 심하게 당황하기 쉽다. 흥분과 긴장으로 인한 압박감 때문에 아마 잘못된 행동을 할 것이다. 하지만 공황을 겪어 보고, 저렴한 가격으로 구매할 수 있는 위치에 있었던 사람은 이런 드문 기회를 최대한 활용해서 일을 진행하는 방법을 알고 있다.

어떤 사람들의 경우, 큰 성공을 거두려면 이 일을 오랫동안 계속해야 한다는 말을 들으면 낙담할지도 모른다. 하지만 여러분의 원래 업무 분야에서도 반드시 해야 하는 일 아닌가? 최고의 사업가와 전문직 종사자는 가장 오랫동안 경험을 쌓은 이들 아닌가?

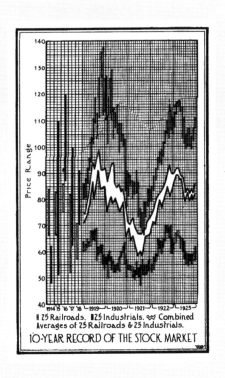

가격 폭
철도 주식 25개 / 산업 주식 25개 / 철도 주식 25개와 산업 주식 25개를 합친 평균 주식시장의 10년간 기록

갑자기 어떤 일에 뛰어들어 돈을 벌거나 '그렇게' 유명해질 수는 없다. 어떤 일이든 수습 기간을 거쳐야 한다. 물론 노후에 자녀나 친척의 보살핌을 받거나 시설에 들어가는 사람들의 대열에 합류하고 싶다면 일과 공부, 오랜 경험이 꼭 필요하다는 내 제안

을 무시해도 된다. 하지만 여러분이 노년에 부와 만족감을 누리는 자신을 상상할 수 있다면, 이 주제에 진지한 관심을 쏟는 게 가치 있는 일이라는 걸 인정하게 될 것이다.

이왕 사는 것, 잘사는 게 좋지 않겠는가? 모든 건 여러분에게 달려 있다. 왜냐하면 일반적으로 자기가 투입한 것만큼 얻을 수 있기 때문이다.

오랜 경험을 쌓는다는 건 30~40년 동안 재무 관련 칼럼을 읽으라는 얘기가 아니다. 그런 식으로는 경험을 쌓을 수 없다. 내가 말하는 건 주식과 채권에 투자하고, 실수하고, 그 이유를 찾아내고, 그것을 이용해 미래에 이익을 얻는 실제적인 경험을 뜻한다.

트레이딩이나 투자 자본을 보존하려면 자본이 완전히 사라질 상황에 처해서는 안 된다. "죽는 것보다 상처받는 게 낫다"라는 한 아일랜드인의 말처럼 말이다. 불행의 원인이 되는 자본 부족과 오버 트레이딩은 특정한 방향으로 너무 과하게 몰두한 결과다.

단돈 100달러의 자본으로 시작한 투자자들도 보수적으로 투자할지, 아니면 오버 트레이딩할지 선택할 수 있다. 하지만 많은 사람은 무지 때문에 자기가 언제 도를 넘었고, 언제 보수적으로 운영하고 있는지 깨닫지 못한다. 위험을 피하려면 어디에 위험이 도사리고 있는지 알아야 한다.

12

자본 보호

♦ 약정하기 전에 알아야 하는 것

문제는 여러분이 원래 가지고 있던 자본으로 돈을 벌 수 있느냐가 아니라, 이 초기 자본을 잃을 경우 투자를 그만둘 것이냐다.

좋은 출발에 모든 것이 달려 있다. 나는 공부를 시작한 지 8년이 지나서야 투자를 시작했고, 그 후 6년이 지나서야 트레이딩을 시작했다. 일반 투자자가 자신의 아이디어를 실행에 옮기지 않고 얼마나 오랫동안 공부를 계속해야 하는지는 각자가 결정할 문제다. 하지만 첫 번째 사업이나 투자를 진행하기 전에 이론적인 측면을 철저히 이해해야 한다.

사람들은 일반적으로 오랜 연습과 준비를 거쳐 자신의 분야에서 능숙해진다. 예를 들어, 의사는 대학에 다니고 진료소에서 근무하고 구급차에 동승하고 여러 병원에서 일하는 등 몇 년간의 준비 과정을 거친 뒤에 개업을 한다. 그러나 월스트리트에서는 먼저 간판부터 내건 다음에 일을 시작한다. 어떤 면에서 보면 월스트리트 안팎에서 일하는 사람들의 업무에는 비슷한 점이 있다. 의사는 일을 시작할 때 환자patient를 확보해야 하고, 월스트리트 사람들은 인내심patience을 발휘해야 한다는 점이다. 둘 다 성공에 절대적으로 필요하다.

「월스트리트 매거진」은 방법을 제대로 알기 전에는 일을 시작하지 말라는 경고를 자주 반복해 왔다. 하지만 진실은 여러 번 반복해야 하는 것이고, 우리 독자층도 계속 넓어지고 있기 때문에 다시 이 점을 강조하고 있다.

♦   월스트리트가 필요로 하는 것

월스트리트가 매년 같은 고객을 유지하고 여기에 처음으로 투자나 트레이딩 자본을 확보한 사람들이 더해진다면 하루 주식 거래량은 100~200만 주가 아니라 400~500만 주가 될 것이다. 미국 상업 및 산업 구조의 핵심인 금융권에서 대중이 요구하는 지원이 어떤 것인지에 대한 이해가 이렇게 부족하다니 정말 이상한 일이다.

우리 조직은 고객을 영구적으로 유지하려면 그들을 교육하기 위한 조치를 취해야 한다는 것을 중개업자들에게 알리기 위해 많은 노력을 기울였다. 우리는 은행, 중개업체, 투자 회사에게 많은 양의 참고문헌을 원가로 판매하겠다고 제안했다. 진정한 지식을 통해 그들의 고객이 일시적이 아닌 영구적 고객이 될 수 있도록 이 주제에 대한 교육 서적과 팸플릿을 보급하는 게 얼마나 중요한지 중개업자들에게 증명하려고 노력했다.

그러나 아주 드문 예외를 제외하고는 다들 우리의 호소에 귀를 기울이지 않았다. 중개업자들은 낙담하거나 도중에 실패한 사람들을 대신할 새로운 고객을 확보하기 위해 큰 비용을 들인다. 그러나 언젠가는 교육부서가 영구적으로 중개회사 조직의 일부가 되어 고객이 무엇을 어떻게 해야 하는지에 대한 적절한 정보를 제공하게 될 것이다. 하지만 개인 투자자는 필요할 때 논리적인 정보원의 도움을 받지 못한다.

실제로 이 사업 분야에 머무르면서 매년 증권을 사고파는 사람들은 일반적으로 두 부류로 분류할 수 있다. 첫째, 외부 수입원이 있어서 지속적으로 월스트리트로 돈을 가져오는 사람들. 둘째, 투자 사업에 성공해서 자본을 늘리거나 정도의 차이는 있지만 어쨌든 그런 인식에서 벗어난 사람들이다. 월스트리트에 돈을 들여오는 사람들의 비율이 너무 큰 탓에 금융 분야에서의 지식 부족과 비효율적인 방법으로 인해 불만족스러운 결과가 생긴다는 걸 깨닫지 못하는 사람들이 많은 건 유감스러운 일이다.

변호사, 의사, 외과의, 기타 전문직 종사자들은 주법에 따라 일정한 시험에 합격하고 실무 능력이 있음을 증명하는 증명서를 받아야 한다. 이것은 대중을 보호하기 위한 것이지만, 증권시장에서 본인이 직접 수행한 활동으로부터 스스로를 보호할 방법은 없다. 중개업체 고객들이 해당 주제에 대한 지식과 자신을 돌볼 수 있는 능력에 대한 시험을 통과하게 해서 더 많은 고객이 자신의 돈을 보호할 수 있다면 좋을 것이다. 많은 주에서는 사람들이 공공 고속도로에서 자동차를 운전할 수 있는 허가를 받으려면 먼저 시험을 통과하라고 요구한다. 이는 신체적 위험과 재정적 위험을 모두 피하기 위한 방안이다.

♦   성공한 트레이더의 유형

여러분이 처음부터 얼마나 잘하고, 또 얼마나 훌륭한 전문가가 되든 상관없이 어느 정도의 실수와 불행한 투자가 발생하리라는 사실을 예상해야 한다. 하지만 트레이딩이나 투자 자본을 보존하려면 자본이 완전히 사라질 상황에 처해서는 안 된다. "죽는 것보다 상처받는 게 낫다"라는 한 아일랜드인의 말처럼 말이다. 불행의 원인이 되는 자본 부족과 오버 트레이딩은 특정한 방향으로 너무 과하게 몰두한 결과다.

단돈 100달러의 자본으로 시작한 투자자들도 보수적으로 투자할지, 아니면 오버 트레이딩할지 선택할 수 있다. 하지만 많은 사람은 무지 때문에 자기가 언제 도를 넘었고, 언제 보수적으로 운영하고 있는지 깨닫지 못한다. 위험을 피하려면 어디에 위험이 도사리고 있는지 알아야 한다. 상등병이 군대를 이끌고 적국에 들어가는 건 어리석은 일이다. 마찬가지로 초보자가 사전 연구 없이 자본을 모아 주식이나 채권을 매매하는 단계로 바로 진입하는 것도 어리석은 일이다.

♦   대중의 실수를 연구하라

일반 대중이 투자하는 모습을 지켜보면 가격이 낮고 시장이 느리게 움직일 때는 관심이 낮아진다는 것을 알 수 있다. 그러다가 가격이 상승하기 시작하면 매수를 시작하는데, 이런 매수세는 가격이 상승하는 범위와 속도에 비례해서 증가한다. 중요한 움직임의 정점에서는 일반 대중의 95%가 강세장에 뛰어들어서 결국 이것저것 잔뜩 매수하게 된다. 상승세가 중단 없이 계속될수록 대중들의 매매가 크고 빠르게 늘어난다.

공황이 발생했을 때 시장을 조사해 보면, 상승세일 때 주식을 대량으로 사들인 사람들은 정점에 도달했을 때 주식을 매도하거나, 이미 모두 매도한 상태라는 걸 알 수 있다. 이 시점에 매수하는 사람들은 이전에 증권을 사 본 적도 없으면서 헐값이니까 사려고 하는 풋내기들이거나, 가격이 높을 때 보유한 물량을 팔아서 투자할 돈이 생긴 비교적 소수의 사람이다.

공황이 발생하기 전 몇 년 동안 가격이 꾸준히 올랐을 수도 있으며, 적은 자본으로 고가에 매수한 사람들도 계산해 보면 상당한 액수의 돈을 모았을 것이다(대부분 장부상 이익이지만). 하지만 약세장은 일반적으로 움직임이 빠르고 가혹해서 이런 이익이 빠르게 사라지기 때문에 2년 동안 모은 이익을 30~60일 안에 잃는 경우도 많다.

여러분은 "글쎄, 일반 대중은 그럴지도 모르지만 나는 그런 사람들 중 하나가 아니야"라고 말할지도 모른다. 하지만 사실 훈련도 받고 경험도 풍부한 트레이더나 투자자, 혹은 내부자나 전문가, 반전문가라고 주장할 수 있는 경우가 아니라면 여러분은 위대한 미국에서 투기나 투자에 관여하는 엄청난 수의 대중들 중 한 명일 뿐이다. 이 사실을 빨리 깨달을수록 재정 등급에서 자신이 차지하는 위치에 빨리 적응할 수 있다.

일반 대중과 이들 부류에 속하지 않는 사람의 차이점은 정교함이라고 할 수 있다. 다시 말해, 이런 일을 하기 위한 훈련이 되어 있지 않다는 것이다. 훈련을 받은 사람은 일반 대중에 속하지 않는다.

이렇게 자신을 분류한 다음, 자신의 판단에 안전하고 유익하게 의존할 수 있는 수준까지 위험하지 않게 투자를 진행할 방법을 알아내는 것이 여러분이 할 일이다. 개인적인 의견으로는 지식에 자본이 더해져야 만족스러운 결과를 얻을 수 있기 때문에 투자를 시작하기 전에 학습 과정을 거치는 게 가장 바람직하다. 지식이나 자본, 혹은 두 가지가 모두 부족하면 성공할 수 없다. 따라서 먼저 지식을 쌓고 그동안 자본을 모으거나 따로 준비해 두는 게 논리적인 방법이다.

사람들이 '천사도 발을 디디기 두려워하는 곳으로 돌진'하는 건 어리석음 때문이다. 그리고 월스트리트에는 뭐든 해야 할 일이 있으면 당장 해야지, 그렇지 않으면 기회가 날아갈 것이라고 생각하게 만드는 분위기가 조성되어 있다. 나는 기회는 항상 생기지만 그중 대다수는 겉으로 보이는 것만큼 좋지 않다는 걸 깨달았다. 그러므로 가장 좋은 건 기다림의 가치를 아는 것이다.

✦ 진정한 자리를 찾자

처음으로 돈을 손에 쥔 젊은이는 자신이 투자자인지, 트레이더인지, 아니면 투기꾼인지 알아내기 위해 5년 동안 공부와 조사, 자기 훈련에 시간을 할애할 수 있다. 그리고 이 분야에 대해 많이 알수록 자신이 처음에 얼마나 무지했는지 깨닫게 될 것이다. 서른 살에 공부의 필요성을 느끼고 서른다섯 살에는 그동안 저축은행이나 우량채권, 모기지 등을 통해 자본을 축적했다면, 그때도 가진 돈을 한 번에 다 쏟아 부을 생각은 하지 말고 신중하고 보수적으로 진행해야 한다. 그래야 평생 동안 지속적으로 확장하는 기반 위에서 꾸준히 투자 지식과 자본을 늘려갈 수 있다.

이 문제는 서두를 필요가 없으므로 원한다면 이를 부업이나 취미로 삼고 원래 하던 본업을 계속하는 것이 좋다. 1분 안에 모든 걸 배울 수는 없지만, 시간을 많이 쏟을수록 더 많은 연습을 할 수 있다. 중요한 것은 초기 자본을 절대 날리지 말고 보존하는 것인데, 그러려면 시작하기 전에 자신이 어떤 일을 하는지 알아야 한다.

규모가 크고 성공한 사업자와 투자자들의 방법을 연구한다면 많은 걸 배울 수 있다. 모방에도 물론 큰 가치가 있지만, 그러려면 과학적인 방법을 사용해서 확실한 결과를 얻을 수 있는 롤모델을 선택해야 한다.

나는 어릴 때 음악 공부에 관심을 갖게 되었다. 당시에 배웠던 교사 중 몇몇은 매우 뛰어났지만, 내가 가장 큰 발전을 이룬 건 그냥 연습만 열심히 하는 게 아니라 최고의 콘서트와 오페라를 관람하도록 유도해서 예술의 광범위한 측면에 흥미를 갖고 음악 이론, 위대한 작곡가의 역사, 위대한 곡의 특징, 화성 원리 등을 공부하도록 한 교사에게 배울 때였다. 피아노나 오르간으로 특히 어려운 악절을 배울 때면 선생님은 직접 연주 시범을 보여서 내가 따라 할 수 있게 해 줬다. 덕분에 수업에 큰 흥미를 느껴서 여가시간과 돈을 거의 다 쏟아 부었다.

이것이 이 주제로 진입하는 방법이다. 거물 금융가나 큰 성공을 거둔 트레이더들이 옆에 앉아서 어떻게 그런 일을 해냈는지 친절하게 말해 주길 기대할 수는 없지만, 이 계몽된 시대에는 해당 주제와 관련된 문헌이 넘쳐난다. 「월스트리트 매거진」 이전 호에는 이런 종류의 기사가 많이 실려 있다. 공공도서관에서는 온갖 유용한 자료를 제공한다. 이를 이용해 성공한 사람들의 방법을 연구하면 많은 힌트를 얻을 수 있다.

현대 세계에는 비숙련자를 위한 자리는 없다. 자신에게 가장 완벽한 특별 교육을 제공하지 못하는 사람은 진정한 성공을 기대할 수 없다. 좋은 의도는 아무 소용이 없고, 자기 일에 고도의 기술을 주입하지 못하면 근면함도 무용지물이 된다. 훈련받은 사람은 모든 이점을 갖게 되고, 훈련받지 못한 사람은 실패의 모든 비극적 가능성을 불러들인다.

13

수백만 명이 월스트리트에서
길을 잃는 이유

♦ 내가 알아낸 가장 현명한 돈 사용법

오래 전에 뉴욕 장외 증권시장에서 알링턴 코퍼Arlington Copper라는 주식이 거래된 적이 있다. 그 '광산'은 개발된 지 100년이 넘었다고 하는데, 사업 기획자는 그곳의 저급 광석에 현대적인 방법을 적용하면 매우 큰 이익을 얻을 수 있다고 주장했다.

그 광산은 뉴저지주 저지시티Jersey City에서 목초지를 지나면 바로 있는 알링턴이라는 작은 주거 도시에 있었는데, 이리Erie 열차를 타면 20분 안에 도착할 수 있다. 그곳에서는 오래된 채굴장과 수많은 바위를 볼 수 있었는데, 그 바위가 광석이라고 했다. 알링턴까지의 왕복 어비는 1달러쯤이고, 3시간이 소요되었다.

장외시장에서 열심히 주식을 구매한 이들 가운데 자신이 뭘 사는 건지 알아보기 위해 알링턴까지 다녀온 사람이 있을까? 없다. 그들은 '너무 바쁘거나', 아니면 '저녁 약속'이 있어서 6시 30분까지 집에 돌아가야 한다. 식사 시간이나 저녁 사교 모임이 주식에 투자한 수천 달러보다 더 중요했을지도 모르지만, 어쨌든 알링턴 코퍼는 대부분의 '행운'과 마찬가지로 사라져 버렸다.

　이와 관련된 예시를 멀리에서 찾을 필요도 없다. 대중은 조사하지 않은 채 누군가의 말에 따라 사고팔며, 자신의 특정 업무에 반드시 적용될 예방책도 사용하지 않는다.

　예전부터 나는 투자를 성공시키려면 조사가 선행되어야 한다는 사실에 깊은 인상을 받았다. 특허 분야를 예로 들어 계산해 보자. 혹시 가능하다면, 매년 얼마나 많은 사람이 어떤 일을 하는 방식에 대한 새로운 아이디어에 빠져드는지 알아보자. 얼마 전에 기계공학 전문가와 이 문제를 논의한 결과, 특허를 취득한 아이디어 중 97%는 상업적 가치가 없거나 이익을 얻을 수 있는 수준으로 개발되지 않은 것으로 나타났다. 하지만 사업 기획자의 말처럼 "이 도시에는 새롭게 특허를 받은 기기에 대한 이야기에 누구보다 빨리 귀를 기울이는 거물들이 많다. 그것이 그들의 환상을 자극하면, 그들은 기존에 하던 사업 방식을 버리고 당신의 새로운 메커니즘을 받아들일 것이다." 하지만 이것은 하나의 분야일 뿐이다.

대중이 소유한 부의 상당 부분을 흡수하는 기업의 상업적, 재정적, 기술적 측면에 대한 부적절한 사전 조사 때문에 발생한 손실이 몇억 달러나 되는지 추정하는 건 불가능하다. 그러나 자본을 보호하는 것보다 돈을 현명하게 쓸 수 있는 방법은 없다.

♦ 중개인은 고객에게 조언해야 할까

대부분의 사람은 기업을 조사하는 방법을 모른다. 어떤 사람이 새로 특허받은 세탁기를 가지고 나타난다. 그 세탁기를 개발하려면 2만 5,000달러가 필요하다. 그는 당신과 당신 친구들 몇 명에게서 5,000달러씩을 투자받고 싶어 한다. 그는 이 사업 지분의 51%를 넘기겠다고 한다. 그러면서 원하면 조사해 보라고 한다. 하지만 당신과 친구들은 제대로 조사하지 않은 채, 이미 세탁기 사업을 하고 있는 사람을 붙잡고 이 문제를 어떻게 생각하는지만 물어본다. 그는 전문가가 아니며, 특허 상황에 대해서도 모른다. 그가 아는 건 자신이 취급하는 기계를 판매할 수 있는지와 새로운 기계가 자기 것보다 낫다고 생각하는지 뿐이다. 그리고 그는 미국의 한 작은 지역에서 작은 기계를 취급하고 있을 뿐이기 때문에 이 사업을 폭넓게 이해하지도 못한다. 철저한 조사를 위해 수백~

수천 달러를 들이면 많은 수고와 시간과 돈을 절약할 수 있다.

석유, 광업, 철도, 산업, 기타 모든 종류의 기업에도 동일한 원칙이 적용된다. 신중한 조사를 위해 사용하는 돈은 손실에 대비한 보험이다. 또 여러분이 사업에 뛰어들거나 주식을 사고 싶을 때 가치 있는 정보를 제공한다. 내가 관심을 두고 있는 한 기업이 최근에 신제품을 시장에 내놓기로 결정했다. 이미 공급을 크게 초과하는 수요가 형성되어 있는 상태였다. 그 회사가 상품을 만들어서 판매할 능력이 있다는 것에는 의문의 여지가 없지만, 대중을 가장 기쁘게 할 수 있는 제품 등급과 판매 방법에 대해서는 의문이 있었다. 그래서 산업 전반에 걸쳐 매우 광범위한 조사를 실시했고, 그 결과 이 회사는 이제 저항이 가장 작은 쪽에서 지능적인 방법으로 신제품 출시를 추진할 수 있게 되었다. 성공하려면 이런 선견지명이 필요하다.

이 회사 관계자들이 무모한 투기나 증권 투자를 자주 한다는 건 확인된 놀라운 사실이지만, 이들의 조사는 전화로 주문을 받는 중개인을 포함해 당사자 한두 명의 의견을 표면적으로 조사하는 단계를 벗어나는 경우가 거의 없다.

그것을 보면 고객이 심사숙고한 투자나 투기에 대해 물어보고 중개인이 의견을 제시하는 것과 관련해서 종종 지적했던 윤리 문제가 떠오른다. 난 개인적으로 고객은 중개인을 찾아가기 전에 자신이 뭘 하고 싶은지 알고 있어야 하고, 중개인의 역할은 주문을 실행하고 운영 자금을 조달하는 것이라고 생각한다. 내 의견에 동의하지 않는 사람들이 많지만, 이 문제는 다음에 다시 논의할 기회가 있을 것이다.

♦ 월스트리트가 필요로 하는 것

시간도 없고 해당 주제에 대한 지식도 부족해서 개인적으로 조사할 수 없는 경우에는 그런 일을 할 수 있는 서비스를 이용하면 된다. 앞에서 광산 주식에 대한 경험을 얘기하면서 광산 기술자를 고용해 부지를 조사하고 다른 기술자들을 통해 그 내용을 확인하는 방법에 대해 이야기했다. 광업은 월스트리트의 대표적인 산업 형태 중 하나일 뿐이며, 광산 외에도 조사가 필요한 기업이 매우 많다고 말하고 싶다. 지난 몇 개월 사이에도 수많은 사업 제안이 발기인이 처음 주장했던 가치의 일부밖에 지니지 못했다는 사실이 드러났다.

월스트리트에 필요한 건 유가증권 마케팅에 종사하는 이들의 열정과 경우에 따라 속임수를 '확인'할 수 있는 수단이다. 금융가에는 두 부류의 사람들이 존재한다. 다른 사람을 도우면서 스스로를 도우려는 이들과 남이 가진 걸 훔치려는 이들이다. 여러분

이 상대하는 사람이 어떤 부류에 속하는지 알아내는 데는 시간이
별로 걸리지 않는다.

✦ 사지 말아야 할 것을 정하는 방법

유가증권이 거래되는 일부 기업에 대한 조사는 일반인의 손
이 닿지 않는 분야여서 매우 광범위한 지식과 능력이 필요하다.
예를 들어, 필라델피아 컴퍼니Philadelphia Company, 시티 서비스Cities
Service, 오하이오 시티 가스Ohio Cities Gas 같은 기업을 조사하려면 일
반 투자자가 이해하지 못하는 매우 다양한 분야에 대한 교육이
필요하다. 그리고 그런 기업을 철저히 조사하려면 아주 많은 투
자를 해야 한다.

수많은 투자자가 U.S.스틸을 구입한 이유

이런 이유로 증권을 사는 이들 중 상당수가 U.S.스틸의 증권을
산다. 철강 사업은 그들이 이해하거나 이해하고 있다고 생각하
는 분야이고, 철강 기업은 누구나 회사의 주요 기능을 이해할 수
있도록 통계가 포함된 자세한 정기 보고서를 발행하는 선도적인
기업이기 때문이다. 복잡한 조직을 가진 몇몇 다른 기업도 일반
투자자들에게 사업 내용을 잘 이해시키고 과거 실적을 통해 신뢰

를 얻는다면, 자신이 보유한 U.S.스틸 증권을 팔고 그 기업의 증권을 구매할 사람들이 많아질 것이다. 그러나 철강 기업은 작은 언덕으로 둘러싸인 산처럼 우뚝 솟은 위치를 차지하고 있기 때문에 누구나 그 산이 어디 있는지 알고, 이웃 산과 비교해서 상대적인 넓이와 높이가 어느 정도인지도 쉽게 파악할 수 있다.

이 주제를 공부하면 할수록 '투자 전 조사'의 필요성이 중요해 보인다. 차별 문제만 봐도 비교 가능한 조건의 범위와 각도가 매우 다양하기 때문에 일부 경우를 제외하면 이 주제는 매우 복잡하며 명확한 방침을 결정하기 전에 확실하고 전문적인 판단을 내려야 한다.

◆　매수 시점에 대한 판단력 훈련

무엇을 사야 할지 아는 것 다음으로 중요한 문제는 언제 사야 하는지다. 오늘도 투자자와 이 문제를 논의했다. 그는 최근에 유가증권 가격이 크게 하락한 대기업의 자산과 수익력에 대해 얘기했다. 그는 상업적, 재무적인 힘이 발휘되는 상황에서 주가가 하락하는 이유를 이해하지 못했다.

나는 이렇게 대답했다.

"당신은 자동차를 가지고 있다. 그것은 강철, 나무, 고무, 황동, 가죽, 기타 재료로 구성되어 있다. 그리고 휘발유, 물, 공기, 윤활유가 필요하다. 또 모든 부품이 조화롭게 작동하게 하려면 복잡한 기계 전체를 조정하는 방법에 대한 지식이 필요하다. 이 자동차에서 가장 작은 부분은 점화 장치인데, 그게 없으면 차 전체가 쓸모없어진다. 점화 장치가 있으면 적어도 기계를 작동시킬 수 있고, 계속 움직일 수도 있다. 그러나 피스톤이 실린더의 특정 높이에 도달하는 정확한 순간에 점화되도록 시간을 잘 맞추지 못한다면 차라리 내려서 걷는 게 나을 것이다.

당신이 방금 얘기한 주식도 마찬가지다. 그 회사는 충분한 영업 자본, 뛰어난 경영진, 큰 수익력, 훌륭한 전망을 가지고 있다. 아마 주식이 30포인트 이상 높은 가격으로 팔릴 때보다 더 안정적이고 강력한 위치에 있을 것이다. 이 경우 '점화 장치'는 기술적 포지션을 나타낸다. 140일 때는 점화 장치가 제대로 조정되지 않았다. 110일 때는 조정 상태가 개선되었지만, 이 주식의 기술적 위치에 대한 연구는 결국 그걸 언제 매수해야 하는지를 정확하게 알려줄 것이다. 그러니 기술적 위치가 매수 시점을 알려줄 때를 대비해서 다른 요소들을 모두 준비해 둬야 한다."

거의 모든 유가증권은 가격 변동에 따라 가장 유리하게 사거나 팔 수 있는 시기가 온다. 따라서 '시기'에 대한 결정을 내릴 수 있는 판단력을 훈련하는 것이 이 사업에서 유리한 점 중 하나인데, 이 사실을 제대로 아는 사람이 드물다.

유가증권이나 해당 시장을 관리하는 특정 '당국'은 이 중요한 고려사항을 무시하는 바람에 큰 낭패를 겪었다는 것이 자주 입증된다. 차라리 총의 방아쇠를 무시하는 편이 나을 수도 있다.

♦ 적어도 10가지 이상의 증권을 구매해야 하는 이유

"달걀을 전부 한 바구니에 넣고 잘 지켜보라"는 카네기의 조언은 그가 수장이었던 산업 단체에는 적용될 수 있지만, 일반적으로 투자 분야에는 적용되지 않는다.

보유 자산을 다양한 지역의, 다양한 사업 분야에 투자해서 다각화하면 저마다 다른 것들의 영향을 받기 때문에 어떤 일이 생겨도 투자의 일부분에만 영향이 미친다.

스페인 전쟁 이전에 우리 군함은 단단한 강철 조각으로 된 관측탑을 싣고 다녔는데, 잘 조준된 포탄을 맞으면 쉽게 파괴되었다. 그러나 전쟁 중에 해군의 똑똑한 인재들이 수많은 강철 조각을 연결해서 특정 지점에 포탄을 15발 이상 맞아야만 쓰러지는 관측탑 아이디어를 생각해 냈다. 덕분에 안전성이 크게 증가했다.

보험회사가 하나의 건물에 자본과 잉여 현금을 모두 쏟아붓는 위험을 피하는 것처럼 투자자들도 투자를 다각화해서 자신을 보호해야 한다. 보험회사는 여러 지역에 있는 수많은 건물에 위험을 분산시켜서 재난으로부터 스스로를 보호한다.

투자 금액이 얼마든 상관없이 사업 성격, 안전마진, 업계 입지 등이 다른 최소 10~20개의 증권에 분산시켜야 한다. 그래야 시장이 위축되어도 자금을 보호할 수 있다. 그리고 적절한 투자 매체를 찾는 동안 관련 주제를 신중하고 분별력 있게 연구해서 지식을 넓혀야 한다.

"시장이 당신에게 무엇을 해야 할지 말하지 말고,

당신이 시장에게 무엇을 해야 할지 말하라."

_리처드 와이코프

곰곰이 생각해 보면 모든 증권의 가치와 전망이 동등하다는 것은 불가능한 일이라는 걸 알게 될 것이다. 즉 어떤 증권은 다른 증권보다 낫다. 가장 괜찮은 소수의 증권을 선택하려면 매우 광범위한 지식과 훌륭한 통계 및 분석 능력이 필요하다. 그런 자질을 갖추면 건전한 투자와 돈벌이라는 목표를 향해 지름길로 갈 수 있다.

14

누가 주식을 소유하고 있는지
아는 것이 중요하다

♦   조작을 알아차리는 법

대형 사업자, 내부 이해관계자, 공동 이용 자금, 일반 대중 가운데 특정한 증권 또는 그룹이 거래되는 시장을 지배하는 게 누구인지 아는 것이 중요하다.

"나약한 자들이 주식을 쥐고 있다"라는 말을 들어봤을 것이다. 투기성 주식의 선두 그룹이나 단일 증권을 구성하는 주식이 어디 있는지 아는 건 매우 중요한 문제다.

이것이 중요한 이유는 다음과 같다. 가까운 장래에 증권시장 상황에 뚜렷한 변화가 발생할 것으로 예상되지 않는 이상 시장이 강세일 때는 은행가들의 조합을 거의 찾아볼 수 없을 것이다. 따라서 그들의 자체적인 구매는 개선 가능성이 있다는 표시다.

공동 이용 자금의 힘이 강해지면 이들은 일반 대중은 모르고 소수만 아는 개발을 통해서 유리한 영향을 받을 가능성이 있는 한 가지 또는 몇 가지 사안에 집중한다. 또 앞으로 다른 사람들이 자신이 보유한 증권을 더 높은 가격으로 사 갈 것이라고 확신한다. 주식을 대량으로 보유하고 있는 대규모 개인 운영자의 경우에도 마찬가지다.

이 정도 규모의 사업에서는 거래되는 증권 양이 많기 때문에 시장 추세를 결정하는 요인이 되는 경우가 많다. 이런 구매는 유동 주식을 소진시키므로 가격이 더 올라간다. 대규모 이해 관계자들과 운영자들은 원하는 방향으로 시장에 영향을 미치는 방법이 있다. 우리는 이것을 조작이나 광고, 가격 인상이라고 부를 수 있지만, 이런 일이 자주 벌어지는 건 사실이다. 어떤 사람들은 시장을 지배하는 '힘'이 있다고 주장한다. 이것은 어느 정도 사실일 수도 있지만 많은 사람이 생각하는 의미로는 아니다. 때로는 대규모 이해관계자들끼리 서로 협력하거나 각자가 소유한 주식의 움직임을 통해 서로의 태도를 관찰하면서 조화롭게 운영되지만, 실제 이해 없이 진행된다.

♦ 증권과 관련해서 알아야 하는 중요한 사항

하지만 시장에서 거의 끊임없이 활동하는 또 다른 그룹이 있는데, 이 그룹은 실제로 가장 크고 강력하다. 이는 대부분 훈련받지 않고 조직화되지 않은 투자 및 투기 대중을 말한다. 만약 대중이 모여 조화롭게 운영하면서 자기 발을 밟는 실수를 저지르지 않는다면 지금까지와는 다른 유형의 월스트리트가 존재하게 될 것이다. 대중이 완충 역할을 하지 않으면 대규모 이해관계자와 공동 이용 자금, 운영자들이 모두 상대적으로 무력해질 것이기 때문이다.

어떤 사람들은 이 진술이 확실한 증거도 없이 즉석에서 나온 것이라는 이유로 비판할 수도 있다. 하지만 나는 과거에 그것이 사실이라는 걸 증명할 기회가 있었고, 여기에 그 사실을 제시할 필요는 없다고 생각한다. 뉴욕 증권거래소 운영을 조사하기 위해 휴즈 주지사가 1909년에 임명한 위원회의 보고서가 「월스트리트 매거진」 1909년 8월 호에 실렸다. 이 보고서는 플로어 트레이더들의 활동에 대해 언급했다. "이들은 거래소에서 사용하는 거래 기술을 잘 알고 다른 사람들과 협력해서 가치를 조작하는 능력이 있기 때문에 다른 트레이더들보다 특별한 이점이 있다."

제대로 조직된 소수의 플로어 트레이더들이 성과를 얻을 수 있다면 대중도 적절히 조직되어 상황을 통제할 수 있을 것이다. 이런 말을 하는 이유는 주식이 어디 있는지 아는 게 중요하다는 걸 설명하기 위해서다. 통제하는 이들의 위치는 그들의 태도, 자세, 힘을 나타내는 지표이기 때문이다.

♦ 철도 증권을 보유하는 방법

몇 년 전(철도가 박해를 받고 수많은 반철도 단체에 의해 이익이 축소되기 전)에는 주로 대규모 은행 당국이 증권을 소유하고 있으면서 각각의 증권 그룹을 통제했다. 록펠러 가문은 세인트폴, 뉴헤이븐 등지에 있었고, 해리먼과 쿤로브Kuhn-Loeb 가문은 유니언 퍼시픽, 서던 퍼시픽 등을 장악했다. 모건 가문은 자신들의 전문 분야를 지배했다. 그러나 상황이 바뀌어서 이제는 미국 철도 주식 중 상당 부분이 소액 투자자들의 손에 있다고 분명히 말할 수 있다.

대규모 이해관계자들은 오래전에 손을 뗐다. 그들은 임박한 재앙의 조짐을 보았고, 그들은 곧바로 행동에 옮겨 증권을 팔아 자신을 보호했다. 1만 주, 5만 주, 10만 주의 주식 블록이 작은 묶음으로 쪼개져서 오늘날에도 그 상태를 유지하고 있다. 이제 10주의 주식을 소유한 사람도 철도 운영 문제에 목소리를 낼 수 있게 되었다. 이런 상황은 미국 철도 산업 전망에 매우 급진적인 변화가 생길 때까지 계속될 것이다.

상황이 이렇다고 이해한 나는 철도 주식에 대한 시장의 움직임

을 판단하고 철도에 투자하거나, 관련 주식을 거래하는 데 관심
이 생길 경우 개별적으로 나의 투자 방향을 결정할 수 있는 괜찮
은 위치에 있다. 이 규칙에는 예외도 있지만, 대규모 이해관계자
가 더 밝고 좋은 미래가 다가올 것이라는 확신을 품기 전까지는
특정한 사안이나 그룹의 개별적인 움직임 외에는 어떤 담합 행위
도 없을 것이라고 말할 수 있다. 그렇지 않으면 축적을 정당화할
수 없다.

이런 축적이 시작되면(아마 그렇게 되겠지만) 조만간 철도 주식시
장의 특성에 매우 뚜렷한 변화가 생길 것이다. 그리고 그 변화는
먼저 거래 과정에서 저절로 드러날 것이다.

누가 주식을 보유하고 있는지 아는 게 얼마나 중요한지, 그리
고 조직화되지 않은 대중은 지루하게 느릿느릿 움직이며 쇠퇴하
는 시장에 속한 그룹에게 피상적인 도움을 주는 것 외에는 아무
것도 할 게 없다는 사실을 알 수 있다. 상황이 이렇다 보니 은행
가나 대규모 운영자, 공동 이용 자금은 다른 곳에서 증권시장 수
익을 추구하려고 한다.

♦   간과된 기회를 찾는 방법

현재 다른 어떤 제안보다 괜찮은 기회가 몇 가지 있다. 우리의

임무는 이것을 찾아내는 것이다. 월스트리트에서 '직감'에 따라 움직이는 이들이 얼마나 많은지 놀라울 정도다. 친구들은 특정 거래에서 얻은 엄청난 이익에 대해 "그 가격에 사야 한다는 직감이 들었다"라고 말하곤 한다. 하지만 그런 모험 중 일부에서 손실이 발생하면 그것은 '직감'이라고 말하지 않고 '불운' 때문이라고 할 것이다.

예전에 광고주들이 "일단 신문에 광고를 내고 어떻게 되는지 보자"라는 이론을 신봉했던 것처럼, 사람들은 투자를 상당히 많이 하는 경향이 있다. M. H. 아브람M. H. Avram의 매우 흥미로운 연설을 인용하자면, "광고는 이제 되든 안 되든 운에 맡기는 문제가 아니다. 이전에 결정되고 경험적으로 입증된 노선을 따라 과학적으로 진행된다. 예측할 수 없는 상황 때문에 때때로 세부 사항이 달라질 수는 있지만, 기본적으로는 성공을 향해 미리 정해진 선을 흔들리지 않고 따라간다."

다시 말해 이전에 매우 부정확한 과학이었던 광고가 과학적이 되었다. 투자도 같은 상황에 놓일 가능성이 크다. 우리는 그 목표를 향해 느리지만 착실하게 나아가고 있다.

♦ 　정확한 투자 공식 만들기

　　이 책을 쓰면서 중요한 주제와 관련된 몇 가지 어려움을 극복하는 방법을 예를 들어 설명하려고 노력했고, 마지막 몇 장은 이 질문 중 몇 가지를 해결하는 데 도움이 될 만한 내용에 할애했다. 그리고 투자 매체의 신중한 선택에 대해 한마디도 하지 않은 채 끝내고 싶지는 않다.

　　이 주제의 첫머리에서 말한 것처럼 다른 어떤 기회보다 좋은 기회가 있다. 곰곰이 생각해 보면 모든 증권의 가치와 전망이 동등한 것은 불가능하다는 것을 알게 될 것이다. 즉 어떤 증권은 다른 증권보다 낫다. 가장 괜찮은 소수의 증권을 선택하려면 매우 광범위한 지식과 훌륭한 통계 및 분석 교육, 능력이 필요하다. 그런 자질을 갖추게 되면 건전한 투자와 돈벌이라는 목표를 향해 지름길로 갈 수 있다.

　　이것은 매우 흥미로운 주제다. 더 많이 배울수록 자기가 얼마나 모르는지 깨닫게 되고, 능숙해지려는 열망이 더 강해진다. 한 나라 전체를 놓고 볼 때, 우리는 아마 전보다 더 학구적이 되었겠지만, 한편으로는 즐거움을 추구하는 성향도 커졌다. 그리고 공부와 진보에 대한 욕망은 종종 우리를 오락과 취미 활동으로 끌어들이는 주변의 영향 때문에 방해를 받곤 한다. 내 엔지니어 친구는 적어도 30분 이상 어떤 교육적인 주제에 대한 책을 읽지 않

으면 절대 잠자리에 들지 않는다고 한다. 이제 완전히 자리 잡은
이 습관은 그가 일을 할 때도 헤아릴 수 없을 만큼 가치가 있다.
누구나 그를 본받는다면 매우 유익할 것이다.

"단기간에 부자가 되는 세 가지 방법이 있다.
부유한 배우자를 만나는 것, 유망한 사업 아이템을 갖는 것,
주식투자를 하는 것"

_앙드레 코스톨라니

Part 2

데이 트레이더의
바이블

My Secrets of Day Trader's Bible

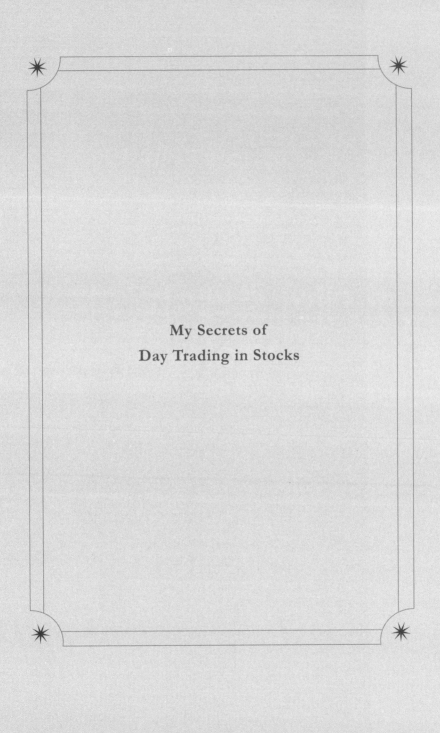

My Secrets of
Day Trading in Stocks

01

테이프 리더란 무엇인가

주식 분야에서 테이프 분석이나 순간적 거래 분석이라는 주제와 관련해 더 많은 정보를 제공해야 한다는 요구가 널리 퍼지고 있다. 주식시장에서 투자 활동을 하는 수천 명의 사람은 시장에서 발생하는 이슈가 자신의 가까운 미래를 좌우한다는 사실을 이제는 인지하고 있을 것이다.

이런 징후들은 시장에서 거래를 할 때 초 단위로 정확하게 기록된다. 초 단위 또는 순간순간 발생하는 거래를 해석할 수 있는 사람은 일반 거래자에 비해 확실한 이점이 있다.

오늘날 가장 성공한 트레이더 대다수가 테이프 리더Tape Reader(콘솔리데이티드 테이프에 나타나는 주식의 거래 가격 및 거래량의 정보를 참고하여 이를 거래 의사결정에 반영하는 거래자)로 시작하여 단지 수백 달러의 자본금으로 소량의 주식을 거래했다는 것은 잘 알려진 사실이다. 때문에 그런 의견은 정당하다. 조 매닝Joe Manning은 뉴욕 증권 거래소 객장에서 일하는 모든 트레이더 가운데 가장 영리하고 가장 성공한 사람 중 한 명이다.

언젠가 내 친구가 이런 말을 했다. "난 조와 함께 10주 단위로 거래하곤 했어. 그는 나와 똑같은 평범한 트레이더였지. 우리는 같은 티커에 매달려 있곤 했어."

이 말을 할 당시 그 친구는 여전히 10주 단위로 거래하고 있었다. 하지만 난 조의 은행 잔고, 즉 운영 자본이 10만 달러에 달하며, 이것은 테이프의 비밀을 이해하고 테이프의 언어를 해석하는 능력을 바탕으로 모은 재산의 일부라는 것을 알게 됐다.

왜 이들 중 한 명은 부를 쌓은 반면, 다른 한 명은 데이트레이딩으로 수천 달러 이상을 벌지 못했을까?

그들이 부를 추구하기 시작했을 때는 똑같은 자본과 기회, 똑같은 가능성을 지니고 있었다. 둘 중 하나 또는 두 사람 모두가 이익을 얻을 수 있는 상태였다. 이 의문의 답은 독특한 정신적 자질과 관련이 있는 듯하다. 성공한 트레이더는 이 자질이 매우 뛰어나지만 다른 트레이더는 이런 자질을 지니지 못했다. 물론 어떤 경우에나 운이라는 요소가 작용하지만, 조의 경우 몇 년씩 데이트레이딩 업무를 해 온 만큼 순수한 운만으로 그런 실적이 유지될 수는 없었다.

제시 리버모어는 테이프를 통해 얻은 정보만을 바탕으로 거래하고, 시장이 마감되기 전에 모든 거래를 종료했다. 그는 사무실에서 거래하면서 정기적으로 수수료를 지불했지만, 5건의 거래 중 3건에서 수익을 거뒀다. 그는 재산을 모은 후 그것을 채권에 투자해서 모두 아내에게 줬다. 1907년 공황을 예상한 그는 1만 3,000달러짜리 자동차를 담보로 삼아 5,000달러를 대출받았다. 이 자본으로 시장의 약세를 이용하기 시작했고, 이익을 추가 마진으로 활용했다. 한때 그는 유니언 퍼시픽Union Pacific 주식 7만 주를 공매도한 적도 있다. 공황이 닥친 어느 날, 그는 보유한 주식을 모두 매도했고 순이익이 100만 달러가 넘었다!

적절한 정신적 자격이란 단순히 손실을 감수하거나, 추세를 정의하거나, 전문 트레이더의 다른 행동 특징을 실행하는 능력을 의미하는 게 아니다. 그의 기질 중에 활성화되거나 잠재되어 있는 자질을 말하는 것이다.

예를 들어 거래하기 전에 올바른 정신 자세를 취하기 위해 감정을 조절하는 능력, 즉 두려움, 불안감, 흥분, 무모함을 통제하고 마음을 순종하도록 훈련해서 단 하나의 주인인 테이프만을 인식하도록 하는 능력이다. 이런 자질은 타고난 능력, 또는 거래에서 육감이라고 하는 것만큼이나 중요하다. 어떤 사람은 음악적 자질을 타고나지만 어떤 사람은 겉보기에 음악적 취향이 결여된 듯 보여도 스스로 능력을 개발하여 거장이 되기도 한다.

제이콥 필드Jacob Field는 테이프 분석 분야의 또 다른 대표적 인물이다. 제이콥이 월스트리트에서 활동을 시작했을 때 '제이키'를 알던 사람들은 그가 테이프를 판독하고 추세를 따르는 능력에 주목했다. 이 일에 대한 그의 재능은 의심할 여지없이 타고난 것이다. 시간과 경험이 그것을 증명하고 강화시켰다.

제임스 R. 킨James R. Keene이 운용자나 신디케이트 관리자로 일하면서 어떤 상을 받았든, 테이프 리더로서의 그의 명성은 전혀 손상되지 않는다. 그의 테이프에 대한 면밀한 관찰은 너무나도 열정적이어서 테이프 분석을 진행하는 동안에는 마치 무아지경에 빠진 것처럼 보일 정도였다. 그는 가격, 거래량, 파동을 상상할 수 있는 가장 미세한 지점까지 분석하는 듯했다. 그런 다음 증권거래소에 전화를 걸어 매수 또는 매도의 성격을 확인한 뒤 이 보조 정보를 이용해 판단을 완료하고 주식을 거래하는 게 그의 관행이었다. 킨은 사망 당시 테이프 리더로서 명성의 정점에 서 있었고, 매일 티커를 확인한 덕분에 돈을 많이 벌었다는 이야기를 들었다.

여러분은 이렇게 말하고 싶을지도 모른다. "그래, 하지만 이건 드문 사례야. 보통 사람들은 시시각각 진행되는 시장 거래 내역을 전부 읽어도 데이트레이딩에서 결코 성공하지 못해." 이 말이 맞다! 평범한 사람은 거의 성공하지 못한다! 그것은 주식 거래, 사업, 심지어 취미에도 해당되는 얘기다! 데이트레이딩 분야에서의 성공은 수년간의 노력과 그 주제에 절대적으로 집중해서 얻은 결과물이다. 그러려면 테이프에 모든 시간과 관심을 쏟아야 한다. 다른 사업을 하거나 직업을 가져서는 안 된다. '한 사람이 두 주인을 섬길 수는 없다.' 테이프는 폭군이다. 티커를 보러 가지 않으면 테이프 리더가 될 수 없다. 점심 식사 후에 중개인 사무실로 달려가거나 석간신문에서 '시장이 어떻게 마감됐는지' 확인하는 것만으로도 안 된다.

전화선 너머로는 이 기술을 배울 수는 없다. 일주일에 27시간 혹은 그 이상을 티커 앞에서 보내고, 자기 실수를 연구하여 손실이 발생한 '이유'를 찾으려면 그보다 많은 시간을 쏟아야 한다.

테이프 분석이 정확한 과학이라면 단순히 요소들을 조합해서 정해진 작업을 진행하고 그에 따라 거래하기만 하면 될 것이다. 그러나 시장에 영향을 미치는 요소들의 수와 성격은 무한하고 시장에 미치는 영향도 무궁무진하다. 때문에 테이프 분석 공식을 만들려고 시도하는 게 헛된 일처럼 보일 것이다. 우리가 테이프 분석에 대한 이야기를 나누는 동안에도 그런 공식이 생겨날지도 모르기 때문에(미완성 상태겠지만) 열린 태도를 취해야 한다. 그 결과, 우리는 평범한 데이트레이더의 주머니에는 없는 많은 비밀과 비법 그리고 팁을 가지게 될 것이다.

테이프 분석이란 무엇인가? 이 질문은 먼저 무엇이 테이프 분석이 아닌지부터 얘기하면 가장 좋은 답이 나올 것이다.

- 테이프 분석은 단순히 테이프를 보면서 가격이 어떻게 돌아가는지 판단하기 위한 게 아니다.
- 뉴스를 보고 '주식이 제대로 움직이면' 사고파는 게 아니다.
- 팁, 의견, 정보를 거래하는 게 아니다.
- '강해 보이기 때문에' 사거나, '약해 보이기 때문에' 파는 게 아니다.
- 차트 표시 가격이나 다른 기계적인 방법으로 거래되지 않는다.
- '저점에서 매수하고 고점에서 매도'하는 게 아니다.
- 수백만 명의 사람이 방법, 계획, 전략 없이 실행에 옮긴 다른 어리석은 일들과는 다르다.

경험에 비추어 볼 때, 테이프 분석은 테이프에서 가격의 즉각적인 추세를 판단하는 과학적인 방법이라고 생각한다. 현재 테이프에 나타난 내용을 통해 가까운 미래에 벌어질 가능성이 있는 일을 예측하는 방법이다. 테이프 분석은 빠른 판단을 필요로 한다. 주식을 매집 또는 분할 매도하고 있는지, 가격이 인상되거나 인하되고 있는지, 대규모 투자자들에게 무시되고 있는지 여부를 판단하는 것이 목적이다.

테이프 리더는 시장이라는 만화경이 변할 때마다 각각의 연속적인 거래로부터 추론하고, 새로운 상황을 파악하고, 정신적 저울을 통해 번개처럼 분석한 다음 냉정하고 정확하게 행동할 수 있는 결정에 도달하는 것을 목표로 한다. 그리고 특정 주식과 전체 시장의 순간적인 수급 상황을 측정하면서 각각의 배후 세력과 그들이 서로 그리고 모두와 맺은 관계를 비교한다.

데이트레이더는 백화점 지배인과 같다. 그의 사무실에는 여러 부서에서 작성한 수백 개의 판매 보고서가 제출된다. 그는 전체적으로 수요가 많은지 적은지 등 사업의 일반적인 추세에 주목하면서 수요가 비정상적으로 강하거나 약한 상품에 특별한 주의를 기울인다.

특정 부서나 특정 제품의 진열대를 가득 채우는 게 어렵다고 판단되면 그에 맞춰 바이어에게 지시를 내리고, 바이어들은 해당 제품에 대한 구매 주문을 늘린다. 특정 제품이 팔리지 않으면 그에 대한 수요(시장)가 거의 없다는 것으로 보고, 고객들에게 더 많은 구매를 유도(시장 추구)하기 위해 가격을 낮춘다.

거래소에서 온종일 한 무리 속에 서 있는 플로어 트레이더는 마치 매장의 한 부서를 담당하는 바이어와 같다. 그는 자신이 담당하는 상품 수요는 누구보다 빠르게 파악하지만, 매장의 다른 부분에서 나타나는 강한 수요나 약한 수요와 비교할 방법이 없다.

그는 강세장에서 상승세가 뚜렷한 유니언 퍼시픽 주식을 거래하고 있을지도 모르는데, 이때 갑자기 다른 종목이 하락하면 유니언 퍼시픽 주식의 사기도 떨어뜨려 그는 팔아야 할 주식을 보유한 다른 이들과 경쟁해야 한다.

그에 비해 테이프 리더는 티커 앞에 앉아서 필드 전체를 한눈에 관망할 수 있다. 어떤 부분에 심각한 약점이 발생하면, 그는 변화를 빠르게 알아차리고 평가해서 그에 맞는 조치를 취한다.

테이프 리더의 또 다른 장점은 테이프는 신문 기사가 보도되기 몇 분 전, 혹은 몇 시간이나 며칠 전 사람들의 입에 오르내리기 전에 소식을 알 수 있다는 것이다. 외국에서 벌어진 전쟁부터 배당금 취소, 대법원 판결, 목화 바구미로 인한 농작물 피해에 이르기까지 모든 것이 테이프에 반영된다. 배당금이 6%에서 10%로 껑충 뛰어오르는 것을 아는 내부자가 주식을 매집하기 시작할 때 테이프에 나타나고, 100주를 팔아야 하는 투자자는 주가에 큰 인상을 남긴다.

시장은 천천히 회전하는 바퀴와 같다. 바퀴가 같은 방향으로 계속 회전할지, 정지할지, 후진할지 여부는 전적으로 바퀴 중심과 접지 면에 닿는 힘에 달려 있다. 접점이 깨지고 진로에 영향을 줄 만한 것이 아무것도 남아 있지 않아도 바퀴는 가장 최근에 접한 지배적인 힘으로부터 일정한 충격을 유지하면서 정지하거나 다른 영향을 받을 때까지 회전한다.

조작 요소 때문에 낙담할 필요는 없다. 조작자들은 막대한 부를 가진 대규모 트레이더다. 훈련된 귀는 그들이 주식을 게걸스럽게 먹어 치울 때 꾸준히 들리는 '쩝쩝거리는 소리'를 감지할 수 있고, 시세 변동과 테이프에 나타나는 주식 거래량에서 그들의 치아 자국을 알아차릴 수 있다.

소규모 트레이더는 먹잇감이 가는 곳이면 어디든 발끝으로 다가갈 수 있지만, 거인들이 재빨리 그들에게 등을 돌리지 않도록 조심해야 한다. 테이프 리더는 장기 투자자에 비해 많은 장점을 가지고 있다. 그는 해안에서 멀리 떨어진 곳에서는 모험을 하지 않는다. 즉 큰 손해를 보지 않고 아슬아슬하게 게임을 한다는 얘기다. 사고나 재앙이 닥쳐도 크게 다치지 않는다. 왜냐하면 순식간에 입장을 뒤집을 수 있고, 새롭게 형성된 물줄기를 따라 원천부터 하구까지 갈 수 있기 때문이다. 강세든 약세든 포지션이 확인되고 강조되면 라인을 늘려서 얻은 이점을 따라간다.

순수하게 테이프를 분석하는 데이트레이더는 주식을 다음 날까지 보유하는 것을 좋아하지 않는다. 밤에는 테이프가 조용한데, 그는 테이프가 정보를 알려줄 때만 무엇을 해야 하는지 알 수 있다. 자정에 무슨 일이 벌어지면 다음 날의 시장을 예측했던 그의 도표가 엉망이 될 수도 있다. 그는 아무것도 운에 맡기지 않는다. 그러므로 개장을 알리는 종이 울릴 때는 시트가 깨끗한 상태인 것을 선호한다. 이 방법을 통해 마진에 대한 이자 비용을 피할 수 있어 그가 부담해야 하는 이자율이 상당히 줄어든다.

테이프 리더는 매일 아침 계절에 맞는 엄선된 상품, 가장 수요가 많은 상품을 공급하는 과일 판매자와도 같다. 그는 현금을 지불하고 최대한 빨리 물건을 처분하며, 원가 대비 50~100% 정도의 이윤을 남긴다. 그가 재고를 팔지 않고 밤새 가지고 있으면 과일이 썩어서 손실이 발생한다. 이것은 트레이더에게 부과되는 이자 비용에 해당한다. 과일 상인은 언제 어떤 상품을 사야 하는지, 또 어디서 어떻게 팔아야 하는지 알기 때문에 성공한다. 그러나 폭풍우가 몰아쳐서 밖에 나갈 수 없는 날도 있고, 구매자가 나타나지 않는 날도 있고, 그가 체포되거나, 벌금을 물거나, 파란색 옷을 입은 독재자에게 감금당하거나, 부주의한 철도 수선공들 때문에 물건이 사방으로 쏟아지는 날도 있을 것이다. 이런 예기치 못한 상황도 전부 트레이딩과 우리 삶의 일부분이다.

월스트리트는 이런 상황을 테이프 리더가 취하는 다양한 태도에 쉽게 적용한다. 그는 200달러를 벌기 위해 100달러를 투자하는데, 시장이 그에게 유리하면 위험이 줄지만 가끔은 주식 상황이 악화되는 등 곤경에 처할 때도 있다. 혹은 시장이 너무 불안정해서 어떻게 해야 할지 모를 수도 있다. 그는 죽은 듯 고요한 시장에 멈춰 서서 꼼짝도 하지 못하게 될 수 있다. 일련의 손실을 감수하거나 기회가 있을 때 테이프에서 멀어져야 한다. 그렇지 않으면 예상치 못한 사건으로 계산이 완전히 뒤집히거나, 과잉 거래나 잘못된 판단으로 자본을 잃을지도 모른다.

사과 장수는 3달러에 산 사과 한 상자를 같은 날 300달러에 팔기를 바라지 않는다. 그는 하루에 돈을 벌지 못하다가 3달러쯤 벌 수 있을 거라고 기대한다. 그렇게 작지만 확실한 이익에 의존하는데, 그렇게 일주일에서 1개월쯤 일하면 그가 들인 시간과 노동에 대한 대가를 충분히 얻을 수 있다.

이것이 테이프 리더의 목표, 즉 평균 수익을 창출하는 것이다. 그는 한 달 동안 투자해서 4,000달러를 벌고 3,000달러를 잃을 수도 있다. 그러면 결국 그는 테이프 분석 작업으로 1,000달러의 순이익을 얻은 것이다. 1년 동안 100주 단위로 거래하면서 이 평균치를 유지한다면 200주, 300주, 500주 이상으로 단위를 늘릴 경우 엄청난 결과를 얻게 될 것이다.

'모든 종류의 시장을 오가면서 손실, 수수료 등을 제하고도 평균적인 수익을 올릴 수 있는가?'라는 질문에 대해 자본의 양이나 주문 규모는 부차적인 중요성을 띨 뿐이다. 만약 이 질문에 '그렇다'고 답할 수 있으면 여러분은 테이프 분석 기술에 능숙해지게 된다. 매일 평균 손실액이 얼마 안 되거나 평형 상태를 유지할 수 있다면, 빠르게 그 경지에 도달하게 될 것이다.

테이프 리더는 정보를 싫어하고 확실하고, 철저한 검증을 거친 계획을 따른다. 그 계획은 몇 개월, 몇 년의 연습 끝에 그의 제2의 천성이 된다. 그의 정신은 자동으로 작동하면서 시장에서의 모험을 이끄는 습관을 형성한다. 테이프 리더는 연습을 통해 주식

시장 상황을 예측하는 데 능숙해지고 논리, 이성, 분석을 통해 직관력도 강화될 것이다.

여기서 테이프 리더와 초단타 매매자(스캘퍼scalper)를 구분 짓는 특성을 찾을 수 있다. 초단타 매매자는 본질적으로 '상식도, 사리분별력도 없이' 1~2포인트의 이익을 얻으려고 노력하는 사람이다. 그는 이익을 얻을 수만 있다면 어떤 방법이든 상관하지 않는다. 초단타 매매자는 뉴스 정보, 시선, 추측, 소문, 가십, 그리고 자신의 생각이나 친구의 친구가 한 말을 바탕으로 거래한다.

테이프 리더는 상황을 기록하고 판단을 내리고 경로를 정하고 주문을 하는 '트레이딩 머신'으로 진화한다. 그는 자신의 행동 때문에 맥박이 빨라지거나 초조해지거나 희망이나 두려움을 느끼지 않는다. 따라서 의기양양한 기분이나 우울함도 생기지 않는다. 거래 전후에는 차분한 분위기만 감돈다.

초단타 매매자는 충격 흡수 장치가 없는 자동차로, 도로에 작은 장애물만 있어도 차가 튀어 오르면서 창문이 덜컹거리고 차체가 흔들리며 마주 오는 차량을 향해 방향을 바꾸려는 경향을 강하게 드러낸다. 반면 테이프 리더는 테이프라는 선로를 따라 부드럽고 꾸준히 이동하면서 시장 엔진을 통해 방향과 속도를 얻고, 다른 어떤 것에도 영향을 받지 않는 훌륭한 열차와 같다.

이상적인 테이프 리더에 대해 전반적으로 설명했으니 이제 몇 가지 전제 조건에 대해 알아보겠다.

첫째, 테이프 리더는 더없이 자립적이고 스스로 결정을 내리는 사람이어야 한다. 다른 사람의 조언이나 지나가는 말에 따라 판단하는 의존적인 사람은 외부의 수천 가지 영향에 휘둘리게 된다. 결정적인 순간에 '판단 근육'을 활용하지 못한다면 그의 판단력은 쓸모없어질 것이다. 움직이지 않아서 약해졌기 때문이다! 전문적인 데이트레이더는 이렇게 말할 수 있어야 한다. "내 앞에 팩트가 놓여 있다. 이 상황에 대한 내 분석 결과는 이렇다. 그러니 난 이러이러한 일을 할 수 있다."

둘째, 가격에 영향을 미치는 모든 작은 사건에 적절한 가중치를 부여할 수 있도록 시장 메커니즘을 잘 알아야 한다. 자신이 거래하는 주식의 수익 이력과 그 주식을 발행한 회사의 재무상태, 대형 사업자가 주식을 매집하고 분할 매도하는 방식, 다양한 종류의 시장(강세장, 약세장, 횡보장, 추세 시장 등), 뉴스와 소문의 영향을 알아야 한다. 언제 어떤 주식을 거래하는 게 가장 좋은지 알고, 그 배후에 있는 시장의 힘을 측정해야 한다. 언제 손실을 줄이고 (두려움이나 우울함 없이), 언제 이익을 취할지(자만심이나 호언장담 없이) 알아야 한다.

다양한 가격 변동을 연구하고 다양한 시장과 주식의 위치를 알아야 한다. 가격에 내재된 약세나 강세를 인식하고 가격 움직임의 기초나 논리를 이해해야 한다. 시장의 전환점을 인식하고 거래소에서 무슨 일이 일어나고 있는지 마음의 눈으로 봐야 한다.

셋째, 일련의 손실을 견딜 수 있는 배짱이 있어야 한다. 불리한 시기에도 계속 일하거나 거래할 수 있는 끈기, 과잉 거래를 피할 수 있는 자제력, 항상 균형을 맞출 수 있는 상냥하고 침착한 기질이 필요하다.

증권사 사무실에 만연한 주식 정보, 가십, 기타 영향을 피해서 완벽하게 집중하려면 가급적 은둔해야 한다. 필요한 시설은 티커(편집자 주: 실시간 데이터가 뜨는 컴퓨터 같은 것이다)가 있는 작은 방, 책상, 중개인 사무실과 연결된 개인 전화가 전부다. 그 일을 하려면 아주 미묘한 균형 능력이 필요하기 때문에 어느 쪽으로든 아주 작은 영향이라도 미치면 트레이더에게 불리한 결과를 초래할 수 있다.

"내게 영향을 미칠 수 있는 건 아무것도 없다"라고 말할지도 모르지만, 다른 사람이 주식을 사야 한다고 생각하는 시점에 주가가 하락세라는 걸 알면 여러분의 판단이 무의식적으로 영향을 받게 된다. "그가 옳을지도 모른다"라는 생각만으로도 행동을 억제하는 효과가 생기고 판단이 흐려진다. 그렇게 주저하다가 기회를 잃는다. 그 시점부터는 시장이 어떻게 돌아가든 이미 박자를 놓쳤기 때문에 여러분의 정신적 기계는 혼란에 빠진다.

따라서 데이트레이더의 정신에 기름칠을 하려면 침묵과 집중이 필요하다. 심지어 뉴스 피드를 방에 두는 게 타당한지도 논의해 봐야 한다. 결론은 '뉴스'는 '뉴스'라는 것이다. 그것은 이미 일어난 일에 대한 기록일 뿐, 그 이상도 이하도 아니다. 뉴스는 이미 시장에서 어느 정도 체감된 효과의 원인을 발표한다. 반면 테이프는 시장의 현재와 미래를 말해 준다. 테이프 분석은 일이 벌어질 때까지 기다렸다가 군중들과 함께 움직이는 게 아니라, 무슨 일이 일어날지 예상함으로써 돈을 번다.

뉴스의 영향은 완전히 다른 문제다. 중요한 소식에 직면하면 시장과 특수한 주식의 기술적 강점과 약점을 면밀히 살피게 된다. 뉴스 피드의 속삭임에 적당한 무게만 실어 준다면 성소에라도 들어갈 수 있을 것처럼 보인다.

트레이더가 일상 업무에서 활용할 수 있고 테이프 분석 기술의 숙련도가 가지각색인 사람들이 가치 있는 도움을 얻을 수 있는 실용적인 방법론을 발전시키는 것이 우리가 이 책에서 정한 과제다.

우리는 전문가들이 사용하는 방법뿐만 아니라 테이프 분석에 매우 중요한 모든 시장 요소를 고려할 것이다. 이것은 테이프 내용을 그대로 보여주면서 설명할 생각이다. 현재 운에 맡기는 방식으로 일을 진행하고 있는 이들에게 확실하고 실질적인 가치를 제공하기 위해 모든 노력을 기울일 것이다.

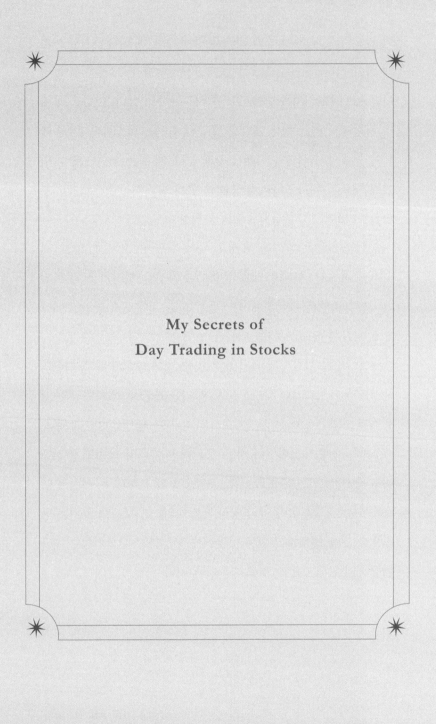

My Secrets of
Day Trading in Stocks

02

테이프 분석 시작하기

새로운 일에 착수할 때 가장 먼저 고려해야 할 것은 필요한 자본의 양이다. '책'으로 테이프 분석을 공부하는 것과 실제로 기술을 연습해서 능숙해지는 것은 별개의 일이다. 상상 속의 거래에서는 누구나 돈을 벌 수 있다. 거기에는 어떤 위험도 없기 때문이다. 우리 마음은 실제 거래에 수반되는 긴장과 불안을 겪지 않는다. 그 상황에는 두려움도 없고, 인내심은 무한하다.

하지만 작은 약정이라도 이루어지면 모든 게 달라진다. 그러다가 판단이 흐려지면 마음을 안정시키기 위해 거래를 중단한다. 이런 것은 모두 경험 부족으로 인해 나타나는 증상이기 때문에 문제를 회피하는 것으로는 극복할 수 없다. 비즈니스와 유사한 일을 할 때는 바로 게임에 뛰어들어서 성공을 거두기 전에 충족시키고 정복하는 조건으로 게임하는 방법부터 배워야 한다.

테이프 분석 방법을 알려주는 모든 학습서를 완전히 흡수한 뒤에 진정한 거래 경험을 얻으려면 주식 10주 단위로 거래를 시작해 보는 게 가장 좋다. 물론 도박 성향이 있거나 10주 단위로 거래하는 트레이더를 겁 많은 '숲속의 아기'로 여기는 일부 사람에게는 적합하지 않은 방법일 것이다.

보통 자본금이 1만 달러인 어린 양은 500~1,000주 정도의 단위로 시작하고 싶어 한다. 그는 정점에서 시작해서 아래로 내려가기를 바란다. 이런 사람이 대규모 거래에서 자본을 대부분 잃고 50주 단위로 거래하게 되는 것은 시간문제일 뿐이다.

우리 생각에는 바닥에서 50주로 시작하는 게 더 나아 보인다. 성공하면 거래 단위를 늘릴 시간은 얼마든지 있다. 만약 성공하지 못한다면 최소 수량으로 위험을 감수하는 게 훨씬 나을 것이다.

거래소의 단주(100주 이하) 매매 시장이 매우 활발하다는 것은 이미 경험으로 증명된 바 있으므로, 최소 단위로 거래를 원하는 초보자가 이익을 보려는 욕심, 즉 빨리 부자가 되려는 생각 외에 다른 구실은 없다. 이제 막 걸음마를 배운 상태에서 프로 육상선수들과 경주를 하는 아기를 상상해 보라!

'테이프 리더란 무엇인가'에서 언급했듯이 테이프 분석의 성공 여부는 손실이 난 포인트에 비해 이익을 얻은 포인트로 측정해야 한다고 말했다. 따라서 실질적인 목적을 위해 중개인이 반대하지 않고 수량이 너무 적어서 부주의한 주문 실행을 초래하지 않는다면, 10주 단위로 거래를 진행할 수 있다. 실제로 고려해야 하는 가장 작은 단위는 50주이지만, 테이프 분석을 공부할 때는 금액이 아닌 포인트를 고려하는 게 낫다는 것을 독자들에게 강조하기 위해 10주 단위로 얘기하는 것이다.

잃는 것보다 더 많은 포인트를 얻을 수 있다면 빠른 시간 안에 돈을 벌게 될 것이다. 판돈을 따기 위해 경기를 하는 프로 당구 선수는 상대방보다 높은 점수를 올리는 것을 목표로 삼는다. 몇 개월 동안 거래한 후, 돈을 얼마나 벌거나 잃었는지는 생각하지 말고 지금까지의 기록을 포인트로 분석해 보자. 이런 식으로 자신의 진행 상황을 살펴볼 수 있다.

트레이딩을 할 때는 초기에 큰 손실을 입을 가능성이 크고 예상 자본금이 다소 임의적인 금액이어야 하기 때문에, 처음에는 거래하는 50주 단위당 5,000달러 정도가 필요하다. 그래야 이익보다 손실이 많아도 계속 진행할 수 있는 마진이 남는다. 어떤 사람은 적은 자본으로 기반을 확보할 것이고, 어떤 사람은 이익을 얻기 시작하기 전에 여러 차례에 걸쳐 5,000달러씩 지불해야 하기도 하며, 어떤 사람은 이득을 얻거나 고무적인 상황을 경험하지 못한 채로 많은 돈을 투입할 수도 있다.

대부분의 비즈니스 실패 원인을 살펴보면 1) 자본 부족 2) 무능력이 주요 원인이다. 월스트리트에서 거래할 때 자본 부족은 보통 과잉 거래로 이어진다. 이는 "과잉 거래는 재정적 자살이다"라는 격언이 증명한다. 그것은 거래되는 주식 양이 너무 많을 수도 있고, 거래자가 돈을 잃어도 자본 축소에 대응해 거래 규모를 줄이지 않을 수도 있다는 뜻이다. 요점을 분명히 하기 위해 다음 사례를 살펴보자. 한 남자가 1,000달러의 자본으로 주식 50주를 사서 거래를 시작했다. 연이은 손실 끝에 겨우 500달러밖에 남지 않게 되었다. 이는 10달러짜리 주식 50주를 살 수 있는 돈인데, 그는 주식 주문량을 줄였을까? 아니다. 그는 손해를 회복하려는 최후의 필사적인 노력으로 50주 매매에 500달러를 걸었다. 그 주식은 10포인트 떨어졌고, 결국 그는 500달러도 잃었다.

돈을 다 잃은 그는 친구들에게 "자본이 더 많았다면 돈을 벌 수 있었을까?"라고 물었다. 무능력은 정말 이 대목에서 1등을 차지할 자격이 있다. 극도의 무지는 주식시장의 어린 양과 노련한 투기꾼 모두에게 중요한 특징이다. 해마다 정보와 가십을 찾는 예리한 후각 외에는 아무것도 얻지 못한 채 월스트리트에 계속 머무는 사람들이 얼마나 많은지 놀라울 정도다. 그들에게 거래 방법과 계획에 관한 기술적인 질문을 하면 답을 하지 못한다.

이런 사람들은 두 가지 이유 중 하나 때문에 월스트리트에 남아 있다. '운이 좋았거나', 시장 밖의 어떤 공급원을 통해 마진을 보충한 것이다. 자본 부족이나 무능력으로 인한 상업적 실패 비율은 약 60%다. 전자는 월스트리트 식으로 말하면 과잉 거래다.

그리고 거기에서 발생하는 주식시장의 재앙 비율이 약 90% 정도 될 것이다. 성공은 오직 그 일을 진정으로 원하는(영광을 추구하는 게 아니라) 소수의 사람만을 위한 것이다. 문제는 최소한의 시간과 돈을 들여 자신이 그 일에 적합한지 확인하는 것이다.

　지금까지 나온 중요한 질문은 다음과 같다.

- 시장과 시장을 움직이는 요인에 대한 기술적 지식이 있는가?
- 데이트레이딩 분야에서 자신의 능력을 입증하기 위해 손실을 감수할 수 있는 돈이 1,000달러 이상 있는가?
- 자신의 모든 시간과 관심을 이 분야를 연구하고 실천하는 데 쏟을 수 있는가?
- 재정적으로 매우 안정되어 있어서 주식시장에서 얻을 수 있는 이익에 의존하지 않고, 계속 아무 성과도 얻지 못해도 고통을 겪지 않을 수 있는가?

　이 문제에 대해 말끝을 흐리는 것도, 힘들이지 않고 손쉽게 돈을 벌 방법을 찾는 사람들에게 거짓된 격려를 하는 것도 의미가 없다. 테이프 분석은 힘든 일이고, 정신적으로 게으른 사람들에게 알려주는 것은 무의미할뿐더러 사실상 불가능하다.

　또 주식투자를 하는 사람은 자신의 주 수입원에 대해 걱정해서는 안 된다. 돈 걱정은 명료한 판단에 도움이 되지 않는다. 과도

한 불안은 트레이더의 균형 감각을 혼란시킨다. 그러므로 여러분이 시간과 돈을 감당할 수 없고 필요한 자격도 갖추고 있지 않다면, 아예 시작도 하지 마라. 제대로 시작하든가, 아니면 처음부터 시도도 하지 말아야 한다. 계속하기로 결정했으면, 앞서 말한 것처럼 트레이더라면 "어디서 거래해야 하는가?"라고 물어야 한다.

중개인 선택은 테이프 리더에게 중요한 문제다. 그 일을 위해 특별히 준비된 사람을 찾아야 한다. 그의 주문에 세심한 주의를 기울일 수 있고, 매수호가와 매도호가를 빠르게 제시할 수 있으며, 매도 수량과 매수 수량 같은 기술 정보를 다양한 수준에서 제공할 수 있는 사람을 찾아야 한다.

가장 바람직한 중개인은 트레이더에게 이런저런 주식의 '고객'이 뭘 하고 있는지 재빨리 알려주지 못할 정도로 많은 거래를 하지 않는 사람이다. 이것은 중요한 문제다. 때로는 주식이나 전체 시장이 그 순간 어떤 포지션에 있는지 아는 것이 곧 돈이 되기 때문이다. 업무에 과중한 부담을 느끼지 않는 중개인만이 이런 서비스를 제공할 수 있으며, 주문 실행에 시간과 정성을 쏟을 수 있다.

이것이 실제로 어떻게 진행되는지 예를 들어보겠다. 당신은 유니언 주식을 100주 매수하고 시장 가격 바로 아래에 스톱 주문을 걸어두었다. 그리고 주가가 하락해서 당신이 지정한 가격(164달러라고 하자)에 100주가 팔렸다.

그렇게 많이 바쁘지 않은 신중한 중개인이 군중들 속에서 대기하고 있다. 그는 164달러에 수천 주가 매수되었지만, 매도된 주식은 몇백 주에 불과하다는 것을 알게 되었다. 그래서 주식을 팔지 않고 주가가 반등되기를 기다린다. 실제로 반등이 일어났다. 당신은 고비를 넘기고 의욕을 되찾는다. 이렇게 주문을 처리하면 각각의 경우마다 50달러나 100달러, 혹은 수백 달러의 이익을 얻을 수 있으므로 중개인을 고를 때는 이런 이점을 추구해야 한다. 시장의 깊이에 대한 지식, 즉 매도 물량과 가격, 매수 물량과 가격이 얼마인지 알아야 한다. 테이프 리더에게는 매수와 매도 주문은 매우 중요하기 때문이다.

대규모 고객을 상대로 활발한 중개 업무를 수행하는 중개업체는 이런 서비스를 제공할 수 없다. 이들의 스톱 주문과 '시장에 근접하지 않은' 다른 주문은 거래 전문가에게 해야 하며, 업무 압박은 어느 한 고객의 주문에 각별한 주의를 기울일 수 없게 한다. 앞서 설명한 것 같은 소규모 중개업체에서는 테이프 리더가 큰 소리로 다양한 의견을 제시하는 다른 트레이더들에게 시달리지 않을 가능성이 크다. 다시 말해, 스스로 판단을 내리면서 자유롭게 거래에 집중할 수 있다.

티커는 증권거래소에 바로 전화를 걸 수 있는 위치에 있어야 한다. 어떤 중개인은 당신이나 다른 직원이 거래 주문을 위해 1.6킬로미터를 걷게 만든다. 이 모든 것이 거래 지연을 의미한다. 몇 초의 시간 경과 때문에 시장에서 기회를 잃을 수 있다. 만약 당신이 주문 데스크에서 멀리 떨어진 작은 개인 사무실에 있다면, 주문 담당자와 당신을 연결하는 개인 전화가 있을 것이다. 실행 속도가 느리면 테이프 분석이 불가능하다.

주문은 일반적으로 시세에 따라 이루어져야 한다. 이것은 오랜 경험과 관찰을 통해서 얻은 결론이며, 그것의 유용성을 증명할 수 있다고 믿는다. 테이프에 거래 내역을 보고하는 과정은 시장 활동에 따라 5초에서 5분 정도가 소요된다. 논의를 위해 거래소에서 판매가 이루어지고 테이프에 그 보고가 나타나는 시간 사이의 평균 간격이 30분이라고 가정해 보자.

인기주의 시장가 주문은 보통 약 2분 안에 실행되어 고객에게 보고된다. 이 시간의 절반은 중개인이 주문서를 들고 군중 속으로 들어가는 데 소비되고, 나머지 절반은 보고서를 전송하는 데 소비된다. 따라서 테이프에 유니언 퍼시픽 주가가 164달러로 표시된 걸 보고 즉시 구매하기로 결정했을 때, 당신의 결정과 주문 실행 사이의 간격은 다음과 같다.

테이프가 시장 상황에 뒤처진 시간 … 30초
중개인이 주문을 실행할 수 있기까지 걸린 시간 … 30초

당신이 내린 결정은 30초 전에 우세했던 가격에 기초한 것인

데, 실제로는 1분 뒤에 해당 주식이 유지하고 있는 가격으로 구입해야 한다는 걸 알 수 있다. 이 문제는 당신이 결정을 내리고 주문이 실행되는 사이에 발생할 수 있다.

UP 164, 1/4, 1/8, 1/4, 1/2, 1/2, 3/8, 1/4, 1/8, 164… 그리고 당신이 구입한 물량이 마지막 100주가 될 수도 있다. 보고서가 도착하면 당신은 주가가 164½에 도달하기 전이나 후에 164에 샀다고 단언할 수 없을지도 모른다. 아니면 주문할 때도 164달러로 주문하고 보고서를 건네받을 때도 164달러였지만 실제로는 164½달러에 매입하게 된 것일 수도 있다.

종종 그와 반대되는 상황도 벌어진다. 그때는 주식이 당신에게 유리한 방향으로 움직이는 것이다. 사실 그런 상황은 장기적으로 평균화되기 때문에 시장가 주문을 하지 않는 트레이더들은 기회를 망치게 된다. 유니언 퍼시픽이 164에 있는 걸 본 무수히 많은 트레이더는 "164달러에 100주를 사달라"고 말할 것이다.

별로 바쁘지 않은 중개인은 군중들 속으로 들어가 164¼달러인 주식을 발견하면 사무실로 "유니언이 1/4로 호가를 제시"했다고 보고할 것이다. 트레이더는 중개인의 이런 서비스를 신용하지 않는다. 그보다는 중개인, 거래장 트레이더, 내부자 모두가 공모해서 100주에 0.25% 더 높은 금액을 지불하게 만들었다고 생각하면서 이렇게 대답한다. "164달러로 해 주시오. 그 가격으로 안 주면 안 살 거요."

이 얼마나 어리석은 짓인가! 그러나 이것은 대중들이 흔히 사용하는 추론의 특징이다. 그의 주장은 그 주식을 164달러로 매입할 타당하고 충분한 이유가 있다는 것이다. 164¼이나 164½에서는 이런 이유가 완전히 무효화된다. 주식이 비싸지면 그는 가능한 이익보다 이 '강도떼'의 계획을 저지하는 데 더 신경을 쓴다.

UP 주식이 164달러면 싸다고 생각한다면, 164¼달러도 여전히 싼 가격이다. 내가 해 줄 수 있는 최선의 조언은 중개인을 믿을 수 없다면 다른 중개인과 거래하라는 것이다. 당신에게 25달러를 더 뜯어내기 위해 수요와 공급의 법칙이 바뀌었다고 생각한다면, 생각을 재정비하는 게 좋다. 당신이 중개소 현장에 있다면 아마 164달러에 도달하는 순간에 살 수 있을 것이다. 물론 이때도 100% 확신할 수는 없다. 시장 가까이 가려면 60초 정도 더 있어야 한다. 중개 수수료도 실질적으로 없어질 것이다. 그러니 특별히 쓸 곳이 없는 돈이 27만~28만 달러쯤 있다면 증권거래소에 자리를 하나 사라.

자격 있는 테이프 리더는 수수료, 세금, 거래 지연에도 불구하고 돈을 번다. 어쨌든 기차에 타지 않으면 절대 도착하지 못한다.

지정가 주문을 하면 얻는 것보다 잃는 돈이 더 많다. 물론 매도호가와 매수호가가 보통 1/8 정도 차이 나는 대형 인기주 주문을 말하는 것이다. 특히 거래를 마감할 때는 더 그렇다. 어리석은 사람들은 자신에게서 도망가는 시장에 지정가 주문을 해서 푼돈을 아끼려고 하기 때문에 계속 곤란을 겪는다. 테이프 리더에게는 거래를 시작하거나 종료해야 하는 심리적 순간이 있다. 그러므로 그는 '시장가 주문'을 해야만 한다. 푼돈을 놓고 흥정하다 보면 테이프의 맥락을 놓치게 되고, 마음의 평정이 깨지고, 정신적 기계의 작동이 방해받을 것이다.

'대규모' 매입 또는 매수 시에는 지정가 주문을 이용해야 하는 게 맞다. 다른 경우에도 유리할 수 있고, 일반적으로 테이프 리더는 추세에 따라 '타거나 내려야' 하는 경우도 있지만, 이럴 때는 어떻게든 꼭 '타자.'

주식 선택은 중요한 문제이고 거래를 시작하기 전에 일반적인 방법으로 결정해야 한다. 우리가 추론할 수 있는 것이 무엇인지 살펴보자.

당신이 100주 단위로 거래하는 경우, 그를 통해 100달러의 이익을 얻으려면 1포인트가 움직여야 한다. 어떤 주식이 가격 상승 가능성이 가장 클까? 답은 고가의 종목이다. 기록을 살펴본 결과 150달러 안팎의 주식은 하루 평균 $2\frac{1}{2}$포인트씩 변동하는 반면, 50달러짜리 주식은 평균 1포인트씩 변동하는 것으로 나타났다. 결과적으로 더 높은 가격의 주식에서 2.5배 더 많은 움직임이 나타나는 것이다.

수수료와 세금은 둘 다 같다. 이자 수수료는 세 배나 되지만 매일 거래하는 테이프 리더에게 이는 대수롭지 않은 항목이다. 높은 가격의 주식은 낮은 가격의 주식에 비해 1년 동안 또는 한 주기 동안 더 많은 가격 변동을 보인다. '그레이트 노던' 같은 주식은 훨씬 더 넓은 범위에서 움직이지만, 주가가 300달러 이상인 주식은 데이트레이딩 목적에 바람직하지 않다. 빠른 단기 매매를 하기에는 변동 폭과 매도호가, 매수호가가 서로 너무 멀리 떨어져 있기 때문이다.

유동 공급이 많고, 주식에 대한 대중의 관심이 크며, 시장이 넓고 변동 폭이 크고 추세를 정의할 수 있는(너무 불규칙하지 않은) 크고 작은 플로어 트레이더들에게 인기 있는 선도주를 찾아보자. 테이프 리더는 집중력이 꼭 필요하기 때문에 한두 종목만 거래하는 게 좋다.

주식에는 사람이나 동물처럼 뚜렷한 습관과 특성이 있다. 트레이더는 면밀한 연구를 통해 이런 습관에 익숙해지고 특정한 상황에서 주식의 행동을 예측할 수 있다. 주식은 완고하고 민감하고 무책임하며 순종적이고 공격적일 수 있다. 그것은 테이프를 지배할 수도 있고, 다른 주식을 뒤따라 갈 수도 있다. 종종 변덕스럽고 우연한 결말을 보여주기도 한다. 개인이 그것을 알고 싶다면 그 성향을 면밀히 연구해야 한다. 공부는 집중을 의미한다. 한 번에 12개의 주식을 거래하는 사람은 한 종목에 집중할 수 없다.

인기 있는 거래 방법(성공적이지 못한 방법이란 뜻이다)은 다음과 같다. "시장이 약세를 보일 것 같다. '스멜터스', '코퍼', '세인트 폴'이 최근에 가장 많이 올랐으니 좋은 반응을 보일 것이다. 각각 100주씩 매도해야겠다."

이런 '생각'에 근거한 거래는 좀처럼 잘되지 않는다. 판단력과 분석을 통해 한 종목만 선택하는 게 아니라 추측을 바탕으로 두세 종목을 선택하기 때문에 많은 손해를 보는 것이다. 만약 300주를 거래하고 싶다면 가장 잘 아는 주식을 그 정도 수량으로 매도하도록 하자. 장기적으로 거래하는 게 아니라면 한 번에 여러 주식을 거래할 경우 오히려 기회를 망친다. 이것은 마치 돼지 떼를 쫓는 것과 비슷하다. 한 마리를 따라가는 동안 다른 돼지들은 다 도망가 버린다.

한두 종목에 집중해서 철저히 연구하는 것이 좋다. 한 종목에 적용되는 사실이 다른 종목에도 항상 들어맞는 건 아님을 알게 될 것이다. 모든 종목은 각각의 장점에 따라 판단해야 한다. 가격 수준, 거래량, 유동 공급 비율, 수익, 대형 트레이더의 조작 및 기타 요소들이 모두 각각의 경우마다 다른 조합을 만들어 낸다.

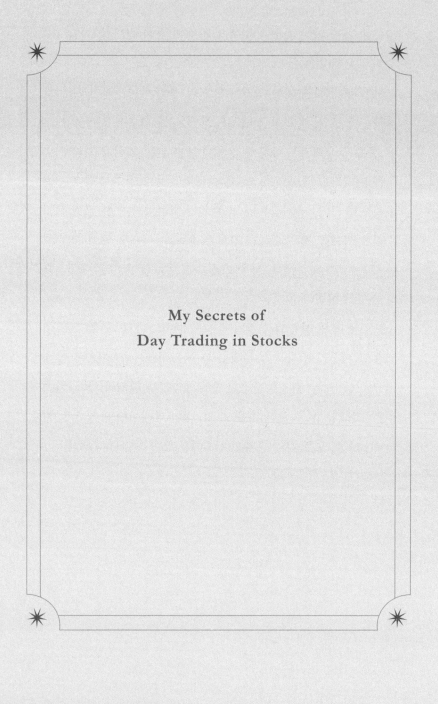

My Secrets of
Day Trading in Stocks

03

주식 목록 분석

나는 유니언 퍼시픽이 활발한 거래를 위해 가장 바람직한 주식이라고 생각한다. 내 친구는 주요 인기주를 모은 종합 차트를 만든 적이 있는데, 이는 끊임없이 변동하는 상황 속에서 일반 시장의 흐름을 가장 정확하게 따라가는 주식이 무엇인지 확인하기 위해서였다. 그는 유니언 퍼시픽이 시장의 중추 또는 선도주라고 불릴 만하다는 걸 알게 됐다. 반면 다른 주식들, 특히 레딩 철도는 자주 시세가 오르락내리락하면서 일반적인 경향과 다소 반대되는 불규칙한 경향을 보였다.

조사한 모든 종목 가운데 유니언 퍼시픽만큼 트레이딩 목적에 맞는 안정성과 만족도를 갖춘 종목은 없었다. 그러나 테이프 리더는 한 가지 종목만 운용하겠다고 결정하더라도 다른 종목에서 일어나는 일에 아예 눈을 감을 수는 없다. 다른 곳에서도 자주 기회가 생기기 때문이다. 그 증거로 1907년 초가을의 시장을 예로 들어보자. 유니언 퍼시픽은 지수가 150 이하에서 167⅝까지 상승하는 동안 계속 시장 선두 자리를 지켰다. 이 상승세가 끝나기 전 3~4일 동안 유니언의 강세를 틈타 레딩, 세인트 폴, 코퍼, U.S 스틸, 스멜터스에서 대량 매도가 발생했다.

이를 통해 시장 전환점이 분명해졌다. 레딩을 공매도하고 시세 폭락을 기다리거나, 유니언이 하락세로 돌아서자마자 시장 전체가 무너질 것을 알면서도 유니언을 이용해 아슬아슬한 게임을 벌일 수도 있다. 다른 종목의 청산이 끝나자 유니언의 상승세도 멈췄고 시세 유지 주문이 철회되면서 '사전 브레이크'가 발동했다. 유니언 주가는 20포인트 이상 하락했고, 그룹 목록에 속한 다른 기업들도 그에 비례해서 하락했다.

유니언만 주시하던 투자자는 이런 상황에 놀랐을 것이다. 하지만 그가 시장 전체를 봤다면 무슨 일이 벌어질지 내다볼 수 있었을 것이다. 그도 분할 매도 지점을 안다면 그 뒤에 이어질 매집, 또는 지원 제공 수준을 주시할 것이다. 그가 이것을 감지할 수 있을 만큼 전문가였다면 다음 반등을 틈타 재빨리 돈을 벌 수 있었을 것이다. 특정 주식이 중추적 또는 선도주로서의 위치를 차지하지만, 이 중요한 구성원은 결국 인간의 신체적 구조와 매우 유사한 시장 조직의 한 부분일 뿐이다.

유니언 퍼시픽이 입지가 강력하고 계속 발전하고 있다고 가정해 보자. 갑자기 뉴욕 센트럴New York Central이 약점 공격을 전개하고, 콘솔리데이티드 가스Consolidated Gas는 하락하기 시작한다. 아메리칸 아이스American Ice는 끔찍하게 약해지고, 서던 레일웨이Southern Railway와 그레이트 웨스턴Great Western도 그 뒤를 따른다. '선도주'에는 아무 문제도 없을지 모르지만 다른 기업들의 약세에 영향을 받을 것이다. 브루클린 고속철도Brooklyn Rapid Transit도 정치적 공격이나 다른 지역적 영향 때문에 실패를 겪을 수 있다. 이것이 대형 운송주나 대륙 횡단 사업에 영향을 줄 수는 없지만 세인트 폴, 유니언, 레딩은 B.R.T만큼 쇠퇴할 것이다. 손가락이 부러진 경우 다른 손가락이나 신체 기능에 영향을 미치지는 않지만 신경계의 충격 때문에 기절하기도 하는 것처럼 말이다.

"가장 약한 고리의 강도가 곧 그 사슬의 강도다"라는 진부한 표현도 도움이 되지 않을 것이다. 약한 고리가 끊어지면 사슬은 두 부분으로 나뉘고, 각 부분은 거기서 가장 약한 고리만큼 강하다. 하지만 시장은 심한 타격을 받아도 둘로 쪼개지지 않는다. 금융 재해가 발생하면 그 성격상 금리가 오르거나, 투자 수요가 감소하거나, 대중의 감정이나 신뢰가 흔들리거나, 기업의 수익력이 떨어지는 등 심각한 영향을 받는다. 그리고 엄청난 브레이크가 발생할 수 있지만, 심지어 공황 상태에서도 구매력이 반등하거나 영구적인 상승을 일으킬 만큼 강해지는 단계가 항상 존재한다.

테이프 리더는 가장 넓은 변동 폭과 가장 광범위한 시장을 결합한 주식을 거래하기 위해 노력해야 한다. 그래서 가장 빠르고 확실한 이익을 제공할 것으로 보이는 다른 주식 종목으로 일시 전환하는 게 종종 유리할 수도 있다. 우리는 이런 측면에서 그들의 유리한 점을 판단할 수 있는 주요 투기 방법의 특성과 주어진 시장 상황에 대한 가중치와 영향에 익숙해질 필요가 있다.

시장은 많은 사람의 생각에 의해 만들어진다. 이런 심리 상태는 거래하는 증권 가격에 반영된다. 개인들뿐만 아니라 그들의 다양한 관계가 특정 주식과 주식 그룹에 미치는 영향에 대해서도 살펴보자. 이를 통해 우리가 거래하기로 한 전체 목록이나 특정 종목에 영향을 미치는 각각의 힘을 측정할 수 있다.

이 글을 쓸 당시에는 유니언 퍼시픽, 레딩, U.S.스틸, 세인트 폴, 아나콘다Anaconda, 스멜터스 등이 시장 선도주였다. 조종자, 전문가, 대중은 1914~1916년의 '전쟁' 기간을 제외하고는 매일 총 거래량의 40~80%가 집중되는 이 여섯 가지 종목의 움직임에서 주로 영감을 얻었다. 그래서 이들을 '빅6'로 지정할 것이다. 테이프 리더는 시장의 기본 원칙을 이해해야 한다. 원칙 하나는 선도주가 자주 바뀐다는 것이다. 그래도 우리 목적을 위해 이 목록에 집중할 생각이다. 빅6 가운데 3개 종목은 쿤-로브-스탠더드 오일 Kuhn-Loeb-Standard Oil 그룹의 매매 활동의 영향을 많이 받는다. 그들의 4개 주식은 유니언, 세인트 폴, 레딩, 아나콘다다. 나머지 두

개 중 스멜터스는 구겐하임Guggenheim 가문이 관리하고 U.S.스틸은 모건이 관리하는데, 이들은 다른 무엇보다 여론의 영향을 많이 받아서 가격이 들썩이는 게 분명하다.

물론 철강 거래 상황이 이 종목에서 중요한 움직임의 기초를 형성하고, 때로 모건이나 다른 대규모 이해관계자가 수십만 주를 매매하면서 관여할 수도 있다. 하지만 일반적으로 말해서 철강의 전반적인 가격에 주로 영향을 미치는 건 대중의 태도다. 이는 과매수 또는 과매도 상태를 야기하는 시장의 기술적 포지션에 대한 귀중한 지침이기 때문에 절대적으로 명심해야 한다.

다음으로 중요한 것은 우리가 2차 선도주라고 부르는 것이다. 예를 들어, 때때로 대량의 거래가 이루어지면서 대규모 활동이 벌어지는 종목들이다. 이런 종목을 2차 선도주라고 부르는데, 이들이 빅6에 현저한 영향을 미치는 경우는 드물지만 중요성이 낮은 종목들은 대부분 그들의 주도권을 인정하기 때문이다.

우리가 마이너 주식이라고 부르는 또 다른 그룹은 중요성이 낮고, 대부분 가격이 저렴하여 대중이 선호하는 종목들이다.

어떤 사람들은 몇몇 마이너 주식의 가치가 상승하기 시작하는 걸 보면, 1차 선도주나 2차 선도주도 상승장의 영향을 강하게 받을 것이라고 생각해 이 주식들을 사들인다. 물론 그런 경우도 가끔 있긴 하지만 동반 상승하지 않는 경우가 더 많다. 5,000주를 거래하는 사람이 100주를 거래하는 사람의 거래 패턴을 따르거나 100주 거래자가 10주 거래자의 매매에 영향을 받으리라고 기대하는 건 어리석은 일이다.

시장의 다양한 주식은 마치 거대한 선단船團 같아서, 모두 한데 묶여서 '금리'와 '경기'라는 예인선에 의해 견인된다. 첫 번째 줄에는 빅6가 있고 그 뒤에 2차 선도주, 마이너, 그리고 기타 종목이 있다. 증기를 발생시켜서 선단 항해를 시작하려면 시간이 걸리지만, 리더들이 먼저 자극을 느끼면 다른 이들도 차례로 따라간다.

예인선이 멈춰도 선단은 자체적인 추진력 때문에 한동안 더 앞으로 나아가게 되고, 그 과정에서 어느 정도의 충돌과 버티기, 충전이 발생할 것이다. 예인선 방향이 갑자기 바뀔 경우 심한 충돌이 발생하기 쉽다. 전면적인 재조정 없이는 후방에 있는 사람들이 주도권을 차지하거나 유지할 수 없다.

선도주는 미국의 가장 위대한 산업인 철도, 제철, 광업 분야의 대표들이다. 이런 주식이 미국의 투기 경향에 대한 주요 배출구가 되는 것은 지극히 당연한 일이다. 유니언 퍼시픽과 세인트 폴 시스템은 서부 전체를 포괄한다. 레딩은 그 자체가 큰 철도 자산이며 탄광 산업을 지배하고 있다. 또 이스턴의 상황이 전형적으로 보여주는 것처럼 다른 철도들과도 얽혀 있다. U.S.스틸은 나라 전체의 비즈니스 상황과 밀접하게 연관되어 있고, 아나콘다와 스멜터스는 구리 광산과 제련 산업을 조절하는 변수다. 이것이 주식 그룹을 보는 방법이다. 그룹의 1차 선도주는 무엇인가? 2차 선도주는 무엇이고, 마이너 종목은 무엇인가?

주요 인기주를 분류해 보면 그 움직임의 배후에 있는 힘을 보다 명확하게 인식할 수 있다. 예를 들어, 콘솔리데이티드 가스가 갑자기 강세를 보이면서 활기를 띠면 브루클린 유니언 가스Brooklyn Union Gas에 영향이 미치리라는 건 알고 있지만, 다른 종목들까지 이에 따라 비정상적으로 크게 상승해야 할 이유는 없다.

스탠더드 오일 그룹의 모든 주식이 지속적으로 상승한다면, 자본가들이 강세 캠페인에 참여하고 있음을 알 수 있다. 이들은 단 몇 포인트 때문에 거래를 시작하지는 않기 때문에 당분간 혹은 분배 형식이 명확해질 때까지는 이들과 함께하는 게 안전하다.

콜로라도 퓨얼Colorado Fuel에서 투기가 발생했다고 해서 반드시 다른 철강 주식도 상승할 것이라고 주장할 수는 없다. 이것이 거래 상황에 기초한 주장이라면 U.S.스틸이 가장 먼저 그 추동력을 느꼈을 것이고, 다른 주식으로도 확산될 것이다.

예컨대 쿤-로브-스탠더드 오일 그룹에서 가장 바람직한 주식을 고를 때, 테이프 리더는 현재의 조건이 철도 주식이나 산업 주식에서 활동량이나 거래량이 가장 많은 주식을 선호하는지 고려해야 한다. 전자의 경우에는 유니언 퍼시픽이나 세인트폴을 선택할 것이고, 후자의 경우에는 아나콘다를 선택할 것이다. 이리Erie는 단조로운 상황(24달러 정도에 팔렸던 1907년 여름의 상황)에서 벗어나 저가주들 사이에서 주도권을 잡을 수 있을 것이다. 하지만 이것은 이리의 몇 가지 중요한 발전을 나타내는 것이지, 모든 저가주의 상승을 예고하는 건 아니다.

그러나 유니언 퍼시픽에서 강한 상승세가 시작되고 서던 퍼시픽Southern Pacific과 그룹에 속한 다른 주식들이 꾸준히 따라간다면, 테이프 리더는 선도주 종목에 투자를 시작해서 계속 함께할 것이다. 그는 이리에 시간을 낭비하지 않을 것이다. 이것이 진정한 움직임이라면 이리가 5포인트 상승하는 동안 유니언 퍼시픽은 10~15포인트 상승할 수 있기 때문이다. 주식 그룹을 연구하면 가치 있는 추론을 많이 할 수 있다. 경험상 2차 선도주의 상승이 시작되면 선도주들은 강세를 보이는 2차 주식과 다른 동급 주식들의 보호를 받으면서 상승이 마무리되고, 분배가 이루어진다. 전문 트레이더들은 이런 주식을 '지표'라고 부른다.

주식에 내부 조작이 없으면 풀이 작동할 수 있는 길이 열린다. 이런 그룹에서 관찰되는 많은 움직임은 서로 협력해서 대량의 주식을 처리해 원하는 방향으로 움직일 수 있는 소수의 거래소 또는 사무실 운영자들에 의해 만들어진다. 일례로 U.S.스틸은 철강 거래 상황과 몇몇 내부자의 도움을 받는 일반 대중의 투기적 기질에 의해 좌우된다. 그 목록에 속한 다른 주식은 대중의 태도나 시장의 기술적 포지션에 대한 진정한 지표가 아니다. 주식을 완전히 소유한 사람들과 차익거래를 하는 사람들도 마찬가지다. 철강 거래에 대한 보고서는 더없이 세밀하게 조사하고 회사 수입과 수주액도 수천 명이 면밀히 살펴본다.

뛰어난 대중은 자신이 좋아하는 종목을 공매도하는 경우가 거의 없고, 이윤이 확보될 때까지 혹은 급격한 하락으로 흔들리거나 겁을 먹을 때까지 마진 거래를 한다. 따라서 악재 속에서도 주가가 강세를 보인다면 공적 보유가 확실하게 강화되었고, 신뢰도 높다고 추론할 수 있다. U.S.스틸이 필요 이상의 약점을 드러낸다면 이는 대중의 힘으로는 방어할 수 없는 상태임을 나타낸다.

이 시점이 되면 대중의 감정이 급격하게 낙관적으로 변해 저가의 투기주로 확산된다. 하급 철강주의 내부자들은 이를 이용해 보유 자산을 높은 가격으로 팔 수 있는 좋은 시장이 형성되는 것이다. 주식은 철도 회사가 발주하는 객차, 기관차 등의 주문에서 주로 영감을 얻는다. 이런 주문은 전반적인 사업 조건에 따라 달라진다. 결국 장비와 관련된 종목은 호황이나 불황 추세를 따르는 것 이상을 기대할 수 없다.

우리는 주요 투기 매체와 그 일족에 대해 알아야 하는데, 각 매체에 좀 더 친숙해지면 각각 나름의 개성이 있는 것처럼 보인다. 사람들이 50~100명 정도 모인 곳에 있을 때 그들의 주된 동기와 특징을 안다면, 특정한 상황에서 그들이 어떤 행동을 할지도 명확하게 알 수 있다. 따라서 테이프 리더는 이런 시장 정체성과 관련된 가장 세부적인 사항들, 그리고 증권거래소 체스판에서 주된 움직임을 보이는 이들의 습관, 동기, 방법을 숙지해야 한다.

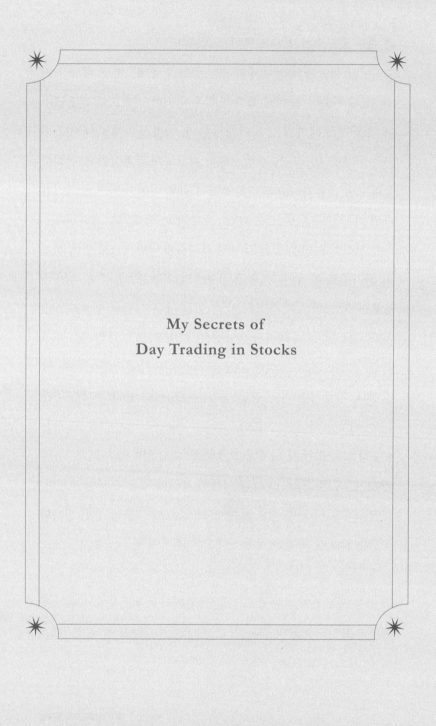

My Secrets of
Day Trading in Stocks

04

거래 규칙

우리가 장기 여행을 계획할 때 가장 먼저 고려하는 것 중 하나가 비용이다. 따라서 데이트레이딩 분야로의 여행을 계획할 때도 트레이딩 비용이나 고정비용을 신중하게 따져봐야 한다. 만약 비용이 들지 않는다면 이윤을 창출하기가 훨씬 쉬울 것이다. 손실을 초과할 정도의 이익만 올리면 되니 말이다.

당신이 뉴욕 증권거래소 회원이든 아니든, 실제 거래를 할 때는 이익이 손실과 비용을 초과해야 한다. 이익을 보든 손해를 보든, 모든 거래에서는 다음과 같은 것이 발생한다.

- 커미션
- 보이지 않는 8분의 1(즉 시장 가격으로 사고판다고 가정할 때 입찰가

와 호가 사이의 차이)

- 매출 소득세
- 거래 수수료
- 추가로 거래가 다음 날로 이월되면 이자가 붙는다.

뉴욕 증권거래소에 자리가 있는 사람의 경우, 당일 매매는 수수료가 100주당 1달러, 다음 날로 넘어가는 경우에는 3.12달러로 수수료를 줄일 수 있다. 이런 이점은 좌석 비용에 붙는 이자, 회비, 평가 등으로 인해 부분적으로 상쇄된다.

'보이지 않는 8분의 1'은 그 누구도, 심지어 거래소 회원도 극복할 수 없는 요소다. 매수가와 매도가의 최소 단위는 8분의 1달러다. 매수할 때 시장가가 45¼에서 45⅜달러 사이라면 일반적으로 45 ⅜달러를 지불한다. 하지만 매도할 때의 가격은 45¼달러일 것이다. 이런 가상의 차이가 거래 내내 따라다니기 때문에 필자는 이를 '보이지 않는 8분의 1'이라고 부른다.

그러므로 거래소 회원이 아닌 테이프 리더는 100주를 사거나 팔기 위한 주문을 하는 순간 8분의 1포인트를 잃는다는 사실을 알아야 한다. 바보짓을 하지 않으려면 즉시 매수가에 수수료를 더하거나, 매도가에서 수수료를 제해야 한다. 자신의 이익을 자랑하는 이들은 대개 비용 공제를 잊어버리는 경우가 많다.

그러나 이 방심할 수 없는 항목 때문에 최종 결과가 차변으로 넘어가는 경우가 많다. "수수료만 빼면 그럭저럭 손해는 보지 않았다"라는 말을 자주 듣는데, 나는 그런 하찮은 변명을 경멸한다. 100주를 거래할 때의 고정비용을 계산하면 알 수 있겠지만 이런 식의 자기기만은 파국을 부른다. 첫 번째 거래에서 수수료만큼 손해를 봤다면 두 번째 거래에서는 1달러의 이익을 확보하기도 전에 손실액이 두 배가 된다는 걸 명심하자.

따라서 테이프 리더는 손실을 제거해야 할 뿐만 아니라 최대한 빨리 비용을 충당해야 한다는 문제가 있다. 그가 장기 거래를 통해 2포인트 정도 이익을 봤다면, 주가가 순매수 가격 아래로 다시 떨어지도록 기다릴 이유가 없다. 이때는 무슨 일이 생겨도 손신을 보지 않도록 스톱 주문이 필요할 것이다.

순비용이 시장 가격에 너무 가까울 때 스톱 주문을 실행하면 안 되지만, 약간의 반락은 허용해야 한다. 테이프 리더는 본질적으로 눈앞의 추세를 따르는 사람이다. 전문가는 추세 변화와 단순하고 사소한 반응을 쉽게 구별할 수 있다.

그의 정신적 기압계가 변화를 가리킬 때는 스톱 주문이 진행되길 기다리지 않고 즉시 주식을 처분하거나 자신의 포지션을 바꾼다. 따라서 순비용 선에서 스톱 주문을 하는 것은 갑작스럽고 확실한 전환이 발생했을 때만 유리하다. 또 투자자가 한동안 테이프를 볼 수 없거나 티커가 갑자기 고장 난 경우에도 스톱 주문을 해야 한다.

그가 테이프를 보고 있는 동안에는 시장이 그에게 뭘 해야 하는지 말해 줄 것이다. 이 상태에서 벗어난 순간, 그는 일시적으로 눈이 먼 것처럼 행동해야 한다. 어둠 속에서 공격할 가능성이 있는 힘으로부터 자신을 보호해야 하는 것이다.

예전에 슈거 주식 500주를 산 뒤 점심을 먹으러 갔던 트레이더를 알고 있다. 그는 점심값으로 25센트를 썼지만, 돌아와서 테이프를 확인한 결과 그날 점심의 총비용이 5,000달러 25센트가 됐다는 것을 알게 됐다! 스톱 주문을 하지 않고 나갔는데 그사이 슈거가 10포인트나 하락했고, 중개인은 그에게 마진콜을 보냈다.

티커는 가장 중요한 지점에서 일관성이 없어지는 습관이 있다. 아무리 욕을 퍼부어도 문제가 해결되어야만 다시 알아보기 쉬운 인쇄 상태로 돌아온다. 약간의 호가 손실도 중요할 수 있는 만큼 즉시 거래를 중지하고 가격 흐름이 재개될 때까지 그대로 둬야 한다.

거래가 다음 날까지 이어지는 경우, 시장이나 트레이더에게 사고가 발생할 가능성에 대비해 스톱 주문을 걸어 둬야 한다. 다음 날 개장 전에 중요한 사건이 발생하면 주식에 큰 영향을 미칠 수 있다. 트레이더가 병이 나거나, 늦게 출근하거나, 어떤 식으로든 정상적인 생활을 하지 못하게 될 수 있다. 따라서 모든 종류의 사고를 미리 염두에 두어야 한다.

　이런 경우 어느 지점에 스톱 주문을 설정할 것인지는 상황에 따라 다르다. 상황 판단이 빠르고 경험이 많은 트레이더들은 모두 한 거래에서 발생하는 총손실이 최대 2포인트 정도면 괜찮다고 말한다. 그러나 이것은 매우 자의적인 판단이다. 테이프 리더는 대부분 테이프 앞에 있을 때 뭘 해야 하는지 안다. 하지만 우발적인 상황 때문에 시장에서 떨어져 있을 때는 임의로 중단할 수밖에 없다.

　주식의 '저항점', 즉 시장이 반락한 후에 돌아서는 지점에 주목하면 더 근접한 스톱 지점을 얻을 수 있다. 예를 들어, 130달러에 공매도한 주식이 128달러로 하락했다가 129달러로 반등한 뒤 다시 하락했다면 저항점은 129달러다. 129달러로 돌아오는 횟수가 많을수록 확실한 증거가 생긴다. 따라서 잠깐 자리를 비우거나 서비스가 중단될 경우 129¼달러를 스톱 지점으로 정해두는 게 좋을 것이다. 이런 '저항점'에 대해서는 나중에 더 자세히 논의할 예정이다.

　투자자가 자동 스톱을 이용하려면 다음과 같은 방법이 좋다. 초기 거래가 1포인트 스톱 주문으로 이루어진다고 가정해 보자. 주가가 유리한 방향으로 움직이면 스톱 지점도 1/4포인트마다 그에 상응하게 바꿔서 양극단의 시장 가격과 1포인트 이상 차이나지 않게 한다.

이 방법은 위험을 서서히 자동으로 줄여주며, 능숙한 테이프 리더라면 이익이 손실을 초과하게 될 것이다. 수수료를 충당하기 위해 스톱 지점이 올라가면 그 이후에는 작업을 자동화하지 말고 시장이 자체적인 스톱 지점을 정하거나 빠져나가기 위한 '신호'를 개발하는 게 좋다.

이런 스톱 주문의 한 가지 문제점은 판단의 자유를 방해한다는 것이다. 다음과 같은 예를 한번 생각해 보자. 키 큰 여자와 키 작은 남자가 길을 건너려고 하고 있다. 그때 자동차가 다가온다. 여자는 차가 오기 전에 길을 건널 시간이 충분하다는 걸 알지만, 여자의 팔을 잡고 있는 남자는 마음을 정하지 못한 채 망설이면서 주춤거린다. 처음에는 여자를 밀었다가 다시 당겼다가 하면서 갈팡질팡하다가 결국 차에 치이기 직전에 보도로 다시 올라선다.

여자 혼자 있었다면 그녀는 뭘 해야 할지 정확히 알았을 것이다. 테이프 리더도 마찬가지다. 그는 자동 스톱 때문에 방해를 받는다. 그러므로 융통성 없는 규칙에 따라 행동하기로 한 사전 결정에 휘둘리지 말고 자신의 판단이 지시하는 대로 자유롭게 행동하는 게 가장 좋다.

물론 스톱 주문이 테이프 리더에게 중요한 경우도 있다. 투자자의 지침 가격이 명확하게 정해지지 않았을 때이다. 원래의 약정은 추세가 긍정적으로 나타날 때만 이루어져야 하지만, 그가 입장을 고수할지 거래를 중단할지, 아니면 입장을 번복할지 불확실한 상황이 생길 수도 있다. 그럴 때는 거래를 중단하지 말고 스톱 지점을 최대한 시장 가격에 가까운 곳까지 끌어 올리는 게 나을 것이다.

이는 일시적인 변동을 허용해야 하는 합리적인 영역을 의미한다. 원하는 방향으로 진행해서 주식이 불확실성에서 벗어나면 스톱 오더를 변경하거나 취소할 수 있다. 추세가 불리해지면 거래는 자동으로 종료된다.

두려움, 망설임, 불확실성은 테이프 리더에게 치명적인 적이다. 공포의 주된 원인은 과잉 거래다. 그러므로 테이프 리더의 감수성이 감당할 수 있는 것보다 커서는 안 된다. 망설임은 절제된 자기 훈련으로 극복할 수 있다. 긍정적인 징후를 관찰하고도 그에 따라 행동하지 않는 것은 치명적인데, 특히 거래를 개시할 때보다 마무리할 때 더 그렇다.

명확한 지침 가격이 정해지면 즉시 주문해야 한다. 초는 종종 분보다 가치가 더 크다. 테이프 리더는 선장이 아니라 기계를 제어하는 엔지니어다. 테이프는 조종사이므로 엔지니어는 신속하고 정확하게 명령을 따라야 한다.

앞에서 테이프 리더를 눈앞의 추세를 따르는 사람이라고 정의했다. 이는 그가 최소 저항선을 추구한다는 뜻이다. 그는 시장에 맞서지 않고 순응한다. 눈앞의 추세에 반대하는 투자자는 자신의 판단과 100주가량의 주식을 이용해서 전 세계의 수요 공급이나 수백만 개의 주식이 지닌 무게에 대항한다. 빗자루로 무장한 그는 밀려오는 조수를 막으려고 애쓴다. 하지만 추세를 따라간다면 공급, 수요, 조작의 힘이 그를 위해, 그리고 그와 함께 작용할 것이다.

몇 포인트의 반경 내에서 변동하는 시장은 추세가 존재한다고 할 수 없으며, 테이프 리더는 이런 시장은 피하는 게 좋다. 이렇게 변동 폭이 작을 때는 그 양극단에서 주식을 매매하지 않는 이상 수수료를 낼 수도 없고, 가끔 손해를 보게 되며 결국 이득 없이 끝나기 때문이다. 죽은 듯 고요한 바다에서는 어떤 요트도 이길 수 없다. 거래할 때마다 거의 0.5포인트의 비용이 들기 때문에 위험을 무릅쓸 때마다 2~5포인트 정도의 이익이 포함되어 있지 않으면 거래를 정당화할 수 없다.

기계 엔지니어는 물체의 무게, 물체에 가해지는 타격의 힘, 그리고 물체가 통과해야 하는 요소 등을 모두 고려해서 물체가 얼마나 멀리까지 움직일지 대략적으로 알 수 있다. 테이프 리더는 어떤 주식이 움직임을 시작하고 지속시키는 원동력이나 에너지를 측정해서 그 주식에 투자해도 될 만큼 멀리 움직일지, 그래서 관련 비용을 더 지불하고 대담한 행동에 대한 보상을 받을 수 있을지 판단한다.

조언에 따라 거래하는 평범한 투기꾼들은 1~2포인트 정도의 이익을 꿀꺽 삼키고 손실이 발생해도 그것이 목을 조를 만큼 크지만 않으면 무시해 버린다. 테이프 리더는 그와 반대로 해야 한다. 8분의 1의 손실을 가능한 한 배제하고 3포인트나 5포인트, 10포인트를 벌 기회를 찾아야 한다. 기회처럼 보이는 것을 전부 잡을 필요는 없다. 시장에 계속 나올 필요도 없다. 테이프가 제공하는 것 중에서 가장 좋은 것만 선택하면 된다.

주식이 그에게 유리한 방향으로 움직일 때 스톱 주문을 영리하게 설정하면 원래의 위험이 서서히 사라진다. 그는 그것을 머릿속에 기억해 둘 수도 있고, '거래소'에서 실제로 활용할 수도 있다. 내 경우에는 위험 지점을 정하고 중단해야 할 때를 기억해 뒀다가 가격이 그 지점에 도달하면 '시장가 주문'으로 거래를 마감하는 걸 선호한다.

이유: 마지막 순간에 계획이나 의견을 변경할 근거가 생길 수도 있다. 거래소에서 스톱 주문을 할 경우 취소하거나 변경하는 데 시간이 걸리기 때문에 투자자가 현재 자신의 입장을 알 수 없는 시간이 몇 분 정도 생긴다. 정신적인 스톱과 시장가 주문을 이용하면 주문이 얼마에 실행되는지만 제외하고 항상 자신의 위치

를 파악할 수 있다. 무엇보다 중요한 건 자신이 해당 상품을 보유 중인지 아닌지를 알 수 있다는 것이다.

스톱 주문은 시장이 자체적으로 권고할 때 가장 효과적이고 과학적이다. 그 예는 다음과 같다.

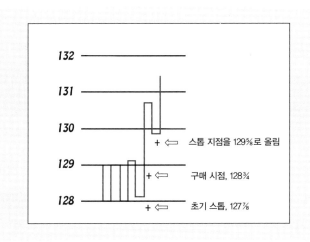

여기에서 128달러와 129달러 사이에서 변동하는 주식은 128¾ 달러에서 매수 지침 가격을 제공한다.

이 지침 가격이 사실이라면 가격이 다시 128달러 아래로 내려가지는 않을 것이다. 그 지표에서 두 번, 그리고 128⅛달러에서 세 번째로 상승할 만큼 충분히 강한 매수세를 만났기 때문이다. 마지막 다운스윙 때 128달러 선에 닿지 않았다는 사실은 더 높은 업스윙을 예고한다. 이는 하락 압력이 그렇게 강하지 않고 수요가 약간 더 크고 급박함을 보여준다. 다시 말해, 저항점이 1/8 높아진 것이다.

128¾달러에 구입한 주식은 마지막 저항점보다 1/4달러 낮은 127⅞달러에서 스톱을 설정한다. 주가는 이전 최고치(129⅛달러)를 넘어 130¾달러까지 계속 상승한다. 주가가 130달러를 넘으면 트레이더는 언제든 비용에 수수료를 더한 가격(129달러)으로 스톱 지점을 올릴 수 있다. 주식은 129⅞달러에서 반락한 후 131달러 이상까지 계속 상승한다. 하락세일 때는 129⅞달러가 저항점이었는데, 새로운 고점에 도달하자 스톱 지점이 129⅝달러로 상승한다. 이 경우 초기 위험은 1포인트의 7/8에 수수료를 더한 것인데, 시장이 명확한 스톱 지점을 제공하므로 임의의 스톱 지점을 만드는 건 불필요할 뿐 아니라 비용도 많이 든다.

예시를 차트 형식으로 제공했지만 경험이 풍부한 테이프 리더는 대부분 이런 스윙을 머릿속에 담아두고 있다. 확실한 업스윙일 때는 고점과 저점이 더 높아지고, 다운스윙일 때는 그 반대가 된다. 물론 상당한 이익을 얻고자 하는 경우에는 언제든 임의의 스톱을 사용할 수 있지만, 주가가 진입한 가격에서 벗어날 때까지는 자체적으로 만든 스톱을 사용하는 게 좋다.

투자자가 거래를 시작한 직후에 거래에서 손을 뗀다고 해서 반드시 판단이 잘못됐음을 입증하는 것은 아니다. 어떤 사고가 생겼을 수도 있고, 특정한 이슈와 관련해 좋지 않은 일이 발생해 목록의 나머지 부분에 영향을 미쳤을 수도 있다. 이런 알려지지 않은 사건들 때문에 손실 제한이 정말 중요한 것이다. 그런 경우 스톱을 변경해서 위험을 증가시키는 건 어리석은 일이다.

이것은 일반 투자자들에게는 관례적인 일이지만 전문 테이프 리더는 이런 일을 거의 하지 않는다. 각각의 거래는 특정한 이유에 근거해서 자체적으로 이루어진다. 처음에는 위험의 양을 결정해야 하고, 매우 드문 경우 외에는 이윤 측면을 제외하고는 바꾸면 안 된다. 테이프 리더는 위험을 증가시키는 게 아니라 제거해야 한다. 평준화는 테이프 리더의 범위에 포함되지 않는다. 평준화는 고점이나 저점을 더듬어 탐색하는 것이다. 테이프 리더는 이런 식으로 탐색하면 안 되고, 보자마자 바로 알아야 한다. 그렇지 않으면 행동에 나서지 말아야 한다.

투자자가 받아들여야 하는 이익의 양을 결정하는 규칙을 정하는 건 불가능하다. 일반적으로 수익에 대한 제한은 없어야 한다. 거래가 시작되면 3~4포인트의 이익을 올릴 수 있을 것처럼 보였는데, 상승과 함께 강세가 나타나면 중단 신호가 나오기 전에 10포인트가 오를 수도 있다. 우리는 독자들이 이런 권고와 제안을 최종적이거나 바꿀 수 없는 것으로 간주해선 안 된다는 사실을 명심해야 한다.

우리 목표는 신탁 같은 역할을 하는 게 아니다. 우리는 서류를 바탕으로 추론한다. 그리고 실제 거래 또는 서류상 거래를 위한 조사를 진행하면서 이런 잠정적인 규칙을 테이프에 적용하는 동안 아마 결론 일부를 수정할 기회가 있을 것이다.

테이프 리더는 1) 테이프가 거래 종료를 지시하거나, 2) 지정해 둔 스톱 지점에 도달하거나, 3) 자신의 위치가 명확하지 않거나, 4) 크고 만족스러운 이익을 얻어서 그 돈을 더 좋은 기회에 활용하고 싶을 때는 거래를 종료해야 한다.

거래를 종료하는 첫 번째이자 가장 중요한 이유는 테이프가 그렇게 하라고 지시하는 것이다. 이런 조짐은 다양한 형태로 나타날 수 있다. 선도주를 거래할 경우, 주식 자체에서 경고가 발생할 수도 있다.

매출 기록에는 추세에 대한 가느다란 실 가닥이 들어 있다. 테이프 분석 기술에 조예가 깊은 사람은 확실하게 알아볼 수 있고, 앞서 설명한 이유 때문에 선도주에서 가장 쉽게 관찰된다. 그래서 이 실가닥이 갑자기 시장이 상승세로 돌아섰다는 걸 보여줄 때, 유니언 퍼시픽 주식을 매도하려던 사람이 계속 매도 상태를 유지하는 건 어리석은 일이다.

이를 재빨리 커버해야 할 뿐만 아니라 움직이는 힘이 위험을 감수하기에 충분하다면 해당 주식을 추가 매수해야 한다. 변동 폭과 스윙이 충분한 시장에서 일하는 테이프 리더는 거래를 종료해야 할 때가 되면 대개 자기 포지션도 역전된다는 것을 알고 있다. 우리는 항상 융통성을 발휘해야 하고, 융통성 없는 의견은 받아들이지 말아야 한다. 또 무조건 테이프의 지시를 따라야 한다. 거래를 종료하라는 신호는 다른 주식이나 여러 개의 주식 또는 일반 시장에서 나올 수도 있다.

예를 들어, 콘솔리데이티드 가스에 대한 대법원 판결이 내려진 날, 투자자가 11시에 유니언 퍼시픽 주식을 주당 182¾달러에 매수했다고 가정해 보자. 11시부터 12시 사이에 유니언 주가는 183½달러로 올랐고, 더 활발한 움직임을 보인 레딩은 144달러였다. 정오가 되기 직전과 직후에 레딩에서 엄청난 양의 거래가 이루어지면서 3/4포인트 내에서 5만 주가 넘는 주식이 거래되었다.

이것은 대부분 내부 매각이 수반된 가장 매매wash sale(실제로 주식 거래가 이루어지지 않았음에도 주가를 조작하거나 손실을 회피할 목적으로 하는 매매)였을지도 모른다. 하지만 자세한 내막은 알 수 없다. 만약 그렇지 않다면, 이 수준에서 레딩에 상당한 매수세가 형성되었는데 모든 매수자에게 주식을 제공하고 가격이 144⅜달러 이상으로 오르는 걸 막을 수 있을 만큼 대량으로 매도함으로써 수요를 충족시켰다고 추정할 수 있다.

작은 범위 내에 많은 물량이 몰리는 것은 다음 두 가지 중 하나를 가리킨다. 1) 이 시점에서 상당한 구매력이 발생했는데 내부자들이 이를 억제하거나 주식을 떠넘길 기회로 이용하기로 했다. 2) 레딩에서 벌어진 일은 대규모 투자자들이 처분 중인 다른 주식으로부터 주의를 분산시키기 위한 것이었을 수도 있다(뉴욕센트럴을 제외하고는 특별한 증거가 없다).

매도세가 상승 움직임을 견제하기에 충분하지 않았다면 레딩은 시장에 제시된 물량을 모두 흡수해서 더 높은 수준으로 올라갔을 것이다. 하지만 이 경우 매도세가 매수세보다 컸고, 레딩이 다시 하락하면서 강세장의 임시 리더가 패배했다고 투자자에게 경고했다. 그래서 이 시점에 투자자는 슬럼프를 경계했다. 레딩은 143⅞달러까지 주저앉았다. 유니언 퍼시픽은 183⅝달러에 팔린 뒤 183¼달러까지 하락했다. 두 종목 모두 거래가 둔화됐고 시장 전체가 다소 침체되었다.

유니언 퍼시픽은 갑자기 183⅛달러로 떨어졌다. 이후 UP는 183달러에 500주가 거래되고 182⅞달러에 200주, 183달러에 500주, 182⅞달러에 200주, 182¾달러에 500주가 거래되어 수요가 부족할 뿐 아니라 시세 유지 의지도 현저히 낮다는 걸 보여줬다. 그 직후, 불과 몇 분 전에 131½달러에 400주를 판매한 뉴욕센트럴은 131달러에 1,700주, 130¼달러에 500주, 그리고 마지막으로 130달러에 700주를 팔았다. 이는 시장이 눈에 띄게 공허하고 큰 약세를 보일 포지션에 있다는 걸 보여준다.

뉴욕 센트럴이 1.5포인트 하락한 후 낮은 가격으로 대량 거래된 것은 시세 유지 주문도 없을 뿐더러 매도자들이 보유 주식을 처분하려면 큰 양보를 해야 했음을 나타낸다. 특히 시장이 협소한데도 불구하고 그렇게 많은 수량이 거래됐다는 것은 판매자들이 소규모 트레이더가 아님을 입증한다. 레딩의 인기 하락 및 유니언 퍼시픽에 대한 낮은 지지와 뉴욕 센트럴의 이런 약세는 또 다른 하락을 예고했다.

이런 징후가 보이면, 트레이더는 매수 포지션을 중단하고 매도 포지션을 준비해야 한다. 테이프 리더는 신호를 기다리는 동안 선도주 종목 가운데 어떤 것을 매도하기에 가장 좋은지 생각한다. 그리고 재빨리 레딩을 선택한다. 시장이 약세로 접어드는 즉시, 144달러 정도에 분산되어 있던 대량의 매물이 곧바로 시장에 나올 가능성이 크기 때문이다.

이유: 투자 대중은 일반적으로 레딩에서 발생한 것과 같이 정점에서 매입한다. 거래량이 많으면 비록 소폭 상승이 동반되더라도 일반 트레이더가 강세를 보일 수 있고, 그 결과 시장 정점에서 많은 주식을 매입하게 된다. 그게 바로 조작자가 바라는 것이다. 우리는 높은 가격으로 주식을 매입했다고 자랑하는 이들의 얘기를 듣곤 하는데, 그것은 사실 주가를 떨어뜨리는 효과가 있다.

이런 식으로 매수한 사람들은 약세 징후가 나타나자마자 겁을 먹고 자기가 산 걸 처분하려고 한다. 처음에는 욕심이, 나중에는 두려움이 그들을 지배한다. 하지만 남들이 레딩을 선택할 때 테이프 리더는 약세장에서 가장 도움이 될 것 같은 주식을 선택한다.

오후 12시 30분 시장은 제자리걸음을 하고 있고 대부분의 거래는 소규모로 이루어지며, 그마저도 약간의 변동만 있을 뿐이다. 레딩은 최근의 처분 효과를 보여준다. 143¾달러에 500주, 143⅝달러에 500주, 143½달러에 400주, 143¾달러에 400주가 거래됐다. 투자자는 레딩이 지금 144½달러나 144⅝달러에 스톱 주문을 걸어놓고 공매도 중일 수도 있다는 걸 깨닫는다. 강세장이 주가를 이전 최고가보다 높은 위치로 밀어 올리려면 엄청난 구매력을 발휘해야 하기 때문인데, 그 지점에서는 144⅝달러보다 8분의 1달러씩 상승할 때마다 5만 주 가운데 상당량이 거래될 것이다.

그러나 이런 추론은 주식 매도에 대한 단서가 트레이더가 거래하는 주식이 아닌 다른 주식의 움직임을 통해 얻을 수 있다는 우리의 주된 주장과 완전히 다르다. 테이프를 보면 유니언 퍼시픽은 182¾달러에 소량 거래되고, 뉴욕 센트럴은 130달러에 1,100주, 130⅜달러에 900주가 거래됐다. 시장의 나머지 부분은 전부 활기를 잃은 듯했고, 투자자는 매수 포지션을 좋아하지 않는다.

그는 공매도를 위한 확실한 지침 가격을 정해 놓지는 않았지만, 시장의 저조한 분위기 때문에 매수 기회가 사실상 없어졌다고 느낀다. 그래서 유니언 퍼시픽에서 벗어나 테이프가 레딩을 공매하라고 지시할 때까지 기다린다. 유니언 퍼시픽은 182⅝달러로 내려간다. 다른 종목들은 아주 약간만 내렸다. 시장의 약세가 결정적인 기회를 예측할 수 있을 만큼 뚜렷하지 않아서 그는 계속 기다린다. 유니언 주식은 182⅝달러에 총 1,800주가 거래되었고 이어서 182½달러에 3,000주가 거래됐다.

다른 주식들이 반락하면서 시장은 더 약세를 보인다. 콘솔리데이티드 가스는 163¾달러-163¼달러-163달러에 거래됐다. 이것은 주가가 움직인다는 첫 번째 징후지만, 이 회사는 평소에도 변동 폭이 크고 불규칙하기 때문에 이런 움직임이 특별한 건 아니다. 목록에서 균형은 아주 약간 회복됐다. 콘솔리데이티드 가스 주식은 162½~162¾달러로 거래되다가 162¼달러에서 500주 거래됐다. 지금까지 매우 굼뜨게 움직였던 콘솔리데이티드 가스는 이 시점부터 가격이 하락하고 약세를 드러내면서 투자자들의 이목을 끈다. 그는 이 주식을 시장을 지탱하던 실 가닥을 잘라 모든 걸 가라앉게 만들 수 있는 가위로 여기기 시작했다.

오후 12시 45분, 콘솔리데이티드 가스 주식이 161½달러에 500주 거래됐다. 매우 낮은 가격이다. 목록의 균형은 안정적이고 유니언 퍼시픽은 182⅝달러, 뉴욕 센트럴은 130⅜달러, 레딩은 143¾달러다. 가격이 약간 회복되어 유니언 퍼시픽은 182⅞달러, 콘솔리데이티드 가스는 162달러로 올랐다. 반등 덕분에 전반적인 약세가 줄긴 했지만 테이프 리더는 큰 움직임을 확신할 때까지 그 추세를 따라갈 수 없다.

129¾달러로 거래되는 센트럴은 130달러로 매수한 구매자들이 모두 매수한 뒤에도 여전히 상당량의 재고가 팔리고 있음을 보여준다. 다른 종목은 소규모로만 움직인다. 시장은 하락세로 접어들기 직전이고 어떤 종목이든 가격이 떨어지기 시작할 것이다. 유니언 퍼시픽은 182½달러일 때 움직임이 둔하다가 182⅜달러에서 300주, 182½달러에서 200주 거래됐다. 레딩은 143½, 143⅜, 그리고 143½에서 1,000주가 거래됐다. 뉴욕 센트럴은 130달러에서 2,000주, 130⅛달러에서 800주가 거래됐다.

그리고 그가 기대하던 추진력이 발생했다! 콘솔리데이티드 가스 주식이 163¾달러에 200주, 163½달러에 400주, 161달러에 300주, 160달러에 400주가 팔린 것이다! 그는 더 이상 기다리지 않고 레딩을 시장가 주문으로 공매도한다. 이제 전부 움직이기 시작해서 레딩은 143½과 143¼달러에 600주, 143¼달러에 1,300주, 뉴욕 센트럴은 130과 129½달러에, 콘솔리데이티드 가스는 159½달러에 500주가 거래됐다. 콘솔리데이티드 가스에는 매우 형편없는 부분이 있지만, 위험한 주식을 거래하는 걸 꺼리지만 않는다면 매도하는 게 좋다.

시장이 너무 빨리 약화되는 바람에 그가 보유 중인 레딩 주가가 142¾달러를 넘지는 못했지만, 그는 전면적인 변화처럼 보이는 것의 정점에서 멀지 않은 곳에 있다. 이제 U.S.스틸, 스멜터스, 서던 퍼시픽, 세인트 폴 등 모든 종목이 급락하고 있다. 유니언 퍼시픽은 181⅝달러로 떨어졌고, 나머지도 그와 비슷하게 하락했다.

콘솔리데이티드 가스는 158½, 158달러에 300주, 157, 156, 155, 154, 153달러 그리고 나머지도 계속 '폭락했다.' 레딩은 141⅜, 141¼달러에 500주, 141달러에 400주, 140¾, 140½달러에 500주, 140달러에 200주, 139¾달러에 600주, 139⅝달러에 500주 거래됐다. 유니언은 181~180⅞, 180¾, 180½, 180¼, 180⅛에서 600주, 180에서 500주, 179¾, 179½달러에서 500주, 179¼달러에 300주가 거래됐고, 뉴욕 센트럴은 127½달러이다.

이 내용은 테이프 리더의 정신이 작동하는 방식을 일정 부분 보여준다. 또 거래하는 종목과 완전히 다른 종목의 하락이 어떻게 특정 종목의 청산이나 공매도에 대한 지표를 제공하는지도 알 수 있다. 목록 전체의 종목이 완벽한 조화를 이루고 거래 추세가 명확하게 전개되는 일반 시장에서도 거래 종료에 대한 조짐이 나타날 수 있다. 이 라인의 가장 좋은 지표 중 하나는 반등과 반락의 강세 또는 약세다.

마침내 138달러에 도달한 콘솔리데이티드 가스의 약세는 오후 1시 10분에 뉴스 티커를 통해 발표된 대법원 판결 때문이지만, 평소에도 종종 그렇듯이 테이프는 다른 매체보다 몇 분 먼저 뉴스를 전한다. 이것은 뉴스가 가장 먼저 반영되는 장소에서 뉴스를 들었을 때 생기는 이점 중 하나다.

그런 정보가 전화선을 통해 걸러지고 뉴스 티커나 입소문 같은 우회적인 방법으로 도달하기를 기다리는 다른 사람은 엄청난 핸디캡으로 일하는 것이다. 오전 내내 주식시장이 침체 상태에 있었던 것을 보면 내부자들조차 결정이 어떻게 날지 몰랐던 것이다. 대법원 회의실에서 그 결정을 들은 사람들은 당연히 곧장 전화기로 달려가서 주식을 팔았다. 그들의 매도는 대법원 소식이 뉴욕에 도착하기 전에 이미 테이프에 나타났다. 따라서 테이프 리더들이 가장 먼저 그 사실을 알게 된다. 그래서 무슨 일이 일어났는지 월스트리트가 알기 전에 주식을 팔 수 있다.

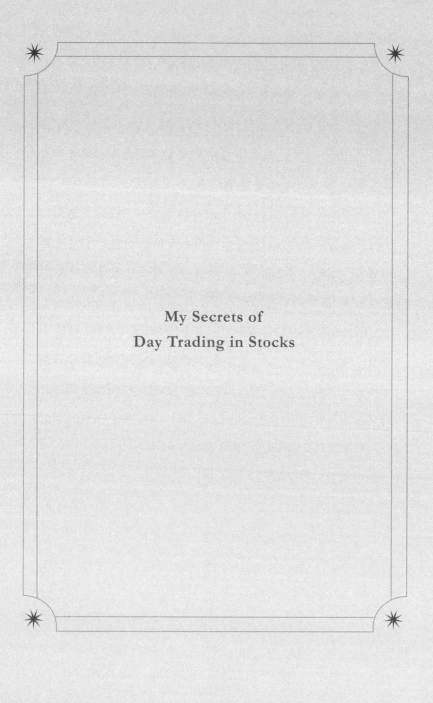

My Secrets of
Day Trading in Stocks

05

거래량의 중요성

이런 연구의 전체적인 목적은 테이프가 전하는 내용을 읽는 법을 배우는 것이기 때문에, 진도를 더 나가기 전에 우리가 알고 이해해야 할 점에 대해 설명하겠다. 그렇지 않으면 설명이 명확하게 이루어질 수 없다.

무엇보다 주식시장은 그 수준에 상관없이 매수 가격과 매도 가격으로 대표되는 두 가지 측면으로 구성되어 있다는 걸 알아야 한다. '최종 거래'는 '시장 가격'과 완전히 다르다는 걸 기억하자. U.S. 스틸이 방금 50달러에 팔렸다면 이 수치는 이미 일어난 일, 과거의 이력을 나타낸다. U.S. 스틸의 시장 가격은 $49\frac{1}{8}$@50 또는 50@$50\frac{1}{8}$이다.

매수 가격과 매도 가격을 합친 가격이 시장 가격이다. 이 시장 가격은 마치 저울 같아서, 매도자가 내놓고 매수자가 손에 넣은 주식의 양은 순간적으로 무게 우위가 어느 쪽으로 옮겨갔는지를 보여준다. 예를 들어, 테이프에 시장 가격이 50⅛달러로 표시되고 그보다 높은 선에서 많은 거래가 이루어진다고 가정해 보자.

U.S.스틸

500@50

1000@50⅛

200@50

1500@50⅛

이 네 차례의 거래에서 50달러에 700주를 팔고 50⅛달러에 2,500주를 샀다는 것은 현재로선 매도보다 매수가 더 효과적이라는 걸 입증한다. 이걸 보면 아마 U.S.스틸이 49⅞로 내려가기 전에 50¼에 팔릴 것이라고 추론할 수 있다. 물론 U.S.스틸뿐만 아니라 목록에 있는 모든 주식은 수요와 공급 상황이 초단위로 변하기 때문에 확실한 건 아니다. 선도주 종목만 거래했을 때의 한 가지 이점은 수요나 압력의 영향이 주요 종목에서 먼저 입증된다는 것이다. 내부자든 외부 조작자든 대중이든, 이런 거래량에는 지배적인 힘을 가진 손이 드러난다. 그 이유는 간단하다. 거물들이 대량으로 거래하지 않고는 주가를 올리거나 내릴 수 없다. 상승장에서는 다음과 같이 주가를 올려서 입찰해야 할 의무가 있다.

U.S. 스틸

1000@182⅛

200@182

1500@182⅛

200@182¼

3500@182⅜

2000@182½

그리고 다음과 같이 신규 거래 및 후속 거래를 수행한다.

200…47¼

100…45⅞

100…45⅞

1900…46¾

100…46⅛

100…46

100…46⅝

100…46

600…45⅞

100…46½

200…46¼

500…45¾

100…46⅜

100…46⅜

200…45⅝

600…46¼

오전 11시

100…45½

100…46⅛

300…46⅜

100…45⅝

600…46

100…46⅛

400…45⅞

100…45⅞

100…46

100…45¾

200…45¾

$100\ldots45\frac{7}{8}$

$400\ldots45\frac{5}{8}$

$100\ldots46$

$100\ldots46$

$100\ldots45\frac{3}{4}$

여기서 시가는 매수 호가 $46\frac{3}{4}$달러, 매도 호가 $47\frac{1}{4}$달러였고 '시장가 주문'으로 200주를 매수한 사람들이 높은 가격을 지불했다. 그리고 $46\frac{3}{4}$달러에서의 매수 주문은 모두 이행되었다. 이것은 $46\frac{5}{8}$달러에서 이루어진 다음 판매로 증명된다. 그 이후의 대량 매매는 대부분 아래쪽에 이루어져서 압력이 여전히 존재한다는 걸 보여준다. 이렇게 주가가 하락할 것이라는 징후가 있었다. 어떤 종목의 경우에는 1,900주가 많은 양이지만, 어떤 종목은 대수롭지 않은 양일 것이다.

이것은 트레이더들이 숙지해야 하는 상대적인 가치를 지니고 있다. 거래량은 특정 종목의 상대적인 활동뿐 아니라 시장의 활동에 비례해서 고려해야 한다. 정해진 규칙은 없다. 나는 테이프 리더가 노스웨스트 주식 1,000주를 최종 거래가보다 약간 높은 가격으로 팔아서 돈을 버는 걸 본 적이 있다. 일반적으로 노스웨스트는 부진한 주식이므로 이 정도 규모의 거래량은 활발한 투기 수요의 전조처럼 보인다.

이제 앞에서 설명한 효과가 테이프에 나타나기까지 거래소에서 어떤 일이 일어나는지 살펴보겠다.

우리 방법이 옳다는 걸 증명 해보자.

몇 년 전에 뉴욕 증권거래소에서 어떤 철도 기업의 지배권이 매수되었다. 한 중개업체가 주문을 다 받으면서 이를 여기저기 분산시켜서 매수 사실을 최대한 숨기라는 지시를 받았다. 그날의 원래 주문은 "최대 38달러까지는 시장에 나온 물량을 다 매입하라"는 것이었다.

38달러는 전날 시가보다 3포인트 정도 높은 수치다. 덕분에 매수 주문을 맡은 중개인에게는 상당한 여유가 있었다. 그는 객장 중개인에게 "그 주식은 어젯밤에 35달러에 마감됐다. 최대 35½ 달러까지 제시된 물량을 전부 산 다음 상황을 보고하라. 매수 가격을 제시하면 안 된다. 그냥 남들이 제시하는 물량만 사고, 가능하면 내역을 적어 두라"고 지시했다. 이런 경우에 플로어 트레이더는 개장을 기다리는 군중들 속에 서 있었다.

시장이 열리고 의장이 의사봉을 두드리자 군중들이 고함을 지르기 시작했다. 누군가가 "1/8에 2,000"을 제시했다. 다른 중개인은 "35달러에 500"이라고 말했다. 우리 중개인은 1/8에 2,000주를 매입한 뒤 가격을 낮추기 위해 1/8에 100을 제시했다. 다른 사람들도 1/8에 100~200주를 내놓았기 때문에 그는 제안을 철회했다. 주식을 사 모아야 하는 상황이기 때문에 더 많이 사는 데 도움이 되거나 가격을 내리는 데 도움이 될 때만 호가를 제시하려는 것이다.

35달러에 300주를 사겠다던 구매자가 주문을 취소했기 때문에 그는 "35달러에 200주"로 호가를 변경했다. 다른 판매자들이 주식을 제공하자 그는 "7/8에 100주"를 불렀다. 우리 중개인은 가격을 낮추기 위해 7/8에 100주를 팔았다. 누군가가 "35달러에 1,000주"를 제시했다. 우리 중개인은 "사겠다"고 했다. 1/8에 500주가 더 나왔다. 중개인은 이것도 샀다.

테이프가 이런 거래를 어떻게 기록하는지 살펴보자.

시가 35달러

2000@35⅛

200@35

100@34/⅞

100@35

500@35⅛

데이트레이더는 이 거래를 다음과 같이 해석한다. 시가 및 매도 호가는 35⅛달러이고 누군가 높은 가격으로 대규모 주식(2,000

주)을 샀다. 이어진 두 건의 판매는 소량 매매로, 약간의 부담이 드러났다. 34⅞ 다음의 100@5는 '7/8 매수-5 매도'로 시장에서 매수자가 제시된 가격으로 주식을 샀고 1/8에 500주를 더 매입했음을 나타낸다. 수요가 지배적이며 구매자가 한 명이든 열 명이든 상관없이 순간적으로 추세는 상승세다.

반대편 상황을 이해하기 위해, 조작자가 주가를 하락시키려고 한다고 가정해 보자. 이는 수요보다 더 많은 양의 주식을 제공해서 판매하거나 다른 주식 보유자들을 구슬리거나 위협해서 주식을 포기하도록 하면 가능하다. 누구의 주식이 팔렸는지는 중요하지 않다. 사람들이 흔히 말하듯이, "신은 가장 막강한 대대의 편이다."

조작자가 중개인에게 군중들 속에 들어가 가격을 낮추라고 요청하면, 중개인은 모든 호가를 제시하면서 목표 지점까지 가격이 내려가거나 대량의 주식을 팔지 않고는 극복할 수 없을 정도로 강한 저항을 만날 때까지 이를 계속한다. 문제의 주식은 80달러 안팎에서 팔리고 있는데 중개인의 주문은 가격을 "77달러까지 내리라"는 것이다. 군중 속으로 들어간 그는 79⅞달러에 500주를 사려는 사람과 80달러에 300주를 팔려는 사람을 발견했다. 최종 거래 결과는 80달러에 100주였다. 그는 "7/8에 500주를 팔겠소. 그리고 3/4에 1,000주, 아니면 그 일부!"라고 소리쳤다.

"난 3/4에 200주를 사겠소." 다른 중개인이 말했다. "1/2에 500주 더!"라는 소리가 들렸다. "낙찰!" 그가 대답했다. "그건 내가 1/2에 판 1,000주잖소. 3/8에 500!" "난 3/8에 100주 사겠소"라는 목소리가 들렸다. "좋소!"라고 했다. "1/4에 500" "낙찰!" 재빨리 대답했다.

그가 맹렬하게 팔아치운 주식은 테이프에 다음과 같이 나타날 것이다.

시가 80달러
500주 판매@79⅛
200주 판매@79¾
1,000주 판매@79½
500주 판매@79¼

79달러에서 강한 저항을 만났다면 테이프에 이런 내용이 나올 것이다.

1,000주 판매@79
500주 판매@79
800@79
300@79⅛

1,000@79

500@79¼

200@79½

이는 79달러에 그가 기꺼이 공급하려는 것보다 더 많은 수요가 있음을 보여준다(예: 79달러에서 해당 주식 1만 주에 대한 수요가 여전히 존재할지도 모르는데, 이는 그가 공급할 수 있는 것보다 많은 양이다). 이런 장애물을 자주 만나는 중개인은 군중들 틈에서 빠져나와 상사에게 전화를 걸 것이다.

그가 자리를 뜨자 주식이 더 이상 압박을 받지 않게 되고, 79달러에서의 대량 매수 주문이 플로어 트레이더들에게 백로그 역할을 하면서 가격이 회복될 수 있는 길이 열렸다. 그래서 군중들 속에 있는 이들은 매수 포지션으로 초단기 거래를 통해 약간의 매매 차익을 얻으려는 희망에 79½까지 가격을 올렸다.

군중들 속에 있는 두 명의 중개인 중 한 명은 주가를 떨어뜨리려 하고 다른 한 명은 매집하려는 경우를 예로 들어보자. 그들은 서로의 손에 놀아나고, 테이프는 거기에서 벌어진 일을 다음과 같이 보고한다.

시가 80⅛ ~ 80

200@79⅞

1000@79⅞

200@79⅝

500@79¾

300@79¾

1500@79½

500@79¼

100@79⅛

우리가 거래장에 있다면, 중개인 한 명은 주식을 싼값으로 내놓고 다른 중개인은 시장에 나온 모든 물량을 낚아채는 모습을 볼 수 있을 것이다. 주가가 얼마나 내려갈지는 알 수 없지만 이런 징후가 나타나면 우리의 매수 시점이 될 전환점을 주의 깊게 살펴봐야 한다.

테이프 리더는 조작자, 플로어 트레이더 그룹, 일반 대중 또는 이들 모두의 조합으로 인해 움직임이 발생하는지 여부는 신경 쓰지 않는다. 테이프의 수치는 의견 일치, 조작의 효과, 수요와 공급, 그리고 이 모든 것이 합쳐진 것을 나타낸다. 그렇기 때문에 테이프에 나타난 지침 가격을 우리가 듣거나 알거나 생각하는 것보다 더 신뢰할 수 있는 것이다.

우리 마음속에 뚜렷하게 새겨진 저울(공급-수요)을 이용해 매 순간 테이프에 표시되는 거래를 살펴보고, 각각의 지침 가격을 마음속으로 따져보면서 어느 쪽에서 그런 경향이 가장 강하게 나타나는지 파악하려고 한다. 어떤 세부 사항도 놓쳐선 안 된다. 갑작스러운 수요나 청산이 증가함으로써 새로운 계획을 세우거나 낡은 계획을 수정하거나 중립적인 태도를 취하게 될 수 있다.

이런 거래량 지표가 항상 명확한 건 아니다. 또 결코 틀리지 않는 것도 아니다. 나머지 주식을 제외하기 위해 어느 한 주식의 지표에만 의존하는 건 아무 소용도 없다. 특정 종목이 급등할 때가 있는가 하면, 다른 활황 종목의 물량 지표는 해당 종목이 시장이 가져가는 속도만큼 빠르게 분산되고 있음을 똑똑히 보여준다. 그리고 이것은 크고 작은 규모로 자주 발생한다. 특히 매집이나 분산이 완료되기까지 며칠씩 걸리는 빅 스윙의 전환점에서 뚜렷하게 나타난다.

「월스트리트 저널」에 실린 보고서에서 거래량을 조사할 수도 있지만, 거래량을 조사하는 진짜 방법은 테이프에서 찾을 수 있다. 티커가 작동하는 동안 하루 5~7시간씩 테이프를 들여다볼 수 없는 경우, 매일 테이프를 저장하도록 조치할 수 있다. 그러면 여가시간에 테이프를 연구할 수 있다. 이런 상황에서 연구할 때는 원하는 만큼 작은 규모로 하되, 진짜 돈으로 실제로 거래해 봐야 한다. 앞서 얘기한 거래량 법칙이 우리가 설명한 것과 거의 반대로 작동할 때가 있다. 그런 사례 중 하나를 이전 장에서 설명했다. 이 경우 레딩의 거래량이 시장의 나머지 부분이나 레딩의 이전 거래량에 비해 갑자기 부풀어 올랐다.

1909년 1월 4일 아침,
레딩의 전환점~콘솔리데이티드 가스 붕괴의 날
700…143⅝
500…143¾
5000…143⅝
1700…143¾
200…143⅝
4300…143¾
3700…143⅞
100…144

오후 12시
5000…144
1300…143⅞
3000…144
5000…144⅛
2100…144¼
2200…144⅛

3500…144¼

4000…144⅜

3000…144¼

2500…144⅛

3500…144

400…144⅛

1000…144

500….144⅛

1100…144

2000…143⅞

2500…143¾

1000…143⅝

명백한 수요 우세에도 불구하고 제시된 저항(합법적이든 인위적이든)이 주식이 극복하기에는 너무 커지는 바람에 144⅜까지 올랐다가 다시 떨어졌다. 거래량이 늘어나면서 구매를 부추겼지만, 테이프는 비정상적인 거래를 보여주었고 나머지 목록의 반응도 좋지 않았다.

여기서 조작의 낌새가 풍겼기 때문에 투자자에게 상승 장세일 때 조심하라고 경고했다. 레딩의 많은 거래량은 주가가 반락한 후에도 유지되었지만, 상당한 물량이 매수호가에 낙찰된 것이 분명했다. 상승세를 탈 때는 거래량이 대부분 위쪽에 있고, 아래쪽에는 소규모 거래량만 있었다. 144⅜에 도달한 뒤에는 대규모 거래량이 아래쪽에, 소규모 거래량은 위쪽에 있었다.

소규모 거래량을 연구하는 것도 대규모 거래량을 연구하는 것만큼 중요하다. 소량의 주식은 화살에 매달린 깃털과 같아서 화살의 비즈니스 부문이 다른 쪽 끝에 있다는 걸 나타낸다. 다시 말해, 소규모 거래량은 시장의 다른 쪽을 구성하는 부분에 대해 지속적으로 정보를 제공한다.

예시: 앞에 기록된 레딩의 처음 다섯 차례 거래에서 시장 시세는 5/8@3/4였다가 3/4@7/8로 변경되었고 다시 7/8@4로 변경되었다. 가격이 하락하는 과정에서 4@1/8이 되었고, 이 수준에서는 소규모 거래량이 존재하는 압력을 보여주는 데 특히 가치가 있다.

유니언 퍼시픽, 레딩, U.S.스틸 같은 주식은 보통 2만 5,000~5만 주의 거래량에서 이런 전환점이 생긴다. 즉 상승하거나 하락하던 중에 저항에 부딪힐 경우 그 흐름을 저지하려면 어느 정도의 거래량이 있어야 한다. 언덕이 많은 시골길을 걷다 보면 조용히 흐르는 작은 개울을 발견하게 된다. 그 개울은 너무 작아서 손을 담그면 물 흐름이 바뀔 정도다.

하지만 5분도 안 되어 물은 여러분의 손 위나 주변을 따라 흐르면서 저항을 극복한다. 이럴 때는 삽을 가져와 개울 중간에 흙을 쌓고 단단히 다진 다음, "자, 내가 둑을 쌓았다"라고 말할 수도 있다. 하지만 그것은 제대로 된 둑이 아니어서 다음 날 가보면 쌓아놓은 흙더미가 씻겨 내려가고 없다. 수레에 흙을 잔뜩 싣고 와서 튼튼한 댐을 만들면 마침내 흐름을 막을 수 있다. 이는 개별 주식이나 시장의 경우에도 마찬가지다. 가격은 최소 저항선을 따라 움직인다.

레딩 주가가 상승하면 누군가 1만 주를 팔아도 눈에 띄는 효과가 생기지 않을 수 있다. 또 다른 2만 주 로트가 그 뒤를 따르면 잠시 주식 거래가 주춤하지만 결국 장애물을 극복한다. 판매자가 다시 주문하면서 이번에는 3만 주를 시장에 내놓는다. 해당 수준에서 원하는 주식이 3만 100주일 때 매수자가 3만 주를 모두 흡수하면 주가가 오르게 된다. 모든 매수 주문을 처리하는 데 2만 9,900주만 필요하다면 공급이 수요보다 많기 때문에 가격이 하락하게 된다. 앞서 얘기한 레딩의 사례에서 바로 이와 같은 일이 일어난 것으로 보인다. 조작적 주문이 우세한지 아닌지는 이 사건의 양상을 바꾸지 않는다. 최종 테스트에서 비중은 하락세에 있었다.

대중과 트레이더는 조작자가 작업하는 동안 방관하지 않으며, 그 반대의 경우도 마찬가지다. 테이프에서는 모든 사람의 주식이 비슷하게 보인다. 다음은 유니언 퍼시픽이 중요한 전환점을 맞았을 때 E. H. 해리먼E. H. Harriman이 한 작업 내용이다.

유니언 퍼시픽이 중요한 전환점을 맞았을 때 해리먼이 한 작업

 개울이 댐을 통과하면 새로운 영역으로 들어간다. 주식이 저지
선을 뚫는 것도 똑같이 중요한데, 이는 저항을 극복했다는 의미
이기 때문이다. 저항이 강할수록 근처에서 추가 장애물이 발견

될 가능성이 작아진다. 일반적으로 기존 댐 바로 뒤에 다른 댐을 짓지는 않는다. 따라서 새로운 분야의 주식이 나타난 것을 발견하면, 특히 그것이 저지선을 돌파하면서 시장의 나머지 부분까지 같이 움직인다면 우리도 시류를 따르는 게 최선이다.

「월스트리트 매거진」에 실린 기사를 통해서도 많은 걸 배울 수 있지만, 순간순간 이루어지는 거래(보이는 그대로의 거래)야말로 유일한 진짜 지침서. 정보를 받는 속도도 중요한 요소이기 때문에 라이브 테이프를 사용하는 게 좋다. 고점과 폭락 지점에서의 시장 활동을 비교하는 것은 시장의 기술적 조건에 대한 지침이다. 예를 들어, 주가가 하락하는 동안 티커가 매우 활성화되고 매도량이 많으면 자발적 또는 강제적 청산이 표시된다.

이어지는 회복세에는 테이프가 느리게 움직이면서 소규모 거래량만 나타나 이를 더욱 강조한다. 활발한 호황 시장의 경우 상승세에 쏟아진 거래량 때문에 티커가 숨을 헐떡이는 것처럼 보일 정도지만, 그에 대한 반작용으로 수량과 노출 횟수가 줄어들면 시장은 썰물 때의 바다처럼 거의 생기가 사라진다.

움직임의 힘을 나타내는 또 다른 지표는 인기주의 거래량 차이에서 확인할 수 있다.

예시:

1000@180

100@180⅛

500@180⅜

1000@180½

이것은 180⅛에 팔려고 내놓은 주식이 100주뿐이고, 180¼에는 전혀 없으며, 180⅜에도 500주밖에 없다는 걸 보여준다. 180⅛에서 180⅜로 뛴 것은 매수자 측의 압박 부재와 지속성을 강조한다. 그들은 180¼달러에 주식을 확보할 수 있을 때까지 참을성 있게 기다리는 데 만족하지 않고 '손을 뻗는다.' 반대로 생각하면 이것은 지원 부족을 나타낼 수도 있다.

각각의 지침 가격은 획일적으로 판단하는 게 아니라, 그것을 둘러싼 조건에 따라 판단해야 한다. 테이프는 연속적으로 이어지는 영화 같은 장면을 제공하며 인쇄된 내용 사이에 각각에 대한 설명이 적혀 있다. 시장의 모습을 보여주는 이 영화는 일반 투자자에게는 생소한 언어로 되어 있지만 전문 테이프 리더는 이해할 수 있다.

이 책의 이전 판을 읽은 많은 사람은 어떤 시장은 거래량을 통해 읽을 수 있다는 편리한 주장에 현혹되었다. 티커 옆에 앉아서 거래량이 매수측과 매도측 중 어느 쪽에 몰리는지 관찰하기만 하면 된다는 잘못된 결론에 도달했다.

이것은 오해다. 예전의 증권 거래 규칙에 따르면 시장을 상승시키는 방향으로 영향을 미치려는 매도자는 1만 주 또는 매우 많은 양의 주식을 매수할 수 있었고, 누구도 그에게 입찰한 수량보다 더 적은 양을 매도할 수 없었다(매도자가 그걸 받아들이는 경우는 예외). 현행 규정에 따르면 구매자가 중개인에게 '전량 체결 주문'을 명시하지 않았다면 1만 주 중 일부라도 인수할 의무가 있다. 이런 규칙 개정과 담합 매매, 조작 등에 대한 제한이 생기면서 오르거나 내린 가격으로 대량 거래하는 경우가 많이 없어졌다.

100주 단위로 매수 제안을 하고 다른 누군가에게 물량을 공급하거나 매입하여 시장에 영향을 미치도록 하는 것은 해리먼과 예전 스탠더드 오일Standard Oil의 몇몇 사람, 그리고 다른 소규모 조작자와 플로어 트레이더들이 예전부터 쓰던 수법이다. 하지만 규정이 바뀌면서 이런 지표가 크게 줄었고 그 가치도 떨어졌다. 따라서 관찰력이 뛰어난 테이프 리더에게는 여전히 매우 시사적이고 기본 원리도 변하지 않았지만, 거기에 전적으로 의존하지는 않을 것이다.

시세 조작이 만연할 때는 우리가 말한 거래량에 오도될 가능성이 가장 작다. 왜냐하면 조작자는 대량의 주식을 거래할 의무가 있고, 자기가 가진 패를 계속 보여줘야 하기 때문이다. 강세장에서의 완전한 조작 작업은 1) 매집, 2) 가격 할증, 3) 분배의 세 부분으로 구성된다. 공매도 작업의 경우 분배가 먼저 진행된 뒤에 가격 할인과 매집이 이루어진다.

이 세 가지 섹션 중 어느 것도 나머지 두 개가 없으면 완전하지 않다. 조작자는 많은 양의 주식을 가지고 작업해야 한다. 그렇지 않으면 해당 거래에 시간을 쏟거나 위험과 비용을 감수할 가치가 없다. 테이프 리더는 시장 양쪽에서 진행되는 광범위한 작업을 세심히 살펴야 한다. 매집은 거래량에서 드러나는데 테이프에 표시될 때와 같은 방식으로 나타난다.

조작자가 라인을 완료하는 데는 몇 주 또는 몇 달이 걸릴 수 있고, 더 저렴하게 매입할 기회가 생길 수도 있기 때문에 물량을 한꺼번에 매입하지 않는다. 아슬아슬한 순간까지 작업을 미루면서 다른 사람이 그를 대신해 주식을 매입하고 이자까지 내게 한다. 그사이에 그의 자본은 자유롭게 남아 있다. 가격 할증이 시작되면 그는 움직임이 개시되는 시점에 합류해서 중단이나 분배 징후가 나타날 때까지 계속 함께한다.

처음의 두 시기를 거친 그는 작업의 세 번째 단계에서 충분히 이익을 얻을 수 있는 상황이다. 이런 작업을 할 때는 내가 다른 장에서 설명한 수치 표가 트레이더에게 도움이 되는데, 특히 조작 작업이 상당 기간 계속되는 경우에는 더욱 그렇다. 그에게 거래 조감도를 제공해서 어느 단계에서든 그 실마리를 삭제하거나 재개할 수 있게 해 준다.

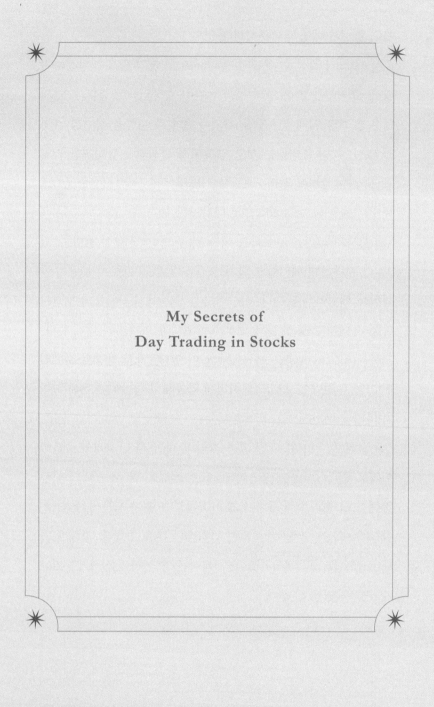

My Secrets of
Day Trading in Stocks

06

시장 기술

1909년 2월 27일 토요일 아침, 시장은 전날 밤 종가보다 약간 높은 가격으로 개장했다. 가장 활발한 종목은 레딩이었다. 123½에 도달했다가 122½로 떨어지면서 공매도가 발생했다. 이 지침 가격은 122와 121½, 그리고 121에서 다시 강조되었다. 119⅞을 기록할 때까지 하락세가 강하게 나타났고, 이후 1⅛포인트로 빠른 회복세를 이어갔다.

이는 2월 초의 하락세에서 겨우 회복하고 있는 시장에 대한 잔인한 3포인트짜리 잽이었다. 이것이 다른 주요 주식에 어떤 영향을 미쳤을까? 유니언 퍼시픽은 3/4, 서던 퍼시픽은 5/8, U.S.스틸은 5/8 하락에 그쳤다. 이것은 그들이 기술적으로 강하다는 걸 증명한다. 즉 그들은 주요 종목에서 발생한 3포인트 하락을 침착하게 지켜볼 수 있는 상황이다. 레딩이 145, 유니언 퍼시픽이 185 근처에 있을 때 이런 흐름이 발생했다면 다른 종목에 미치는 영향이 매우 달랐을 것이다.

광부들은 광석 매장 범위를 판단하기 위해 다이아몬드 드릴을 사용한다. 그러면 표면 아래에 무엇이 있는지 보여주는 코어가 생성된다. 앞서 얘기한 상승세의 정점에서 시장에 구멍을 뚫고 들여다볼 수 있었다면 U.S.스틸과 레딩, 그리고 기타 종목의 부동주 대부분을 호황과 급등기에 대량으로 사들이는 트레이더들이 보유하고 있다는 것을 알게 될 것이다. 이 사람들은 비교적 적은 이윤, 배짱, 경험을 바탕으로 일을 한다. 이들은 극도로 취약하기 때문에 시장이 충격을 받으면 그들이 운영하는 주식이 가장 큰 하락을 겪는다.

수치를 보면 흥미롭다.

	1907~1909 상승	1909. 02 하락	약화 후 상승 비율
U.P.	84¼	12⅜	14.7
레딩	73¼	26⅜	33.6
U.S.스틸	36¼	16½	44.6

이 수치는 투자 대중이 U.S.스틸 보유량을 대폭 늘리고 레딩은 그보다 좀 적고, 유니언 퍼시픽은 거의 보유하지 않았다는 것을 보여준다. 다시 말해, 유니언 퍼시픽은 압력에 대한 저항으로 기술적 강점을 보여줬다. 반면 레딩과 U.S.스틸은 하락에 거의 또는 전혀 저항하지 않았다.

시장 전체와 개별 종목 모두 중요한 시점에 무엇을 하지 않느냐 만큼 무엇을 하느냐에 따라 판단해야 한다. 유니언 퍼시픽을 120달러 이하에서 매집한 큰손들이 180달러 이상에서 분할 매도한다면 주식이 자산가의 손에서 개미 투자자들의 손으로 넘어갔기 때문에 30포인트 정도 하락할 것이다. 하지만 그런 하락은 발생하지 않았고, 상승한 것에 비해 매우 약한 반응만 보였기 때문에 테이프 리더는 유니언 퍼시픽이 훨씬 높은 가격을 받을 운명이고, 하락에 비교적 면역이 있으며, 가까운 미래에 크게 상승할 수도 있다고 추측한다.

유니언 퍼시픽이 앞으로 2주 안에 30포인트 상승할 예정이라고 하더라도, 그런 활동을 상당 기간 연기하는 일이 발생할 수도 있다. 그러나 테이프 리더는 이런 광범위한 사항을 전체적인 관점에서 고려해야 한다. 그는 시간과 자본이 아주 많은데 이것을 가장 큰 결과를 낼 수 있는 곳에 사용해야 한다. 그는 추세에 따라 운용할 수 있는 가장 유리한 기회를 기다리는데, 몇 주 혹은 언젠가 그가 선택할 수 있는 다른 종목보다 10포인트 많은 이익을 올린다면 그의 기회는 그만큼 증가하게 된다.

장기적인 상승세나 하락세는 대개 선도주들의 광범위하고 빠른 움직임으로 최고조에 이른다. 1909년 2월 23일의 약세를 예로 들어보자. 하루 만에 레딩은 128¾에서 118로, U.S.스틸은 46에서 41¼로 하락했다. 서던 퍼시픽은 97에서 112로 서서히 상승한 뒤, 한 세션 동안 7포인트나 점프해서 절정에 달했다.

이런 사례가 너무 많아서 일일이 인용할 필요는 없다. 시장 전체에서도 같은 일이 일어난다. 장기간의 하락 또는 상승 후에 나타나는 예외적으로 격렬한 움직임은 대개 하락이나 상승의 종료를 나타낸다. 일반적으로 주식은 압력이나 자극을 받았을 때의 행동을 통해 테이프 리더가 어떤 조치를 취해야 하는지를 보여준다. 예를 들어, 1909년 2월 19일 금요일 U.S.스틸은 철강 제품을 공개 시장에서 판매하겠다고 발표했다.

이 소식이 전해진 다음 날 아침에는 미국의 모든 국민이 그 소식을 알게 됐다. 테이프 리더는 다음 날 개장 전에 상황을 저울질하면서 "이 소식은 공공 재산에 관한 것이기 때문에 U.S.스틸과 시장은 당연히 반등해야 한다. U.S.스틸은 어젯밤에 48⅜로 마감됐다. 시장 전체가 이 주식 하나에 달려 있다. 어떻게 움직이는지 지켜보자"라고 생각한다.

U.S.스틸의 시가는 전날 종가보다 4분의 3포인트 하락했는데,

이는 발표 내용을 감안할 때 지극히 자연스러운 현상이다. 강세와 약세를 판가름할 진정한 시험이 뒤따를 것이다. 처음 10분 동안 스틸은 테이프에 이렇게 표시됐다.

200@47⅞
4500@47¾
1200@47⅞
1500@47¾

다른 변화는 전혀 없었다. 가격은 동일한 분수 사이에서 18번이나 오락가락했다.

한편 시가 177½달러로 시작한 유니언 퍼시픽은 반등하면서 나머지 시장을 끌고 가는 경향을 보인다. 유니언 퍼시픽이 U.S.스틸도 끌어올릴 수 있을까? 그게 문제다. 여기에는 두 가지 상반된 힘이 존재한다. 테이프 리더는 추세가 움직이는 방향으로 '시장과 함께 가기 위해' 매처럼 상황을 주시하고 있다. 유니언 퍼시픽은 시가보다 7/8 상승했고, 서던 퍼시픽이 이를 보강하고 있다.

그러나 U.S.스틸은 반응하지 않는다. 단 한 번도 47¾~47⅞의 틀에서 벗어나지 못했다. 심지어 100주 단위 하나도 48달러에 팔지 못했다. 해리먼이 보여준 리더십에도 불구하고 이 주식은

$47\frac{7}{8}$달러에 제공되고 있고 회복력도 없다는 걸 증명한다. 유니언 퍼시픽은 $2000@178\frac{1}{2}$을 유도하기 위해 마지막 노력을 기울이는 듯하다.

이에 U.S.스틸이 요란하게 $800@47\frac{5}{8}$를 돌파하는 것으로 응답한다. 이것이 공매도를 하라는 테이프 리더의 신호다. 그는 즉시 U.S.스틸 주식을 내놓았고, $47\frac{1}{2}$ 또는 $47\frac{3}{8}$에 팔렸다. 그 가격에 대량의 물량이 거래되고 있었기 때문이다. 유니언 퍼시픽은 낙담한 것 같았다. 그들의 목에는 U.S.스틸이라는 무거운 맷돌이 걸려 있다. 주가는 $178\frac{3}{4}$, $178\frac{1}{4}$, $178\frac{1}{8}$로 떨어지다가 마침내 $177\frac{7}{8}$까지 내려갔다. 낮은 수준에서 U.S.스틸에 대한 압력이 증가했고, 계속해서 다음과 같이 판매되었다.

$6800@47\frac{1}{2}$

$2600@47\frac{3}{8}$

$500@47\frac{1}{4}$

$8800@47\frac{1}{8}$

이때부터 목록 전체에 걸쳐 꾸준한 매수 흐름이 나타났다. 레딩과 펜실베이니아는 가장 약한 철도. 콜로라도 퓨얼은 연속해서 7포인트나 하락했고, 다른 철강주들도 그 뒤를 따랐다. U.S.스틸은 매수호가에 일괄 매각되고, 위엄 있는 우선주들조차

이에 동조하는 영향을 받았다.

　두 시간의 세션이 끝나자 U.S.스틸이 46달러로 하락하면서 시장은 바닥에서 마감됐다. 이 하락으로 인해 수천 개의 계좌가 약세를 보였고, 주식 보유자들이 걱정해야 할 휴일까지 앞두고 있다. 테이프 리더는 다음 주 화요일에 주가가 하락할 것으로 예상했다. 어쨌든 반대 매매의 조짐은 보이지 않았다. 매일 모든 거래를 마감하는 게 그가 정한 불변의 법칙은 아니기에, 그는 U.S.스틸 공매도를 위해 47달러에 스톱 주문을 걸어두고 자리를 떴다 (원래의 스톱 주문 가격은 48⅛이었다). U.S.스틸은 다음 세션에서 44¾ @44½로 시작했고 그날 41¼로 최저 기록을 세웠다.

　이 에피소드에서 많은 교훈을 얻을 수 있다. 성공적인 테이프 분석은 힘에 대한 연구다. 이를 위해서는 어느 쪽이 가장 큰 견인력을 가지고 있는지 판단하는 능력과 그쪽을 따라갈 용기가 있어야 한다. 사업이나 개인의 삶과 마찬가지로 각각의 가격 변동에도 중요한 지점이 있다. 그 시점에는 어느 한쪽에 깃털처럼 가벼운 무게만 실려도 즉각적으로 중대한 추세를 형성하는 것처럼 보인다. 이런 포인트를 발견할 수 있는 사람은 얻을 건 많고 잃을 건 적다. 그는 항상 전환점이나 '저항점'과 매우 가까운 지점에서 스톱 주문을 실행할 수 있기 때문이다.

　만약 유니언 퍼시픽이 계속 상승세를 타고 발전하면서 힘과 거래량, 영향력을 얻었다면 U.S.스틸 사태의 끔찍한 영향도 극복되었을 것이다. 그것은 단순히 힘의 문제였고, U.S.스틸이 유니언 퍼시픽을 끌어내렸다. 자극이나 외부 영향에 대한 주식의 '반응'에 대한 이 연구는 테이프 리더의 교육에서 가장 가치 있는 연구 중 하나다. 그것은 시장의 기술적 포지션에 대한 거의 틀림없는 지침이다. 물론 모든 반응이 그렇게 명확하게 정의되어 있는 것은 아니다.

테이프 리더는 누가 혹은 무엇이 이런 테스트를 만들었고, 결정적인 시기는 언제인지에 관심이 없다. 그런 것은 끊임없이 나타났다가 사라진다. 그는 진단을 내리고 그에 따라 행동해야 한다. 주식이 더 높은 선에서 조작될 경우, 다른 주식들이 따라오면서 뒷받침해 주지 않는 한 그런 움직임이 지속될 가능성은 작다 (주식에 영향을 미치는 특정한 발전을 제외하면). 다른 종목들의 경우 대형 사업자들이 강세장에서 물량을 처분하지는 않는지 지켜봐야 한다. 악재에 주가가 폭락하지 않는 것은 내부자들이 하락을 예상하고 매수할 준비가 되어 있다는 뜻이다.

트레이딩 신디케이트의 한 회원이 "우리는 내일 해산할 것"이라고 얘기한 적이 있다. 난 "자기 몫의 증권을 가져가고 싶지 않은 사람들이 많이 팔지 않겠느냐?"라고 물었다. 그는 이렇게 대답했다. "우리는 모두 어떤 입장인지 안다. 아마 꼭 팔아야 할 사정이 있는 몇몇 회원이 1만 주 정도를 시장에 내놓을 것인데, 우리 중에 그것을 예상하고 미리 공매도한 사람들이 있기 때문에 때가 되면 그들이 살 것이다." 이것은 주식과 관련해 내부자가 보일 수 있는 태도를 고려하는 게 좋다는 사실을 상기시킨다.

테이프는 일반적으로 어떤 현상의 이면이 담긴 의미를 나타낸다. 남의 추문을 들춰내는 잡지들 중 하나가 어느 해 8월에 록 아일랜드Rock Island가 법정 관리에 들어갔다는 루머를 날조하는 바람에 우선주 가격이 28달러까지 내려간 적이 있다. 기사 작성자는 이런 루머가 내부자에게서 비롯됐다는 사실을 입증하지 못했지만, 당시 거래 상황을 제대로 파악하지 못했다는 건 인정했다. 아마 테이프 분석에 익숙하지 않은 사람은 이해할 수 없겠지만, 지침 가격을 보고 모두 약세일 때 주식을 매입하는 데 찬성했다는 것은 똑똑히 기억난다. 그 거래는 규모가 매우 컸고, 주식 자본금과 증권 재고량이 전혀 비례하지 않았다.

이것은 테이프 리더에게 어떤 의미가 있을까? 10포인트 하락과 약간의 반등 뒤, 하루 수천 개의 주식이 거래되었다. 만약 거래량이 주식 매입을 의미한다면 누군가가 그것을 사려고 대기하고 있었던 것이다. 만약 조작이 있었다면 그것은 분명히 그렇게 낮은 수준에서 주식을 분할 매도하려는 목적은 아니었다.

따라서 가능성 없는 요소들을 제거하면 테이프 리더는 올바른 결론에 도달할 수 있다. 시장은 거의 언급되지 않은 한 가지 요소, 즉 플로어 트레이더에 의해서 지속적으로 시험대에 오르고 있다. 이 약삭빠른 자들은 항상 시장의 약점을 찾아내려고 혈안이 되어 있다. 그들은 단점을 좋아하기 때문이다. 어떤 종목에 대한 지원이 부족하면 기술 상황이 취약할 경우 급습을 당하게 되고, 이것이 거래장의 다른 부분으로 확산되어 전체적으로 반락이나 슬럼프가 발생한다. 혹은 그들이 취약한 공매도 잔량을 발견한 경우, 재빨리 주식을 매수해서 그 공매도를 커버한다.

이런 여러 가지 작업이 항상 진행되고 있기 때문에 전문가인 테이프 리더도 어느 쪽에 가장 좋은 기회가 있는지 가끔 모를 때가 있다. 그가 전능한 존재라면 스스로 했을 일을 다른 사람들이 대신 해 주고 있다. 그가 가장 관심을 갖는 것은 작은 변동이지만, 데이트레이더는 시장의 폭넓은 움직임과 관련해 자신의 위치를 반드시 지켜야 한다.

공황이 만연할 때는 강세장의 탄생에서 그것을 알아차리고, 호황이 그 변동의 반대편 극단에 나타날 때까지 가격이 점점 상승할 것이라는 확신을 품고 일을 한다. 강세장에서 그는 2~5포인트의 반락이 정상적이고 합리적이라고 생각한다. 선도주들도 가끔 10~15포인트 정도 하락하고 최소 1년에 한 번은 25포인트씩 하락할 때도 있을 거라고 예상한다.

이런 일이 일어나면 다음에 뭘 예상해야 하는지 알고 있다. 강세장에서 10포인트가 하락하면 그 뒤 하락 폭의 절반 정도가 회복될 것이라고 예상하고, 상승세가 지속되면 하락 폭이 모두 회복되고 가격이 그 이상으로 올라갈 것이라고 예상했다. 주식이나 시장이 자연스러운 반등을 거부하면 그는 문제가 극복되지 않았다는 걸 깨닫고 추가적인 하락을 예상한다.

몇 년 전에 99⅝달러로 최고점을 찍었다가 경쟁과 관련된 루머 때문에 78달러까지 급락한 아메리칸 스멜터스American Smelters를 예로 들 수 있다.

커버링 지침 가격은 79½ 정도로 나타났다. 투자자가 여기서 매수 포지션을 취했다면 스멜터스가 89달러까지 회복될 것이라고 자신 있게 예상할 수 있었을 것이다. 스멜터스는 21⅝포인트 하락했다가 나중에 10¾포인트 올랐다. 기록상 이 주식은 89⅜달러로 회복되었다.

물론 테이프 리더의 실제 거래는 가장 긍정적이고 유망한 지표에 대해서만 이루어지기 때문에 이것은 단지 지침일 뿐이다. 하지만 그에게 피해야 할 것이 뭔지 가르쳐 주는 데 가치가 있다. 예를 들어, 아무리 조짐이 명확하더라도 15포인트 하락한 후에 스멜터스를 공매도하는 것을 조심할 것이다. 매도를 통해 몇 포인트쯤 이익을 볼 수도 있겠지만, 그는 1포인트씩 더 하락할수록 전환점에 가까워지므로 그렇게 급격한 하락 후에 가장 안전한 투자 방법은 매수 포지션에서 기회를 기다리는 것임을 깨달았다.

다른 예: 1909년 1월 4일에는 레딩이 144⅜달러에 판매되었다. 그달 말에는 131½달러를 기록했고, 2월 23일에는 10포인트 하락해 118달러가 되었다. 총 24⅜포인트나 하락한 것이다(2%의 배당금 지급까지 감안하면). 앞서 얘기한 것처럼 그 주식은 첫 번째 하향 돌파 때뿐만 아니라 최종 하락에서도 매력적인 공매도처럼 보였다. 보수적인 트레이더는 매수 포지션의 리스크가 작기 때문에 지침 가격을 기다렸을 것이다.

시장이 반락 없이 한쪽 방향으로 3~4일 이상 이어지는 경우는 드물기 때문에, 테이프 리더는 변동이 길어질수록 기회가 줄어든다는 걸 깨달아야 한다. 매일의 움직임은 그에게 최고의 기회를 제공하지만, 그는 이익을 얻을 수 있을 만큼 변동 폭이 충분한 주식을 보유해야 한다. 나폴레옹의 말처럼 "노련한 사람은 모든 것에서 이익을 얻고, 기회를 증가시킬 수 있는 것은 그 무엇도 소홀히 하지 않는다."

예전에 시간에 맞춰 정확하게 주식을 사고파는 투기꾼을 알고 있었다. 그는 시간별 가격 변동에 대해서는 아는 게 전혀 없었지만 12시가 되면 주식을 샀다. 왜냐하면 12시가 됐기 때문이다.

그리고 같은 이유로 2시에 팔았다. 일반적인 외부 투기꾼들이 사용하던 방법도 이것과 크게 다르지 않았기 때문에 돈을 잃은 사람들이 많다. 전문적인 테이프 리더는 그들과 정반대되는 방법을 쓴다. 그는 과학과 기술을 이용해서 이윤을 추구한다. 그는 공부하고 계산하고 분석하고 추론한다. 그는 자신이 어디에 서 있는지, 뭘 하고 있는지, 왜 그 일을 하는지 정확히 안다.

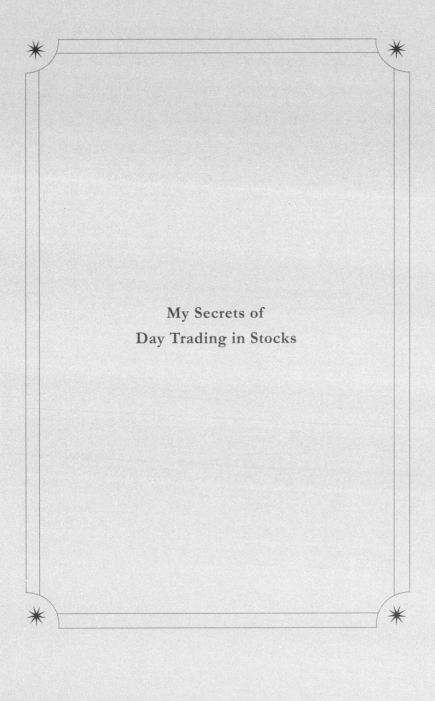

My Secrets of
Day Trading in Stocks

07

침체된 시장과 기회

트레이딩 목적상 침체된 시장은 문제가 된다고 여기는 이들이 많다. 그들은 이렇게 주장한다. "우리 손은 꽁꽁 묶여 있다. 우리는 지금 가진 것에서 벗어날 수가 없다. 혹시 가능하더라도 시장에 다시 들어가 봤자 아무 소용도 없을 것이다. 뭘 하든 1달러도 벌지 못할 것이다."

이런 사람들은 테이프 리더가 아니다. 그들은 손쉬운 돈벌이 기회만 기다리는 사람들이다. 사실 침체된 시장은 무수히 많은 기회를 제공한다. 때문에 편견의 밑바닥을 파헤치기만 하면 그 기회를 찾아낼 수 있다.

시장이나 특정 주식의 침체는 상승 또는 하강 방향으로 영향을 미칠 힘이 일시적으로 균형을 이루었다는 걸 의미한다. 가장 좋은 예시는 곧 멈출 것 같은 시계 바늘이다. 시계추는 시곗바늘이 완전히 멈출 때까지 흔들리는 폭이 점점 줄어든다.

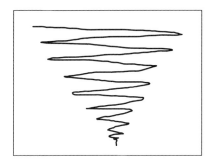

이 그림을 반시계 방향으로 돌리면 침체 지점에 도달했을 때 주식 또는 시장 차트가 어떻게 나타나는지 볼 수 있다.

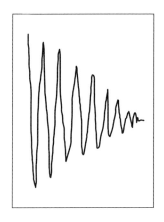

이런 침체기는 강세장에서 정신없는 활동이 진행된 뒤에 종종

발생한다. 사람들은 돈을 벌고, 자기 이익을 피라미드처럼 쌓아올리고, 맨 꼭대기에서 싫증 날 정도로 주식을 사들인다. 모두 살만큼 사고 나면 더 이상 매수할 사람이 남지 않기 때문에, 약세장이나 악재, 하락을 강제할 다른 요인이 없더라도 필연적으로 시장이 약화될 것이다.

자연은 방탕에 대한 자체적인 치유법을 가지고 있다. 그 시작과 절정, 붕괴에 이르기까지 머리를 흔들고 혀를 날름거리면서 사람들을 도발하는 것이다. 이 방법은 손상이 복구될 때까지 사람들을 조용히 시키는 경향이 있다.

이렇게 해서 시장이 안정된다. 불필요한 부분을 쳐내야 하는 위치에 있는 트레이더들은 적절히 쳐내는 작업을 한다. 그들이 돈과 일시적으로 용기를 잃게 되면 시장은 방치되고 극도의 침체가 시작된다.

시장의 역사를 써야 한다면 이렇게 죽은 듯한 기간이 각 장의 마지막을 표시해야 한다. 시작과 절정, 붕괴 등 주된 움직임을 만드는 데 적극적이었던 요소들이 힘을 다 써 버렸기 때문이다. 그래서 가격이 일정한 선에 정착해서 때로는 몇 주씩 혹은 다른 강력한 힘의 영향을 받을 때까지 그대로 유지된다.

시장이 큰 움직임의 한복판에 있을 때는 그 움직임이 얼마나 오랫동안, 얼마나 멀리까지 이어질지 아무도 알 수 없다. 그러나 가격이 안정되면 그 시점부터 어느 방향으로든 뚜렷한 변동이 있으리라는 것을 안다. 이 변동 방향을 예측하는 방법이 있다.

하나는 앞장에서 설명한 것처럼 시장의 기술적 강점이나 약점에 주목하는 것이다. 1909년 3월에 발생한 침체기의 특징으로 언급했던 압력에 대한 저항은 현저한 상승으로 이어졌고, 선도주들은 훨씬 높은 가격으로 매수되었다.

120달러 부근에서 빈번하게 진정화가 이루어졌던(그중 하나를 앞서 설명했다) 레딩의 경우가 특히 그랬다. 내부자들이 다른 이들을 떨쳐낸다는 건 그들이 그 주식을 원한다는 뜻이다.

이때가 시장에 진입하기에 좋은 때다. 침체된 시장이 회복하지 못하는 모습을 보이거나 강세 소식에 반응하지 않는 것은 기술적으로 약하다는 뜻이다. 그러므로 상황을 뒤바꿀 만한 일이 생기지 않는 이상 다음 변동은 하향세를 보일 것이다.

반면 가격이 점차 강세를 보일 때, 약세장에서 상당한 양의 주식을 처분하지 못했을 때, 악재에도 주가가 하락하지 않을 때는 가까운 시일 내에 상승장을 기대할 수 있다.

침체된 시장이 언제 매우 활발한 시장과 통합될지는 아무도 모른다. 따라서 테이프 리더는 항상 기다리고 있어야 한다. "시장이 완전히 침체돼 있다. 오늘은 지켜봐도 소용이 없다. 선도주들도 어제는 겨우 1포인트 미만의 가격 변동만 보였다. 그런 시장에서는 수익성 있는 일이 일어날 수 없다"라고 말하는 건 어리석은 일이다. 그런 식으로 추론하다 보면 가장 좋은 기회, 즉 큰 움직임에 처음부터 참여할 수 있는 기회를 놓치기 쉽다.

예: 앞서 얘기한 레딩의 매집 기간에 주가는 120에서 124½ 사이였다. 그러던 어느 날 예고도 없이 흡수가 거의 마무리되었고, 주가가 상승하기 시작했다는 조짐을 드러냈다(약 125달러로 상승).

테이프 리더가 이런 매집이 소규모 투자자들의 게임이 아니라고 미리 판단했다면, 징후가 나타나자마자 레딩 주식을 많이 사뒀을 것이다. 그는 장기 변동에 대비해 자기 라인의 일부를 유지하면서 나머지를 정기 트레이딩에 사용하려는 의도를 갖고 초단기 거래를 위해 원하는 것보다 많이 샀을지도 모른다.

주식이 매수 가격에서 멀어지면 계속 보유하고자 하는 주식의 스톱 주문 가격을 올릴 수 있다. 그리고 내부의 분할 매도가 감지되면 매각해야 한다는 사실을 기억해 둔다. 그래서 그는 수행될 가능성이 있는 모든 조작 작업을 통해 최대한의 이익을 얻을 수 있다. 다시 말해, 그는 "거물과 그 친구들이 손을 털면 나도 이 주식을 처분할 작정이다"라고 말하는 것이다.

그는 이 주식에 대해 안심하고 있다. 주식을 매집하는 모습을 지켜봤고, 이 수준에서 시장의 모든 재고량이 해소됐다는 걸 알기 때문이다. 이는 조만간 주가가 급등하리라는 것을 의미한다.

상승 국면에서 시장에 나올 주식이 거의 없기 때문이다.

그가 계속 시장을 주시하지 않거나 처음부터 진입하지 않는다면 그의 기회는 크게 줄어들 것이다. 그는 더 많은 양을 감당할 용기가 없을지도 모른다. 1909년 3월 26일 금요일, 레딩과 유니언 퍼시픽은 신사적인 선도주답게 따분한 움직임을 보였다.

레딩의 시가는 $132\frac{3}{4}$, 고가는 $133\frac{1}{4}$, 저가는 $132\frac{1}{4}$, 종가는 $132\frac{5}{8}$이었다. 유니언 퍼시픽의 최대 가격 변동은 5/8달러였다! $180\frac{5}{8}$에서 $181\frac{1}{4}$로 오른 것이다. 이날 활발하게 움직인 건 비트 슈거 Beet Sugar, 캔자스시티 서던 Kansas City Southern 등 몇몇밖에 없었다.

이튿날인 토요일에도 개장 때부터 전날의 침체가 반복될 것이라는 온갖 징후가 나타났는데, 초반 판매에서도 아주 작은 변화만 보였다. 그날의 상황을 살펴보자. B&O, 와바시 Wabash pfd., 미주리 퍼시픽 Missouri Pacific은 3/8과 1/2 올랐다. 유니언은 1/8 올랐고 레딩은 1/8 내렸다.

비트 슈거는 5/8 하락했고 판매량은 32주였다. 레딩은 1100@$132\frac{1}{4}$, 800@3/8, 유니언 800@181, 400@181, 200@$181\frac{1}{8}$, 400@181로 나타났다. U.S.스틸은 100주 로트 하나가 $45\frac{1}{2}$ 1/8에 팔렸다. B&O는 100@$109\frac{7}{8}$에 팔렸다.

시장은 죽은 듯 고요했고 대부분 100주 로트가 하나씩 팔리는 게 다였다…. 아! 신호가 들어왔다! 레딩 2300@$132\frac{1}{2}$, 2000@1/2, 500@5/8. 침체된 시장에서 이 정도 물량을 제시된 가격으로 산다는 건 한 가지 의미밖에 없다. 그리고 테이프 리더는 군소리 없이 대량의 레딩을 '시장가 주문'으로 매입한다.

레딩에서 무슨 일이 일어나든 간에 시장의 나머지 부분은 반응이 느리다. 500@127½(1/4에서 오른 가격)에 팔린 N. Y. 센트럴N. Y. Central은 약간 도와줄 의향이 있는 것처럼 보이지만 말이다.

비트 슈거는 33¼까지 올라간다. U.S.스틸은 45⅛이고 마그마 코퍼는 77¼로 조금 더 낫다.

레딩 300@132/2

U.S.스틸 1300@45⅛, 1/4

유니언 퍼시픽 100@181

레딩 300@132⅝

비트 슈거 100@33½

유니언 퍼시픽 700@181½

N.Y. 센트럴 127⅝, 600@ ¾⋯ 7/8!⋯⋯.

도움의 손길이 다가오고 있다!

유니언 퍼시픽 900@181½

이제 레딩은 100@132 ¾

마그마 코퍼 700@71½

레딩 800@132⅞, 100@133, 900@133, 1100@1/8⋯⋯.

레딩 1500@133¼, 3500@133½ …….

현재의 추세에는 별로 의심의 여지가 없다.

시장 전체가 레딩에 반응하고 있으며 강세와 폭, 거래량이 꾸준히 증가하고 있다. 빠른 상승은 쇼트 커버링이 사소한 요소가 아니라는 걸 보여준다. 많은 투자자가 비트 슈거를 던지고 대형주에 진입하는 것처럼 보인다.

세인트 폴, 마그마 코퍼, 스멜터스가 조금씩 올라가기 시작한다. 오전 11시경에는 잠시 주춤하는 모습을 보였는데, 이는 시장이 또 다른 시도를 준비하기 위해 숨을 고르는 것처럼 보인다.

거의 아무런 반응이 없고 시장이 약세를 띠지도 않는다. 레딩은 133¼로 약간 올랐고, 유니언 퍼시픽은 181⅜이다. 매도 조짐이 없어서 테이프 리더는 계속 자기 입장을 고수하고 있다. 이제 주가가 다시 회복되고 있다. 레딩 133⅜, 133½, 133⅝, 133¾…… 유니언 퍼시픽 181⅝.

N.Y. 센트럴 128½, 128⅛, 700@1/4, 유니언 퍼시픽 1000@181½, 3500@5/8, 2800@7/8, 4100@182, U.S.스틸 45½……. 그때부터 폐장까지는 계속 강세장이었고, 모든 종목이 최고가의 몇 분의 1 안에서 마감됐다.

레딩 134⅜, 유니언 퍼시픽 183, U.S.스틸 46⅛, N.Y. 센트럴 128⅞이고 나머지도 그에 비례한다. 시장이 급속도로 상승세를 탔기 때문에 끔찍한 악재가 터지지 않는 이상 월요일에 매우 높은 가격으로 개장할 것이 분명하다. 테이프 리더는 이제 고점에서 마감할 건지, 아니면 거래를 중단하고 일요일 이후의 상황에 운을 맡길 것인지 선택할 수 있다.

이렇게 침체된 시장을 관찰하다가 그것이 침체에서 벗어나는 순간 개입하는 것의 이점을 알 수 있다. 유니언 퍼시픽이나 레딩 같은 선도주 차트에 선을 그어두고(위쪽 선은 단조로운 변동의 고점을 나타내고 아래쪽 선은 저점을 나타낸다) 그 선을 넘을 때마다 사거나 파는 방법도 있다.

주식이 좁은 반경에서 벗어난다면 매집이나 분할 매도, 휴지기가 끝나고 새로운 힘이 작용하고 있는 것이 분명하다. 이런 힘은 새로운 움직임이 시작될 때 가장 뚜렷하고 효과적이다. 어떤 일을 계속하는 것보다 새롭게 시작하는 데 더 많은 힘이 필요하기 때문이다.

독자들 중 일부는 내가 테이프에서 이런 일들이 일어난 뒤에 사례로 제시한다고 생각할 수도 있고, 테이프 리더가 당시 한 행동에 문제가 있다고 생각할 수도 있다. 그래서 내가 이용하는 테이프의 예시는 새로 인쇄된 테이프에 실제로 나타난 지표에서 가져온 것이라고 말하고 싶다. 그 당시에는 어떤 일이 벌어질지 몰랐다.

트레이더가 침체기 동안 업무를 계속할 수 있는 다른 방법이 있다. 하나는 선도주들의 저항점을 계속 주시하면서 그것을 이용해 약간의 이익을 얻는 것이다. 이것이 다소 불안정한 직업이라는 건 인정한다. 운영비가 플레이어에게 매우 큰 비중을 차지하기 때문인데 특히 선도주들이 하루에 1포인트 정도만 변동하는 경우에는 더욱 그렇다.

그러나 한가하게 노느니 이런 기회라도 잡고자 한다면, 가장 좋은 방법은 모든 가격 변동을 기록한 차트를 계속 유지하는 것이다. 이것은 현재 진행되고 있는 상황을 묘사하고 저항점과 순간적인 추세를 명확하게 정의한다.

다음 도표에서 주식은 $181\frac{1}{4}$로 거래가 시작됐고 첫 번째 저항점은 $181\frac{1}{2}$이다. 하향 추세의 첫 번째 지침 가격은 $181\frac{1}{8}$까지 하락한 것으로 나타나고, 이 두 개의 막대가 그 추세를 보여준다. 테이프 리더는 '시장가 주문'으로 공매도해서 $181\frac{1}{4}$달러에 팔았다(앞으로 최악의 상황을 맞게 될 것이다).

아래쪽의 거의 끊어져 있는 고점과 저점에서 알 수 있듯이, $181\frac{1}{2}$에서 저항점을 돌파하려다가 한 번 더 실패한 뒤에는 추세가 확실히 하향으로 전환된다.

이는 압력이 심해서 가격이 새로운 저점으로 떨어질 수밖에 없고, 동시에 이전의 급등세만큼 반등이 진행되기 어렵다는 걸 나타낸다. $180\frac{1}{8}$에서 새로운 저항점이 나타나며 하락세가 억제되

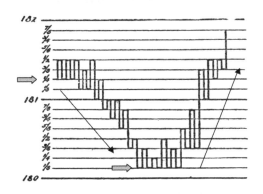

가격 변동 차트: 저항점과 추세

고 있다. 테이프 리더는 이를 커버하기 위해 매수해야 한다. 이제 그래프가 위를 향하고 가격이 이전 저항점에 가까워지면 그는 자신의 지침 가격에서 거래가 완료되는지 주의 깊게 지켜본다.

하지만 이번에는 상승에 약간의 저항만 있을 뿐이라서 가격이 저항선을 돌파한다. 그는 매수를 유지한다. 거래를 처음 시작할 때 181⅛ 또는 181¾에 '이중' 스톱을 걸어 뒀는데, 만약 그의 주식이 181½에서 저항을 이겨내고 더 오를 것이라면 그걸 따라가야 하기 때문이다.

100주를 매도하면 그의 이중 스톱 명령은 "181⅜ 스톱에서 200주를 사라"고 읽힌다. 물론 그의 스톱 지점에서 가격 상승이 멈추고 낮아질지도 모른다. 이런 일들은 종종 일어나는데, 이 상황에 직면해서 항상 동요하는 사람은 자기 통제를 배우는 게 좋다.

저점 근처에서 매수 포지션을 취한 뒤에는 180이나 179⅞에 다시 이중 스톱을 걸어 둬야 한다. 만약 그가 매수 포지션으로 커버한 후 저항점이 뚫리면 곧바로 포지션을 바꿔야 하기 때문이다. 그렇게 해두지 않으면 계속 추측만 하게 될 것이다. 그가 이 계획을 실행하고 있다면 그것을 다른 아이디어로 희석해서는 안 된다.

이 방법은 매우 침체된 시장에만 적용되며 앞서 말한 것처럼 불안정한 사업이라는 걸 기억하자. 그래서 함부로 추천할 수는 없다. 침체된 시장에서 선도주를 초단기로 거래해 약간의 매매차익을 얻으려고 시도하는 건 일반적으로 테이프 리더에게 별 이득이 되지 않는다. 수수료, 세금, 보이지 않는 8분의 1, 거기에 잦은 손실까지 더해져서 매우 큰 핸디캡이 형성된다.

이익이 손실을 초과하려면 큰 변동이 있어야 하고, 그러기 위해서는 좋은 기회를 기다려야 한다. "시장은 항상 우리와 함께 있다"라는 속담은 진실이다. 우리는 거래를 강요받지 않으며 결과는 얼마나 자주 거래하느냐가 아니라 얼마나 많은 돈을 버느냐에 달려 있다.

침체된 시장을 잘 활용하는 방법이 또 하나 있는데, 바로 조작이나 다른 원인 때문에 일시적으로 활성화된 주식을 거래하는 것이다. 테이프 리더는 상품에 어떤 꼬리표를 붙이든 전혀 신경 쓰지 않는다. 원한다면 주식을 '할렘 고트 선호주'라고 불러도 상관없다. 이름이 뭐든 조작을 통해 그 주식을 활성화하면 민첩한 테이프 리더가 이익을 남기고 거래할 수 있다. 철도 주식이든 사격장 주식이든, 정기 배당이든 역배당이든 약칭이 XYZ든 ZYX든, 지침 가격과 그것을 사고팔 수 있는 광범위하고 유동적인 시장만

Am. Beet Sugar	
700 .... 29¼	100 .... 30¼
200 .... 29⅞	100 .... 30⅝
900 .... 29¼	**12 M.**
500 .... 29⅝	200 .... 30⅝
700 .... 29½	700 .... 30½
200 .... 29⅝	100 .... 30⅝
900 .... 29¾	**1 P. M.**
1100 .... 29⅞	20u 30⅝
1000 30	100 .... 32⅝
500 .... 30⅛	500 .... 30½
100 .... 30¼	200 .... 30⅝
100 .... 30⅜	1000 .... 30¾
100 .... 30⅛	700 .... 30½
600 .... 30⅝	600 31
1100 .... 30½	600 .... 31½
400 .... 30⅝	300 .... 31¼
100 .... 30⅜	200 .... 31⅝
700 .... 30⅝	100 .... 31¼
100 .... 30⅝	400 .... 31⅜
200 .... 30⅝	400 .... 31½
1300 .... 30¼	100 .... 31⅝
200 .... 30⅝	200 .... 31⅝
300 .... 30½	200 .... 31½
400 .... 30⅝	300 .... 31⅝
100 .... 30¾	200 .... 31½
100 .... 30⅝	200 .... 31⅝
100 .... 30½	200 .... 31½
100 .... 30⅝	300 .... 31⅝
600 .... 30½	**2 P. M.**
100 .... 30⅝	100 .... 31⅝
400 .... 30½	700 .... 31⅝
11 A. M.	700 .... 31⅝
200 .... 30½	400 32
400 .... 30⅝	600 .... 32¼
900 .... 30¾	600 .... 32⅛
100 .... 30⅝	900 .... 32¼
200 .... 30½	300 .... 32⅛
200 .... 30⅝	400 .... 32¼
100 .... 30½	800 .... 32⅜
100 .... 30⅝	1000 .... 32½
600 .... 30½	200 .... 32⅝
500 .... 30⅝	
500 .... 30½	
100 .... 30⅝	

비트 슈거 매매 기록

제공된다면 아무 상관없다.

유니언 퍼시픽과 레딩이 매우 침체되어 있던 1909년 3월 26일, 비트 슈거의 움직임을 예로 들어보자. 비트 슈거를 이기는 건 쉬웠다. 심지어 초보 테이프 리더도 30달러 이하에서 매수했을 것이고, 의심의 여지가 전혀 없었기 때문에 장 마감 직전에 고점에서 팔거나 다음 날 33½에 도달할 때까지 가지고 있었을 것이다.

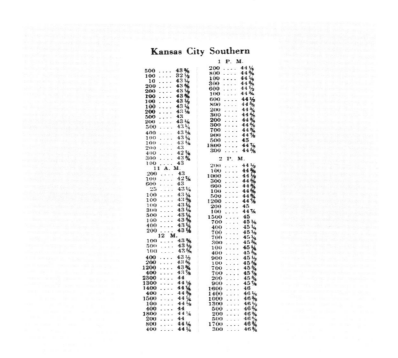

캔자스시티 서던

1909년 3월 5일, 캔자스시티 서던은 오전 내내 42¾과 43½ 사이를 오갔다. 정오가 지나고 얼마 되지 않아 주식 거래가 활발해지면서 대량으로 거래되기 시작했다. 제정신인 사람이라면 100명이 넘는 사람들이 그 특정한 순간에 캔자스시티 서던을 매수해야 한다는 확신을 품게 될 거라고 생각할 수 있을까? 아마 상승이 시작된 건 매수세가 우세한 조작 주문 때문이었을 것이다. 갑작스러운 활동, 거래량, 상승 경향은 테이프 리더에게 "동참하라"고 통보했다. 조작자는 손에 든 패를 보여줬고 이에 '동참한' 테이프 리더는 흐름에 따라 주식을 매수하기만 하면 되었다.

상승세는 계속되었을 뿐만 아니라 특정 포인트에서 강조되기도 했다. 여기서 테이프 리더는 피라미드를 구축하여 자신의 평균 비용과 가까운 스톱 가격을 설정하고, 이를 높이면서 이익을 보존할 수 있다. 그가 첫 번째 로트를 44달러, 두 번째 로트를 45달러, 세 번째 로트를 46달러에 샀을 경우 그것 전부를 46⅝달러에 팔면 100주 단위로 거래한 경우에는 406.50달러의 순이익을 올릴 수 있고 50주 단위로 거래하면 2,032.50달러의 순이익이 생긴다.

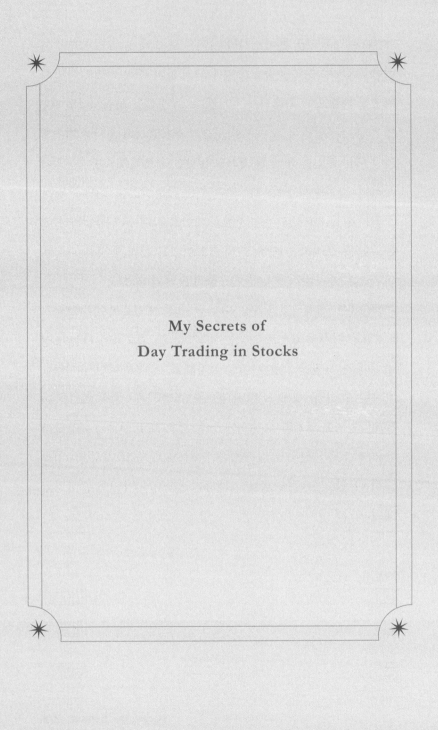

My Secrets of
Day Trading in Stocks

111111111111111111111111111

차트를 지침 겸 지표로 활용한다

차트와 관련해 흥미로운 질문을 많이 받았다. 다음은 그중 가장 대표적인 편지 내용이다.

"「월스트리트 매거진」 1호에서 설명한 당신의 피겨 차트Figure Chart를 참조한 결과, 시장 움직임 중의 매집이나 분할 매도를 감지하는 데 매우 큰 도움이 된다는 걸 알았다.

난 월스트리트에서 오래 일했는데, 다른 많은 사람처럼 차트나 다른 기계적인 추세 예측 방법에 항상 회의적인 태도였다. 하지만 유니언 퍼시픽 차트를 철저히 시험해 본 결과, 눈에 보이는 지표를 따랐다면 상당한 돈을 벌 수 있었으리라는 걸 알았다.

나는 당신이 투자자들에게 수익 등을 연구하고 차트는 종종 오해를 불러일으킬 수 있으니 차트에 너무 의존하지 말라고 말한 것에 주목했다. 당신의 의견에 동의할 수 없어서 매우 유감이다. 당신은 테이프가 진실을 말해 주고, 차트는 매집 또는 분할 매도의 징후를 알려주는 테이프의 복사본에 불과하다는 말을 자주 했다. 차라리 차트를 전적으로 따르고 수익 연구 등에 소요되는 불필요한 시간을 모두 없애면 어떻겠는가?"

먼저 차트 작업과 테이프 분석의 차이를 명확하게 정의한 다음, 테이프 분석과 관련된 이 내용을 살펴보도록 하겠다. 진정한 차트 플레이어는 보통 한 번에 한 종목에만 투자하고, 그 종목의 과거 움직임을 기준으로 삼으며 상당히 명확한 규칙 코드를 따른다. 그는 시장과 주식을 기계처럼 대한다.

그는 시장 상황을 판단하지 않고 다른 주식의 움직임을 고려하지도 않지만, 차트 신호를 '활용'할 것인지에 대해서는 상당한 재량권을 행사한다. 테이프 리더는 현재 테이프가 보여주는 대로 투자한다. 그는 어떤 특정 종목을 고집하지 않고 원한다면 연필이나 종이, 어떤 종류의 메모 없이도 일할 수 있다. 또 그에게는 자기만의 규칙 코드가 있지만 차트 플레이어보다는 덜 명확하게 정의되어 있다. 너무 많은 상황이 등장하기 때문에 그의 규칙은 점점 직관적으로 변화한다. 자기 훈련과 경험에 의해 진화된 제2의 천성인 셈이다.

나는 한 친구에게 테이프 분석의 중요성을 강조한 적이 있는데 그 친구는 내가 어떤 순간에 어떤 규칙을 사용해야 하는지 확실히 알 만큼 규칙을 잘 아느냐고 물었다. 난 이렇게 대답했다. "교통이 혼잡한 길을 건너갈 때, 노면 전차보다 빨리 달려야 할 때와 마차를 피하지 말아야 할 때를 알려주는 규칙을 확인하기 위해 발길을 멈추는가? 아니다. 길 양쪽을 살펴보다가 적절한 순간에 건넌다. 당신의 생각이 딴 데 가 있을 수도 있지만 당신의 뇌는 언제 걸음을 옮기기 시작해야 하는지, 또 얼마나 빨리 걸어야 하는지 판단하고 알려준다. 그게 훈련된 테이프 리더의 위치다." 따라서 차트 플레이어와 테이프 리더는 낮과 밤의 차이만큼이나 크다.

테이프 리더가 차트를 지침 및 지표로 활용해 기억력을 강화하는 방법이 여러 가지 있다. 피겨 차트는 매집과 분할 매도를 탐지하는 최상의 기계적 수단 중 하나다. 큰 변동이 발생했을 때 주요 저항점을 보여주는 중요한 역할도 한다. 신문에서처럼 시가, 고가, 저가, 종가로는 차트를 만들 수 없다. 우리는 1903년의 공황 기간과 이듬해 3월(1904년)까지의 움직임을 보여주는 아말가메이트 코퍼Amalgamated Copper의 피겨 차트를 만들었다.

이것은 흥미로운 연구다. 이 주식은 연초에 75⅝달러에 판매되었고, 이 기간 중 최저점에 도달했을 때의 가격은 33⅝이었다. 여기 기록된 것 이전의 움직임은 연속적인 하향 움직임을 보이지만, 36달러에 도달하면 형태가 바뀌어 지지점이 올라간다. 7포인트 반등, 낮은 수치에 대한 반응, 그리고 또다시 16포인트 반등했다. 이번 반등에서는 48~49 라인이 서서히 축을 형성하고 이

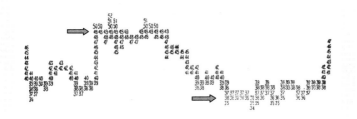

가격/시간 차트

숙자의 긴 줄은 이 수준에서 많은 양의 주식이 판매되었을 나타낸다.

이것이 추가적인 매집인지, 아니면 분할 매도인지 확실하지 않다면, 가격이 이 좁은 범위를 벗어날 조짐을 보일 때까지 기다려야 한다. 51달러까지 2차 상승한 뒤 서서히 내려가는 고점은 압력이 재개되었음을 경고한다. 그래서 가격이 더 낮아질 거라고 예상하게 된다. 하향 움직임은 35달러 선에 닿을 때까지 계속되고, 여기에서 36~37달러 선이 형성되기 시작한다.

33⅜까지 하강했다가 34달러대를 거친 뒤부터 바닥이 올라가면서 38~39달러의 가격선이 형성되기 시작했다. 여기에는 조작적 불황과 매집의 모든 특징이 나타난다. 전매가 완료될 때까지는 주가가 39달러 이상으로 반등할 수 없다. 그러므로 서서히 상

승하는 바닥은 주가가 더 높은 수준으로 올라갈 것을 미리 알려준다.

이 피겨 차트가 틀림없는 지표라면, 이를 정확하게 해석하는 방법만 배우면 누구나 큰돈을 벌 수 있을 것이다. 우리 기자는 "UP 차트를 철저히 시험해 본 결과, 표시된 지표를 따랐다면 매우 큰돈을 벌 수 있었다는 사실을 알게 됐다"라고 말한다. 하지만 사실 그는 표시된 지표를 따르지 않았을 것이다. 그는 자신을 속이고 있다. 나중에 차트를 훑어보면서 자기가 어느 부분에서 올바른 투자를 할 수 있었을지 확인하는 건 쉽지만, 그가 적절한 조건에서 그 계획을 시험해 본 적은 없었을 거라고 감히 말할 수 있다.

피겨 차트나 다른 종류의 차트를 이용해 돈을 벌 수 있다고 생각하는 사람은 친구에게 그런 차트를 작성하게 한 뒤 주식 이름과 적용되는 기간을 비밀로 한다. 그런 다음 아무것도 추측할 수 없도록 엄격하게 지켜야 하는 실증적인 규칙을 종이에 적는다. 그러면 각각의 상황마다 특정한 플레이를 요구할 것이고, 일탈은 허용되지 않는다.

차트 시작 부분을 제외한 모든 부분을 종이로 덮은 다음, 진행하는 동안 종이를 오른쪽으로 점점 움직인다. 실제 거래할 때처럼 모든 주문과 실행 내역을 기록한다. 모든 거래의 반대편에 자신의 이름을 적어 놓고 끝나면 잃은 돈만큼 자신에게 수표를 보내라. 나는 어떤 종류가 됐든 차트를 바탕으로 장기간 거래를 하면서 돈을 벌었다는 사람은 아직 만나보지 못했다.

피겨 차트는 다른 방법으로도 사용할 수 있다. 어떤 사람들은 전체 포인트 대신 각각의 부분적인 변화를 보여주는 피겨 차트를 만든다. 이 아이디어는 다우존스Dow Jones 평균가격과 관련해서 사용할 수도 있다. 그러나 실용적인 테이프 리더에게는 처음에 설명한 전체 피겨 차트만 추천할 수 있다. 테이프 리더가 이 차트를 통해 얻을 수 있는 가치는 주로 중요한 움직임에 대한 경고와 관련이 있다. 이 경고 덕분에 그는 어떤 프로세스가 완료되는지 알 수 있고, 가격 할증이나 할인이 시작되는 순간을 기다릴 수 있다. 차트는 곧 벌어질 움직임의 방향을 알려주고 테이프는 그 '시기'를 알려준다.

매우 폭넓게 사용되는 일반적인 단선 차트는 주로 주식 움직임에 대한 간략한 역사로서의 가치가 있다. 만약 차트에 표시된 주식이 시장에서 유일한 주식이라면 회전이 좀 더 규칙적일 것이고, 따라서 차트도 그 추세와 목적지에 대한 보다 신뢰할 수 있는 지표가 될 것이다.

하지만 모든 주식의 움직임은 다른 주식들의 움직임에 크든 작든 영향을 받는다는 명백한 사실을 잊어서는 안 된다. 이는 단선 차트에 기록된 주식 움직임의 불안정성을 설명한다.

그렇다면 그 주식은 시장 전체를 떠받치고 있는 지렛대이거나 일반 목록을 두드리고 있는 방망이일 수도 있다. 주요 주식에 대한 차트는 강력한 매수 가격을 제공할 수 있으며, 그 결과 맹목적인 차트 애호가는 주식을 매수했다가 오랫동안 후회하게 될 것이다. 은폐된 분할 매매가 완료되면 그의 주식은 아마 빠르고 심하게 약화될 것이기 때문이다.

이것은 차트에 비해 테이프 분석의 장점을 분명히 보여준다. 테이프 리더는 진행 중인 모든 것을 보는 반면, 차트 플레이어의 시야는 제한적이다. 둘 다 추세를 올바르게 이해하고 따라가는 것을 목표로 하지만, 시장 전체를 이해하는 눈만이 이 추세를 가장 정확하게 읽을 수 있다.

테이프 분석의 보완제 겸 지침으로 기계적인 추세 지표를 원한다면, 그룹에 속한 10개 선도주의 일일 평균 최고가와 최저가로 이루어진 차트를 작성하는 게 가장 좋다. 그날의 평균 고점과 평균 저점을 찾은 다음 어느 쪽이 먼저 도달했는지 확인하자.

이는 매일의 고가, 저가, 종가만 고려하는 다우존스 평균보다 더 신뢰할 수 있는 지침이다. 다우존스 평균은 1901년 5월의 공황기에 확실하게 드러난 것처럼 그날의 실제 변동을 공정하게 나타내지 않는 경우가 많다.

이런 종합 차트는 매일 초단기 거래를 진행하고 일괄 정산하는 테이프 리더에게는 아무 가치가 없다. 하지만 중요한 5포인트 또는 10포인트 움직임을 포착하기 위해 테이프를 분석하는 사람들에게는 도움이 될 것이다. 이런 트레이더는 차트에 나타난 추세에 맞지 않는 거래는 하지 않을 것이다. 그가 주장하는 이유는 주식시장에서는 충분히 검토한 강세 움직임도 시장 전체의 하락 추세에 직면하면 보통 완료되지 않기 때문이라는 것이다. 그래서 그는 추세가 자신의 지표와 일치할 때까지 기다린다.

모든 차트의 상승 추세는 계단처럼 연속되는 높은 상단과 하단으로 표시되고, 그 반대는 낮은 쪽으로 향하는 계단 모양으로 표시된다는 얘기는 굳이 할 필요가 없다. 동일한 수준에서 일련의 상단이나 하단이 계속 나타나는 건 저항이 존재한다는 표시다. 거래량이 매우 적은 짧은 반경 안에서 지그재그가 오래 이어지는

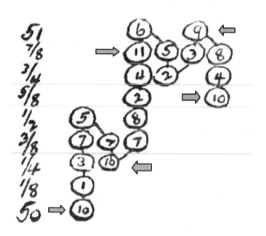

거래량 피겨 차트(손으로 직접 그림)

건 시장에 활기가 없다는 뜻이지만, 정상적이거나 비정상적으로 많은 거래량은 매집이나 분할 매도가 진행되고 있다는 증거다. 다음은 특히 거래량 연구에 적합한 차트다.

주식의 하루 움직임을 따라가기 위해 만든 이 차트는 다양한 수준에 존재하는 주식의 양을 보여주는 데 특히 유용하다. 수치는 해당 가격에 거래된 100주 단위의 총수를 나타낸다. 가로로 수량을 더하면 비교할 수 있다.

이 차트 연구를 통해 다른 여러 가지 제안이 나올 수 있다. 숙련된 테이프 리더는 추세를 감지하는 데 방해가 되기 때문에 모든 기계적 도움을 버리는 걸 선호할 것이 분명하다.

게다가 만약 그가 직접 차트를 관리한다면, 차트를 그리는 행위 자체 때문에 그가 계속 지켜보고 있어야 하는 테이프로부터 주의가 분산된다. 물론 이 문제는 조수를 고용하면 극복할 수 있다. 하지만 주의 분산, 모순, 종종 발생하는 혼란스러운 상황 등 모든 걸 고려하면, 우리는 학생들에게 가급적 기계적 도움을 받지 말라고 충고한다.

"차트는 테이프의 복사본에 불과하다"라는 우리 통신원의 말은 틀림없이 한 종목의 차트를 가리키는 것이다. 테이프 전체를 차트로 만드는 건 불가능하다. 테이프는 이야기를 들려주지만, 한두 개의 주식을 차트에 기록하는 건 한 사람의 행동이 대가족의 행동을 예시한다고 기록하는 것과 같다.

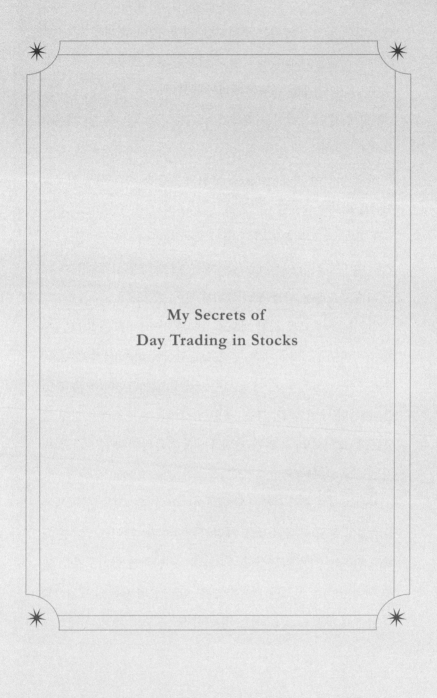

My Secrets of
Day Trading in Stocks

09

일일 거래 vs. 장기 거래

방금 가장 넓은 변의 길이가 8분의 3인치인 작은 삼각형 압지 조각을 핀에 꽂았다. 그리고 종이에 잉크 방울을 떨어뜨리고 그 위에 압지를 올려놨다. 잉크가 압지에 대부분 스며들어서 종이의 물기가 거의 말랐다.

시장의 흡수력이 공급량보다 커서 대량의 주식을 제시된 호가나 그보다 높은 가격으로 받아들이는 경우에도 테이프에서는 바로 이런 식으로 나타난다. 가격이 대폭 뛰어오른다. 수요를 도저히 충족시킬 수 없을 듯하다. 잉크를 두세 방울 흡수하고 나면 압지는 더 이상 잉크를 빨아들이지 못한다. 완전히 포화상태가 됐기 때문이다. 그 수요는 충족되었다. 이렇게 해서 시장은 상승세의 정점에 멈춰 서서 거기에 매달려 있다. 공급과 수요가 새로운 가격 수준에서 균등화된다.

그런 다음 펜에 잉크를 채우고 액체가 펜촉에서 흘러나와 압지에 닿게 한다(이것은 시장에서 주식을 유통시키는 과정을 설명한다). 어느 정도 시간이 지나면 압지는 더 이상 잉크를 빨아들이지 못할 것이다. 잉크가 방울져서 종이에 떨어진다(공급이 수요를 초과했다). 압지를 누를수록 잉크 방울이 떨어지는 속도가 빨라진다(더 낮은 수준을 요구하는 청산 시장).

이것은 시장 흡수와 유통, 수요와 공급, 지지와 압박 등 끊임없이 작용하는 중요한 반대 세력을 우리 머릿속에 고정시키는 간단한 방법이다. 테이프 리더가 이런 요소를 가늠하고 측정하는 데 능숙해질수록 더 성공할 것이다. 하지만 아무리 정확한 분석도 매일 매 순간 발생하는 사건들 때문에 무효화되는 경우가 많다는 것을 기억해 둬야 한다.

그의 주식은 몇 포인트를 끌어올릴 수 있을 만한 힘을 가지고 급하게 상승세로 출발할지도 모른다. 하지만 2포인트 정도 상승한 뒤에 흡수할 수 있는 것보다 많은 양의 주식과 만나거나 미처 예상하지 못한 사건이 시장의 전체적인 양상을 바꿀 수도 있다.

투자자가 하루에 두 번씩 잘못된 길로 들어서고도 여전히 이익을 올릴 수 있는 방법을 보여주기 위해 1908년 12월 21일의 테이프를 살펴보도록 하자. 유니언 퍼시픽은 전날 종가보다 낮은 가격으로 거래가 시작됐다. 500@179, 6000@178¾ ⋯ 처음에 한동안은 내부 지원이 있는 것처럼 보였다. 테이프 리더가 유니언 퍼시픽 100주를 178⅞에 샀다면, 그는 곧 약세를 형성하기에 충분한 양의 새로운 매도 주문을 알아차렸을 것이다.

이에 그는 즉시 유니언 퍼시픽 200주를 178¼에 팔았고 이 가격으로 100주를 공매도했다. 약세가 증가하자 176½까지 상승한 뒤 압력이 일시적으로 해제되었다는 경고가 두세 번 나왔다.

서던 퍼시픽과 다른 주식에서 비교적 강한 언더톤이 형성되었고, 유니언 퍼시픽에서 쇼트 커버링이 시작되어 600@176⅝, 1000@176¾ ⋯⋯ 그리고 177¼까지 진행됐다. 투자자가 이걸 전환점이라고 여겼다면 그는 유니언 퍼시픽 200주를 176⅞에 매수했을 것이고, 이것이 다음 기준 가격이 된다. 이 때문에 그는 매수 포지션을 취했다. 그 후 시장은 더 탄력적으로 움직였지만, 테이프에는 소규모 단위만 표시되었다.

잠시 후 시장이 잠잠해졌다. 반등세가 잘 유지되지 않았다. 그는 주가가 다시 저점으로 반락할 것이라고 예상했다. 그의 예상은 맞았지만 거기서 멈추지 않았다. 다른 인기주들의 상당한 약세까지 겹치는 바람에 176까지 내려간 것이다. 이 지표를 통해 그는 새로운 청산이 시작되었음을 알아차리고 유니언 퍼시픽 200주를 176달러에 매도했다. 즉 매수한 주식을 처분하고 176

에 공매도한 것이다.

약세가 지속되면서 주가가 174½을 기록할 때까지 반등 기미가 보이지 않는다. 이는 어제 이후 6¼포인트 약화된 것이다. 전환 징후를 찾기 위해 정신을 바짝 차리고 있던 테이프 리더는 가격이 조금씩 오를 때마다 그 지점(그게 어디든 간에)에 가까워진다는 걸 깨달았다. 174½에 도달한 뒤 시장 흐름이 완전히 바뀌었다. 제시된 호가로 대량 매수하려는 수요가 있었다.

최종 드라이브가 있지만 물량이 거의 나오지 않았다. 이 드라이브 동안 그는 유니언 퍼시픽 100주를 175⅞에 매수했고, 반등 징후가 크게 증가하자 175¼에 유니언 퍼시픽 100주를 더 매수했다. 그 순간부터는 일이 순조롭게 진행된다. 장 마감 직전에는 마지막으로 산 물량을 넘길 기회가 충분했고 이때 유니언 퍼시픽 100주를 176⅝에 매도했다.

매수	매도	손실	이익
178⅞	178¼	62.50	-
176⅞	178¼	-	137.50
176⅞	176	87.50	-
174⅞	176	-	112.50
175¼	176⅝	-	137.50
수수료 & 세금		135.00	-

총계	285.00	387.50
손실 감소		- 285.00
당일 순이익		102.50

그가 두 번이나 잘못된 길로 들어섰고 불안한 거래 때문에 수수료와 세금으로 135달러를 지불한 걸 고려하면 매우 좋은 결과다. 트레이딩 성공은 손실, 수수료, 이자, 세금을 줄이고 제거하는 문제로 귀결된다.

그가 더 나은 판단을 했는지 살펴보자. 그의 첫 번째 거래는 내부 매수로 보이는 쪽에서 이루어진 듯하다. 이때는 아무 추세도 나타나지 않았다. 그는 178¾에서 100주 단위를 매수하는 모습을 보았고, 이런 확실한 뒷받침이 있으면 당연히 반등이 따를 것이라고 추론했다. 하지만 명확한 추세가 나타나기까지 기다리지 않은 것이 그의 실수였다.

매수를 기다리는 세력이 모든 매물을 흡수하고 시장을 선회시킬 만큼 강했다면, 그는 이 상황이 확실해질 때까지 기다리는 게 나았을 것이다. 주식이 0.5포인트 반경 내에서 안정적으로 유지되는 것은 추세 반전을 의미하는 게 아니라, 어느 방향으로든 새로운 움직임이 시작될 수 있는 정지 지점을 뜻한다.

만약 그가 첫 번째 급격한 움직임을 따라갔다면 그의 첫 번째 거래는 매수가 아니라 매도였을 것이다. 그랬다면 첫 번째 손실과 그에 수반되는 비용(합쳐서 89.50달러)을 피할 수 있었을 것이고, 그날의 수익은 거의 두 배가 되었을 것이다.

그의 두 번째 손실은 테이프 분석 기술의 가장 좋은 점 중 하나인 반등과 추세 변화를 구분하는 일과 관련된 거래에서 발생했다. 이를 성공적으로 진행하는 좋은 방법은 주가가 호전된 뒤 자리 잡게 될 위치를 파악해서 일반적인 반등 폭이 하락 폭의 1/2~2/3 사이가 되게 하는 것이다. 즉 주가가 2.5포인트 하락할 경우 압력이 지속되지만 않는다면 최소 1.25포인트는 반등할 것이라고 기대할 수 있다.

하락이 끝나지 않은 경우에는 반등이 그에 미치지 못할 것이다. 유니언은 176½에 도달한 뒤에 어떻게 했는가? 176⅝-177¾-177¼에 팔렸다. 179⅛에서 176½로 2⅝포인트 하락했으니 적어도 1¼ 포인트 반등해서 177¾이 되어야 한다. 이 수치를 달성하지 못한 건 아직 하락이 끝나지 않았으니 매도 포지션을 유지해야 한다는 뜻이다. 또 매각하는 사이에 마지막에 0.5포인트 점프한 것은 시장 상태가 건전하지 않다는 걸 보여준다.

잠시 판매가 중단된 것이 분명했고, 누군가가 177¼에 제시된 100주에 손을 내밀었다. 다음 매매가 176⅞에 이루어지면서 이 상승의 무의미함이 분명하게 드러났다. 이 반등은 꽤 오래 지속됐지만 매물로 나온 수량이 적었다. 그래서 커버링이 이루어지지 않았다. 매수 또는 매도 쪽에서 진정한 수요가 발생했다면 거래량이 증가하면서 꾸준한 상승이 이어졌을 것이다. 이런 조짐이 보이지 않았기 때문에 커버링하지 않고 176⅞에서 매수한 모양이다.

그 상황에서 그가 실제로 어떻게 행동했어야 하는지 말하기는 매우 어렵다. 하지만 앞서 얘기한 이유 때문에 이 두 차례의 거래를 모두 피했다면 그날의 수익은 421달러였을 것이다. 174¼에 매도한 100주는 174⅞에서 다시 매수했고, 175¼에서 매수한 물량은 176⅜에 매도했다. 따라서 앞으로의 거래에서 이익을 얻기 위해 손실과 실수를 연구하는 것의 이점을 알 수 있다.

앞서 설명한 것처럼 수익 금액은 트레이더가 수익을 올릴 수 있는지 여부와 손실 금액이 수익 금액을 초과하는지에 달려 있다. 이런 관점에서의 성공은 거래 단위를 확대하기 위해 자본을 늘릴 수 있느냐의 문제일 뿐이다.

계정 진행 상황을 지켜보는 좋은 방법은 날짜, 수량, 가격, 손익, 수수료, 세금, 이자 비용 등이 표시된 장부를 기록하는 것이다. 각 거래 내역 옆에 순수익 또는 순손실 포인트를 입력해야 하며, 계정이 얼마나 많은 포인트를 앞서거나 뒤처져 있는지 보여주는 누계도 입력해야 한다.

후자의 수치가 표시된 차트를 보면 누구도 자신의 진척 상황에 대해 스스로를 속일 수 없다. 사람들은 자신이 얻은 이익은 기억하면서 손실은 잊어버리기 쉽다. 전문가인 테이프 리더가 겪는 손실은 매우 적기 때문에 테이프를 이용하지 않거나, 자의적인 가격 지정 주문으로 거래하는 사람들보다 훨씬 큰 단위로 거래할 수 있다. 테이프 리더는 일반적으로 전환점이나 저항선 또는 그 부근에서 매매하기 때문에 0.5~1포인트 이상 손실을 내는 경우가 거의 없다. 따라서 만약 그의 주식 추세가 갑자기 역전되더라도 그는 곧바로 대처할 수 있다.

앞에서 얘기한 유니언 퍼시픽 거래에서 발생한 손실(각각 5/8와 7/8)은 아마 공정한 평균이겠지만, 그는 대부분 1/4, 3/8, 또는 1/2 포인트 정도의 위험만 감수하면서 거래할 수 있다. 하지만 손실 가능성이 미미하다고 해서 너무 자주 거래해서는 안 된다. 시간을 두고 관망하는 게 낫다. 마음을 안정시키고 판단이 명확해지도록 하는 것이다. 시장이 침체되면 한동안 거래를 못하게 되므로 그런 면에서는 유익하다.

테이프 분석은 매우 활발한 시장에서 큰돈을 벌 수 있다. 큰 가격 변동과 큰 거래량은 경험 많은 투자자에게 확실한 징후와 수확을 안겨준다. 테이프 리더는 레딩, 유니언 퍼시픽, 콘솔리데이티드 가스 등 거대 금융사들이 많은 영향을 미치는 종목이 20,

30, 50포인트씩 움직이는 걸 환영한다.

　그리고 이 사실은 다음과 같은 문제를 상기시킨다. 이익을 얻으려면 매일 거래를 마감하는 게 나을까, 아니면 필요한 경우 반락을 기다리면서 며칠 또는 몇 주 동안 보유하는 게 나을까? 이 질문에 대한 대답은 테이프 리더의 기질에 따라 달라진다.

　그의 기질상 수익이 생길 만한 작은 변동을 면밀히 추적할 수 있고, 점점 전문화되면서 거래량을 꾸준히 늘릴 수 있다면 금세 그 경로에 '도착'할 것이다. 또 신경이 약해서 적극적인 매매는 불가능하지만 큰 기회를 기다리는 것에 만족하고 큰 이익을 위해 버틸 수 있는 인내심이 있다면 그 역시 목표를 '달성할' 것이다.

　평균적으로 어떤 거래 방식이 가장 좋은 결과를 낳는다고 말하는 건 불가능하다. 이것은 전적으로 개인의 자격과 태도, 위험을 받아들이는 정도에 달려 있기 때문이다. 질문을 넓게 해석하면, 지금까지 이 책에서 제시된 라인을 이해하는 테이프 리더는 장기 변동만을 기다리면서 투자하기는 어렵고 수익도 낮다는 걸 알 것이다. 우선 그는 자신이 받아들이는 기회 한 번당 20~30개의 기회를 놓치게 된다. 1~3포인트의 작은 변동이 5~10포인트 변동보다 훨씬 많으므로 어떤 식으로 투자하든 손실 거래 비율이 상당할 것으로 보인다.

　사진을 확대해도 원본의 선이 그대로 유지되는 것처럼 반응 정도, 저항선 같은 많은 징후는 더 폭넓은 변동에서도 똑같이 작동한다. 테이프 분석은 본질적으로 정신적으로 활발하고 유연하며, 빠르고 정확한 결정을 내릴 수 있으므로 너무 작아서 거의 감지하기 힘든 신호와 징후에도 민감하게 반응하는 사람을 위한 직업인 것 같다.

반면 더 큰 변동이 발생해야만 거래한다는 건 사소한 징후는 무시하고 그날의 영향력 있는 소식과 그것이 감정에 미치는 영향만 강조한다는 얘기다. 그는 더 큰 손실을 감수할 준비가 되어 있어야 하고, 많은 부분에서 데이트레이더와 완전히 다른 방식으로 일을 처리해야 한다.

장기 트레이더나 투자자와 데이트레이더의 차이점을 자세히 살펴볼수록 이 두 가지 운영방식이 더욱 분리되는 것처럼 보인다. 장기 투자자는 시장과 지속적으로 접촉하지 않기 때문에 거리나 관점상의 이점이 있는 이들에게 가장 잘 맞는 듯하다.

테이프 리더가 그의 일상 업무에 이런 거래가 영향을 미치지 않도록 막을 수만 있다면, 장기 트레이딩을 통해 보조 수익을 얻지 말아야 할 이유가 없다. 예를 들어, 앞서 얘기한 레딩이 144 ⅜에서 118로 급락했을 때 실제로 전환이 이루어졌고 130 이상으로의 반등이 예정되어 있다는 것을 알고 있으므로 첫 번째 매수시점에서 장기 변동에 대비해 추가로 주식을 매수했을 수 있다.

스톱 주문을 통해 위험을 제한하고 늘어나는 이익을 보존할 수는 있었을 것이지만, 그 후 40포인트가 상승했을 때 거기에서 얼마나 이득을 얻을 수 있었을지는 모른다. 또 다른 사례는 U.S.스틸이 58¾(1908년 11월)에서 2월에 41¼로 하락했을 때다. 당시 시장은 U.S.스틸을 중심으로 움직였으니 테이프 리더도 거기에 투자했을 가능성이 크다.

이 계획에 따른 그의 첫 번째 장기 트레이딩은 통상적으로 거래하는 양보다 적어도 100주 이상 많고 40¾쯤에서 장기 보유 수량에 스톱 주문을 건다. 그는 당연히 8¾포인트 정도 반등(50까지)할 거라고 기대하지만, 시장이 또 다른 중요한 하락 조짐을 보이지 않는 이상 이 100주의 존재를 거의 잊고 지낼 것이다. 60까지 올라도 여전히 그걸 보유하고 있을지도 모른다.

이 사례는 두어 가지 기회에 불과하다. 매년 이런 기회가 수십 개씩 나타나서 테이프 리더의 수입 중 적지 않은 부분을 차지해야 한다. 하지만 이 거래는 그의 일상적인 거래와 분리해야 한다. 두 가지 거래가 서로 충돌하도록 방치하면 둘의 효과를 모두 파괴할 것이다. 만약 장기 트레이딩이 정확한 판단을 내리는 데 방해가 된다고 생각한다면 그 거래를 즉시 종료해야 한다. 두 가지 투자를 모두 하는 게 불가능하다면 한쪽에서만 활동해야 한다.

U.S.스틸 주식을 43달러에 매수해서 그중 100주는 장기 보유

하고 200주는 당일 처분하려고 했던 트레이더가 하락 징후를 알아채고는 300주를 모두 처분하고 싶은 유혹을 느끼는 모습을 쉽게 상상할 수 있을 것이다. 이때가 두 가지 측면에서 모두 능력을 발휘할 수 있는지 시험해 볼 기회다.

그는 스스로 자문해 봐야 한다. U.S.스틸이 5포인트 상승하기 전에 5포인트 하락할 것이라고 생각할 타당한 이유가 있는가? 이것은 작은 반응인가, 아니면 큰 변화인가? 여전히 강세장에서 변화가 일어나는 중인가? 주가가 지난번 하락 이후 정상적인 반등세를 보였는가? 이를 비롯해 다른 여러 가지 질문을 던져보면 그 100주를 계속 보유해야 하는지, 아니면 '깨끗이 청산'해야 하는지 결정할 수 있을 것이다.

정기적인 거래를 방해하지 않고 이런 식으로 행동하려면 유난히 강한 의지와 명석한 두뇌가 필요하다. 200주는 팔고 100주는 보유하는 건 누구나 할 수 있는 일이다. 하지만 매수와 매도, 강세장과 약세장을 동시에 처리하다 보면 그의 판단이 편향되지 않을까? 그게 문제다! 진짜 데이트레이더는 매일 장이 마감될 때 보유한 주식을 전부 청산하려고 할 가능성이 크다. 그래야 다음 날 아침 개장할 때 티커 앞에 앉아서 "난 미결제 약정도 없고 특정한 투자 의견도 없다. 가장 먼저 나타나는 강한 징후를 따를 것이다"라고 말할 수 있다.

그는 10일 동안 단 한 번의 거래로 1,000달러를 버는 것보다 같은 기간 동안 하루 평균 100달러씩 버는 걸 선호한다. 일반적으로 위험은 극히 일부에 국한되어 있고, 그의 하루 평균 수익이 아주 낮은 수준에 도달하더라도 100주당 필요한 자본금은 1,500~2,000달러를 넘지 않는다. 하루에 100주씩 60일 동안 거래하면서 얻은 손실 대비 평균 이익이 4분의 1 포인트, 즉 하루 25달러라고 가정해 보자.

　그 기간이 끝날 때쯤 되면 자본이 1,500달러 증가해서 200주를 거래할 수 있게 될 것이다. 또 다른 30일 동안 비슷한 결과를 얻으면 300주를 거래할 수 있게 된다. 이 수치를 언급하는 이유는 테이프 분석의 목표가 거액의 개별 수익을 얻는 게 아니라 1일 평균 순이익을 지속적으로 조금씩 증가시키는 것임을 다시금 강조하기 위해서다.

　얼마 전, 서해안 지역에서 온 한 남자가 사무실에 찾아와서 테이프 분석에 관한 시리즈를 읽고 감명받았다고 말했다. 그러면서 자기가 뉴욕에 온 이유는 그걸 직접 시도해 보기 위해서라고 했다. 그에게는 자본금 1,000달러가 있는데 자신이 그 일에 적합한지 알아보기 위해 기꺼이 손실을 감수할 수 있다고 말했다. 그리고 나중에 다시 찾아와서 자기 경험을 몇 가지 얘기했다는 말을 전해 들었다.

그는 트레이딩 습관을 자제하지 못하고 중개업자를 정한 지 2~3일 만에 트레이딩을 시작했다. 그는 두 달 동안 각각 10주씩 42번의 거래를 했고, 한 번에 20주 이상을 손에 넣은 적이 없다고 말했다. 그는 테이프 분석에 추측과 팁을 자주 섞었다고 인정했지만 그래도 대부분 테이프를 따랐다고 했다. 그의 손실은 1포인트를 넘기는 경우가 드물었고, 가장 큰 손실은 1.5포인트였다.

그의 최대 수익은 3포인트였다. 그는 때때로 선도주 외에 다른 주식들도 거래했다. 경험이 부족하고 팁과 추측을 예리한 판단력에 섞으려는 시도에도 불구하고, 그는 수수료와 세금 등을 내고도 수익을 올렸다. 이것은 특히 그가 거쳐 간 트레이더의 시장을 고려하면 매우 놀라운 일이다. 그가 얻은 순이익은 적었지만 이 학습 기간 동안 이익을 올렸다는 사실만으로도 충분히 축하할 만한 일이다.

아마 그가 깨닫지 못했을 또 하나의 핸디캡은 그의 환경이었다. 그는 다른 사람들이 뭘 하는지 보고 들을 수 있고, 또 그들이 뉴스, 가십, 의견을 자유롭고 공개적으로 표현하는 사무실에서 트레이딩을 했다. 이 모든 게 그에게 영향을 미쳤고, 그로 인해 테이프 분석의 기본 원칙에서 벗어나 다른 방법을 시도하려는 경향을 보였다. 하지만 그래도 끈기 있게 일을 진행하면서 규율을 지키는 모습도 약간이지만 보여줬다.

손실과 미결제 약정을 줄이는 기술을 익히고, 테이프 분석의 기본 원칙으로 돌아간다면 곧 다른 결점을 극복하고 놀라운 발전을 보이기 시작할 것이라고 믿어 의심치 않는다. 광범위하고 활발한 시장을 감안하면 일평균 수익을 늘려야 한다. 투자도 사업이다. 그도 틀림없이 이 사실을 배웠을 것이다.

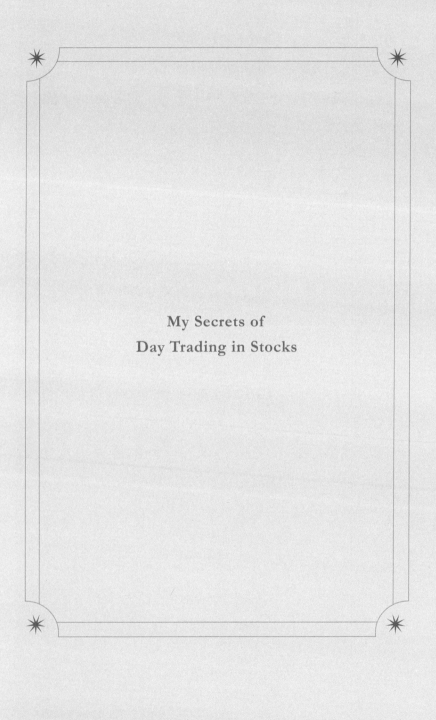

My Secrets of
Day Trading in Stocks

10

다양한 사례와 제안

　최근의 트레이딩 관찰과 실험을 통해 초기 변동을 보고 움직임 범위를 판단하는 건 비현실적이고, 거의 불가능하다는 확신이 들었다. 중요한 변동은 대부분 가장 겸손한 방식으로 시작된다. 중요한 하락의 정점에는 적은 거래량과 낮은 가격으로 이동하려는 경향만 존재할 수도 있지만, 그 결과 무겁고 침체된 시장으로 발전하면서 격렬한 하락으로 끝날 가능성도 있다.

　만약 시장이 3포인트 반경 안에서 움직이다가 갑자기 새로운 생명과 활동을 시작해 예전 경계를 뚫고 나온다면 그걸 따라가야 한다. 모든 움직임을 따라잡으려고 노력하라는 얘기가 아니다. 주가가 3포인트 오른 뒤 거래량이 줄면서 1포인트 또는 1.5포인트 정도 떨어진다는 것은 추세 변화가 아니라 완벽하게 자연스러운 반응이라고 여겨야 한다.

전문 투자자라면 3포인트 모두 자신에게서 벗어나게 내버려두지 않을 것이다. 첫 번째 좋은 반응을 통해 높은 수치에 가까워질 때까지 스톱 지점을 계속 밀어 올린다. 주식을 매수한 뒤 새로운 고점으로 서서히 올라간다는 징후가 나타나지 않는 이상, 가격이 다시 고점에 가까워지면 매수한 물량을 전부 매도한다.

거래량에 대해 연구하면 할수록 테이프 분석의 가치를 더욱 잘 깨닫게 된다. 하나의 주식이 괜찮은 규모의 '초단기 거래'를 할 기회를 주지 않고 3포인트 범위 안에서 한 번에 며칠씩 머무르는 경우가 종종 생긴다. 이 경계를 벗어나지 않으면 갑자기 테이프에 수백 개가 아닌 수천 개 단위로 표시되기 시작한다.

이는 새로운 움직임이 시작됐다는 증거지만, 반드시 처음에 표시된 방향으로 가는 것은 아니다. 테이프 리더는 즉시 추세를 따라야 하지만, 추세가 명확해지고 거래량이 계속 증가해서 이전의 한계를 깨뜨리기 전까지는 주의를 기울여야 한다. 그 이유는 주가가 갑자기 상승하는 건 대형 투자자의 매각을 촉진하기 위한 것일 수도 있기 때문이다.

진짜 움직임과 허구의 움직임을 구분하는 가장 좋은 방법은 작은 반경 내에서 비정상적으로 많은 거래량이 발생하지 않는지 경계하는 것이다. 이는 대개 조작의 증거다. 많은 거래량은 구매자를 끌어들이고 투자자의 손을 위장하기 위한 수단일 뿐이다.

1909년 6월에 레딩 주가가 159¾에 이르렀을 때도 이런 식의 플레이가 발생했다. 당시 159의 0.5포인트 반경 안에서 약 8만 주가 거래되는 걸 봤는데 이것은 시세가 곧 하락할 거라는 명백한 예고였다. 이 경우는 주가가 내려가기 전에 미리 올려놓은 경우였는데, 움직임을 정확하게 해석해서 하향 변동에 잘 대비한 테이프 리더는 상당한 돈을 벌었을 것이다.

사람들이 "이 시장에는 대중이 없다"라며 불평하는 얘기를 자주 듣는다. 마치 그게 주가가 오르지 말아야 하거나, 시장을 피해야 하는 이유인 것처럼 말이다. 화자는 보통 '대중'을 구성하는 이들 중 한 명이지만, 그는 그 말을 '나를 제외한 모든 외부인'을 의미하는 것으로 여긴다. 많은 사람의 판단에 따르면 시장은 대중이 없는 편이 더 낫다.

확실히 중개인들은 변동이 심하지 않고 시장이 질서 있게 움직이며 일반적인 조건에 더 정확하게 반응하는 큰 사업을 좋아하지 않는다. 일반 대중이 개별 주식 구매를 주도하는 시장은 주식시장의 정보를 1/8 단위로 평가하는 사람들이 탐닉하는 일종의 투기적 '취향'을 나타낸다.

안개가 걷히면 월스트리트는 방법도 모르고, 그것을 배울 때까지 기다리지도 못한 피해자로 가득 찬다는 사실을 다들 알고 있다. 그러나 그들의 매매는 격렬한 변동을 일으키며, 이런 점에서 3포인트보다 10포인트 변동을 훨씬 선호하는 테이프 리더에게 유리하다. 하지만 이를 상쇄하는 몇 가지 단점이 있다.

첫째, '누적 마진 폭발'이 일어나는 시장에서는 테이프의 정보가 너무 뒤처져 있어서 해당 가격 근처에서 거래를 실행할 수 있는 경우가 거의 없다. 특히 상대적으로 부진했던 종목의 활동이 활발해질 때 그렇다. 돈을 가진 많은 사람이 테이프에 나타난 이런 명백한 기회에 이끌려서 돈을 벌려고 안간힘을 쓰는 바람에 모두가 생각보다 많은 돈을 지불하게 된다. 따라서 테이프 리더는 보고서를 받을 때까지 자신이 어디쯤에 있는지 알 수 없다.

그의 테이프 가격은 5분 늦게 표시되고, 중개인은 너무 바빠서 주문을 실행하는 데 몇 초가 아니라 4~5분이 걸린다. 또 스톱 주문은 그가 지정한 스톱 가격에서 몇 분의 1 또는 몇 포인트 떨어진 지점에서 실행되곤 한다. 그러니 어떤 가격으로 실행될지 알 수 없다. 반면, 일반 시장에서는 저항점에서 1/4포인트 안에 스톱 주문을 설정할 수 있고 가격 변화를 일부러 따라가지 않아도 지정한 스톱 지점의 1/8 안으로 가격이 들어오는 경우가 종종 있다.

스톱 주문 관련: 보호와 이익을 위해 자신의 스톱 지점을 조작할 수 있는 방법으로, 경험이 쌓일수록 더 다양해진다. 테이프 리

더가 거래당 또는 하루당 평균 수익을 얻기 위해 투자하는 경우, 그는 1포인트의 이윤이 손실을 보게 내버려 두거나 이윤의 일부를 보존할 수 있는 지점에서 더 큰 이익과 '연결'하는 데 실패하면 안 된다.

    내가 최근에 한 거래를 통해 이 아이디어를 설명해 보겠다. 나는 방금 두어 가지 거래를 성사시켰는데 그 거래의 총손실이 1포인트를 약간 넘었다. 둘 다 매수 포지션에서의 거래였다. 시장이 하락할 조짐을 보이기 시작했고 레딩이 그중 가장 취약한 종목으로 꼽히기에 150¾에 공매도했다. 잠시 뒤 레딩은 150 이하로 팔렸다. 손실이 발생하지 않도록 내 스톱 지점이 아래로 내려갔고, 약간의 반등과 또 다른 하락을 거치면서 이익을 보장할 수 있는 새로운 스톱 지점이 생겼다.

    세 번째 드라이브가 시작되었는데 늦은 시간이라 이게 마지막 급락이라고 생각했고, 당시 테이프 가격의 1/4 이내까지 스톱 지점을 내렸다. 내 주문량이 거의 바닥났을 때쯤 가격이 이 최신 스톱 지점에서 한참 떨어져 있었다. 그래서 판매가 가장 격렬해졌을 때 중개인에게 '시장가'로 처리해 달라고 했다. 지불한 가격은 당일 최저가의 1/4 이내였고, 수수료를 내고 나자 2⅝의 순이익이 남았다.

나는 이 수익 보장 방법을 강력하게 지지한다. 또 이 경우 거래를 종료하는 것보다 중지하지 않는 편이 더 나았을지도 의문이다. 스톱 지점이 상승이나 하락을 바짝 따라가도록 하면, 더 높은 수익을 올릴 길이 열린다. 하지만 자신의 의지로 거래를 종료하면 모든 기회가 차단된다.

매일 장이 마감되기 전에 모든 거래를 종료하는 게 습관이라면, 장 마감 마지막 15분 동안 평소보다 가까운 곳에 스톱 지점을 설정하고 원하는 방향으로 급격한 움직임이 발생하면 최고 가격에서 약간 떨어진 스톱 지점에서 거래를 완료할 수 있다.

스톱 주문을 이용한 이 계획은 각 거래마다 이윤을 마지막 한 방울까지 짜내고 유지할 수 있는 부분은 절대 잃지 않는 게 목표다. 투자자가 53에 주식을 공매도했는데 51까지 하락한다고 가정해 보자. 시장이 큰 폭으로 하락할 시기가 되지 않은 이상 스톱 지점을 51¼까지 내리지 않는 건 어리석은 일이다.

이 스톱 지점에서는 결과가 만족스러울 수 있는 기회가 세 번 중 두 번 있다. 1) 가격이 더 낮아져서 더 많은 이익을 얻을 수 있다. 2) 정상적인 반등으로 주가가 52까지 올라 스톱 지점에 도달하면 그 가격에 다시 주식을 내놓을 수 있다. 3) 주가가 51¼까지 반등해 그의 스톱 지점에 도달했다가 다시 하락한다. 그러나 그는 추가적인 이익 상실을 슬퍼할 기회가 거의 없다. 만약 주식이 가능한 최대 지점까지 반등하지 않고 51½이나 51⅜ 정도까지만 올라가면서 여전히 무겁게 움직인다면 다시 하락할 거라고 예상할 수 있다. 이때는 적어도 수수료를 커버할 수 있을 정도의 가격으로 다시 매도할 시간이 충분하다.

시장 양쪽에서 동시에 초단기 거래를 시도하는 것만큼 혼란스러운 일도 없다. 여러분은 어떤 특별한 이유 때문에 가격이 오르고 있는 주식을 매수하거나, 지속적으로 약세를 보이는 다른 주식을 매도할 수 있다. 이 두 트레이딩 모두 잘될 수도 있지만, 그 사이에 판단력에 문제가 생겨서 다섯 가지 중 네 가지 경우에 어리석은 실수를 저지르게 될 것이다.

딕슨 G. 와츠Dickson G. Watts가 말했듯이, "맑은 정신을 유지하고 신뢰할 수 있는 판단을 내리도록 노력하라." 트레이더가 시장의 상반된 양 끝에서 활발하게 일할 때는 정신이 맑을 수 없다. 약세 신호는 한 거래에는 유리하고 다른 거래에는 불리하다.

그는 모든 발전이 자신에게 유리하다고 해석하면서 자신 역시 반대편에 있다는 중요한 사실을 잊어버린다. 한 종목을 매도했는데 다른 괜찮은 종목이 있다면 공매도를 커버할(가능하면 하락장에서) 때까지 기다렸다가 다른 종목에 매수 포지션을 취하는 게 훨씬 낫다.

커버링과 매수를 위한 가장 좋은 시기는 침체기이며, 이 경우 이중의 목적을 달성할 수 있다. 그는 어떤 거래가 이익을 위해 가장 좋은 기회를 제공하는지 미리 결정해야 한다. 그래서 행동해야 할 순간이 왔을 때 바로 행동에 나설 수 있다. 이것은 시장 과학을 이용하지 않는 다른 투자자들에 비해 테이프 리더가 가진 큰 이점 중 하나다.

그는 후보를 하나씩 제거해 나가는 과정을 통해 시장의 어느 쪽과 어떤 주식이 최고의 기회를 제공하는지 판단한다. 움직임이 시작될 때부터 발을 들이거나, 움직임이 시작된 후 첫 번째 반응을 기다린다. 그는 반락 과정에서 자기 주식이 어느 지점에 와야 하는지 알고 있고, 그때 주식이 움직이는 방향을 보고 자신의 첫인상이 맞았는지 잘못됐는지 판단한다.

시장에 들어온 뒤에는 기대에 따라 행동하거나, 아니면 트레이딩을 포기하고 즉시 거기에서 벗어나야 한다. 강세장이라면 거래량이 늘어야 하며, 그 외의 시장은 그 상황을 어느 정도 지지하거나 적어도 반대로 가지 않아야 한다. 반락하는 경우 상승할 때보다 거래량이 적다면 이는 압력이 심하지 않다는 걸 나타낸다. 상향 변동이 발생할 때마다 지속시간이 길어지고 새로운 고점에 도달해야 하는데, 만약 그렇지 않다면 이는 상승세가 일시적이거나 최종적으로 그 힘을 다했다는 뜻이다.

테이프 분석은 처음부터 참여할 수 있게 해 주고, 가격이 움직이는 내내 정보를 알려주며, 거래가 끝나면 빠져나오게 해 주는 유일한 거래 방법이다. 월스트리트에서 이렇게 해 주는 사람이나 방법, 시스템 혹은 다른 것에 대해 들어본 적이 있는가? 이 방법을 따른 비교적 소수의 사람은 큰돈을 벌었다. 이 기술을 경험하면서 본능과 판단력을 날카롭게 키우고 피해야 할 것을 깨달으면 고도의 전문가가 되어 점점 더 성공할 수 있다.

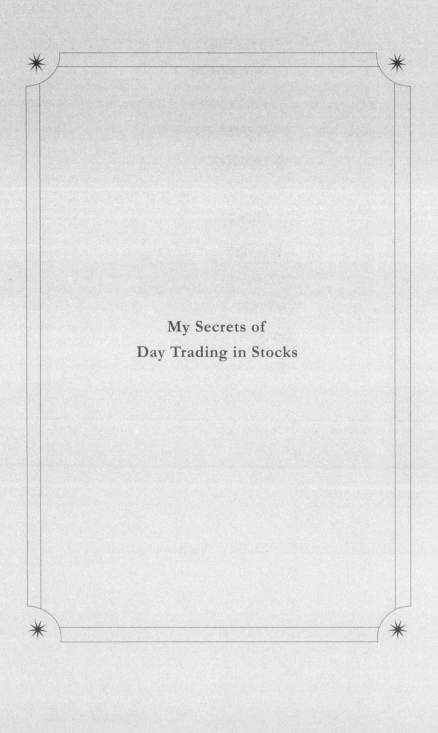

My Secrets of
Day Trading in Stocks

11

극복해야 할 장애물: 잠재적 이익

정신적 안정은 테이프 리딩에 없어서는 안 될 요소다. 일에 집 중할 수 있도록 정신적으로 완전히 자유로워야 한다. 특정한 일 을 주어진 시간 안에 해내야 한다는 기분이나 두려움, 불안, 탐욕 등을 느끼지 말아야 한다.

테이프 리더가 감정을 잘 통제하면 마치 도미노 게임을 하는 것처럼 일을 처리할 것이다. 이런 태도를 취하는 데 방해가 되는 게 있다면 전부 제거해야 한다. 예를 들어, 일련의 비정상적인 손 실이 발생했다면 트레이더는 그 원인을 밝혀낼 때까지 트레이딩 을 중단하는 게 좋다.

다음은 테이프 리더가 지켜야 할 7계명이다.

1. 과도하게 거래하지 말자!

거래를 너무 자주 하는 사람들이 있다. 매일의 움직임 속에서 많은 수익 기회가 발생하지만 그중 가장 괜찮은 기회에만 뛰어들어야 한다. 서둘러서는 안 된다. 오늘의 기회가 요구사항을 충족하지 못하더라도 시장은 내일도 그 자리에 있을 것이다.

2. 불안을 없애자!

기록하고, 손실을 피하고, 일정 기간 동안 일정한 수익을 확보해야 한다는 불안감은 판단력을 크게 왜곡하기 때문에 수익률이 낮아진다. 테이프 분석은 알을 낳는 것과 비슷한 좋은 거래 방식이다. 암탉이 필요한 만큼 먹이를 먹고 자기 둥지로 평화롭게 물러가도록 내버려두지 않는다면 제대로 된 알을 낳지 못할 것이다. 개나 어린 소년들에게 시달리거나 6개의 알을 낳을 수 있는 재료를 가지고 7개를 낳으려고 한다면 순수익이 엉망이 될 것이다. 테이프 리더의 수익은 자연스럽게 발전해야 한다. 그가 주식을 사고파는 것은 이익을 얻거나 손해를 보는 것을 두려워해서가 아니라, 자신이 해야 할 일이기 때문이다.

3. 시장이 제대로 작동하지 않을 때는 거래하지 말자!

시장이 테이프 분석 작업에 적합하지 않을 때도 있다. 방향타 없는 배처럼 일정한 추세 없이 가격이 오르락내리락하거나 긍정적인 징후가 거의 나타나지 않을 때는 거래 손실 비율이 높아지기 쉽다. 이 상태가 계속되면 시장의 특성이 바뀔 때까지 거래를 미루는 게 좋다.

4. 믿을 수 있는 중개인을 구하자!

중개인이 서비스를 제대로 하지 못할 수도 있다. 이렇게 섬세한 게임을 할 때는 아주 작은 부분, 매분 매초가 중요하다. 시장 주문을 실행하기까지는 평균 1분을 초과하지 않아야 한다. 스톱 주문은 객장의 적절한 위치에서 실행되므로 더 짧은 시간 안에 보고해야 한다.

나는 주문 처리 시 세부 사항에 주의를 기울여서 평균 실행 시간을 1분 미만으로 단축할 수 있었다. 지금까지 얻은 가장 빠른 보고서는 25초가 걸렸다. 내 주문은 대부분 30~40초 사이에 실행되는데, 주문을 객장에 전달할 때 중개인이 전화기 근처에 있는지, 아니면 멀리 군중들 속에 있는지, 그리고 그 '군중'들이 '전화기'에서 얼마나 멀리 떨어져 있는지에 따라 걸리는 시간이 달라진다.

5. 주문을 중개인 재량에 맡기지 말자!

주문은 확실하고 정확하게 해야 한다. "호가보다 더 높은 가격에 팔려고 노력해 보고 어떻게 됐는지 알려달라"고 말하지 말고,

"호가대로 팔고 즉시 보고해 달라!"고 말해야 한다. 중개인이 일시적인 호가나 제시 가격보다 '더 잘할' 수는 없다. 일반적으로 중개인들은 어느 정도 재량권을 발휘할 수 있을 것으로 예상하고, 실제로 그편이 투자자들의 업무 전반에도 도움이 된다. 즉 시장을 잃을 가능성만 없다면 그도 더 잘하려고 노력할 것이다. 하지만 나는 내 중개인이 그렇게 행동하는 걸 바라지 않는다.

내 지표는 보통 이 방법으로 주식을 사고팔아야 하는 정확한 순간을 보여주며, 몇 분만 지연돼도 상당한 손실이 발생하는 경우가 많다. 주문 실행 속도가 몇 초 정도 단축된 덕분에, 내가 직접 스톱 주문을 설정하고 스톱 가격에 도달하면 전화를 걸어 시장가로 주식을 사거나 팔 수 있게 됐다. 관련 분야 전문가나 다른 거래 중개인이 아니라 내 담당 중개인이 주문을 처리하기 때문에 결과가 매우 만족스럽다.

6. 경계를 게을리 하지 말고, 손실을 입은 후에도 침착하라!

테이프 리더는 자신의 판단에 방해가 되지 않을 정도의 금액으로만 거래하도록 주의해야 한다. 만약 일련의 손실로 인해 화가 난다면 거래하는 주식 수를 평소의 1/2이나 1/4, 혹은 심지어 10주로 줄여서 거기에 얽힌 돈이 더 이상 중요한 문제가 되지 않도록 하는 게 손쉬운 해결 방법이다. 그러면 약간의 자기 성찰 기회가 생긴다.

7. 신체적, 정신적으로 건강한 상태를 유지하자!

어떤 이유로든 몸 상태가 좋지 않거나 정신적 기민함이 보통 수준 이하일 경우, 그 일을 하면서 생기는 흥분을 견디지 못할 수도 있다. 예를 들어, 에너지가 고갈된 상태에서는 모든 가격 고시를 기억하거나 움직임을 빠르고 정확하게 계획하고 실행하는 게 불가능할 수 있다. 모든 능력을 자유롭게 발휘하는 걸 방해하는 이런 상황이 발생하면 그날 업무를 끝내는 게 최선이다.

몇몇 사람은 며칠이나 몇 주 동안 버티다가 장이 크게 움직일 때 그 이점을 최대한 활용하면 하루에 많은 수익을 올릴 수 있는데, 굳이 거래당 얼마 안 되는 평균 이익을 목표로 하는 건 무의미하다고 생각할지도 모른다. 가끔 이익에 상응하는 손실 위험을 감수하면 더 많은 수익을 올리는 게 가능하지만 문제는 우리가 얼마나 많이 벌 수 있느냐가 아니라, 얼마나 많은 순수익을 낼 수 있느냐다. 테이프 분석은 수익 창출을 제조 기반으로 축소한다.

이들의 누적된 힘이 충분히 발휘되면 소액의 수익이 어떻게 쌓이는지 보여주기 위해 자본금 1,000달러를 가지고 시작해 250일 동안 거래한 결과를 나타내는 표를 준비했다. 테이프 리더는 하루 평균 1건의 거래를 통해 거래당 12.50달러의 이익을 올릴 수 있는 전문적인 단계에 도달했고 1,000달러가 모이면 그 즉시 거래 단위에 100주를 추가한다고 가정한다. 이 결과는 하루에 잃는 것보다 더 많은 금액을 벌 수 있는 테이프 리더의 능력에 전적으로 의존한다.

증거금이 있다면 거래할 수 있는 주식 수에는 제한이 없다. 그가 조금이라도 능숙하다면 손실을 메우기 전까지 증거금이 몇 포인트 이상 고갈되지는 않을 것이다.

그는 일반적인 의미의 피라미드식 투자를 하지는 않는다. 그냥 자본이 늘어남에 따라 주식의 양을 늘리는 것뿐이다. 모든 진취적인 사업가들은 자본과 기회가 보장되는 한 빨리 투자 약정을 늘린다. 이익을 추가 증거금으로 사용할 경우 250일 동안 매일 1/8포인트의 이익이 쌓이면 얼마나 될까?

100주면 하루 12.50달러	80일 후에 1,000.00달러
200주면 하루 25달러	40일 후에 1,000.00달러
300주면 하루 37.50달러	27일 후에 1,012.50달러
400주면 하루 50달러	20일 후에 1,000.00달러
500주면 하루 62.50달러	16일 후에 1,000.00달러
600주면 하루 75.00달러	14일 후에 1,050.00달러
700주면 하루 87.50달러	12일 후에 1,050.00달러
800주면 하루 100.00달러	10일 후에 1,000.00달러

900주면 하루 112.50달러	9일 후에 1,012.50달러
1,000주면 하루 125.00달러	8일 후에 1,000.00달러
1,100주면 하루 137.50달러	7일 후에 962.50달러
1,200주면 하루 150.00달러	7일 후에 1,050.00달러
250일 동안 총계	12,137.50달러
세금 & 수수료	-1,942.00달러
순이익	10,195.50달러

1년에 증권거래소가 약 300회 정도 개장한다고 가정하면 250일은 1년의 5/6, 즉 10개월을 나타낸다. 이때부터 테이프 리더는 거래 단위를 1,200주 이상으로 늘리지 않고도 주당 900달러, 연간 4만 6,800달러를 벌 수 있다.

몇 년 동안 시장에서 초단기 거래를 하려고 노력해 왔지만, 이윤을 충분히 올리지 못했던 한 트레이더는 이런 규칙을 적용하려던 첫 번째 시도에서 거래당 약 20달러의 손실이 발생했다고 보고했다. 하지만 손실액은 점점 줄어서 12달러, 그 후 8달러가 되었고, 마침내 잔금을 대변 쪽으로 넘기는 데 성공했다. 지금은 매일 100주당 12~30달러의 수익을 올리고 있다. 이것은 소규모 트레이더들의 예일 뿐이다. 중간 규모 트레이더들은 1,000주당 150~350달러를 버는 걸 목표로 삼아야 한다. 그 정도면 아주 잘

하는 것이다. 경험이 늘어나면 수익도 계속 늘어날 것이라고 믿어 의심치 않는다.

원하는 이익이 거래당 평균 1/8에 불과한 만큼 이익을 취하는데 한계가 있다는 의견도 있는 것 같은데, 아마 내 뜻을 제대로 이해하지 못한 모양이다. 나는 조짐이 나타나면 주식을 사고판다. 트레이딩을 할 때 그게 이익을 낼지 손해를 볼지, 금액이 얼마나 될지는 아무도 모른다. 그래서 거래할 때는 1/4~1/2포인트 정도 떨어진 지점에 스톱을 설정해서 보호받으려고 한다. 그러면 내가 감수해야 하는 위험은 여기에 수수료와 세금을 더한 정도의 수준으로 제한된다.

거래가 내게 유리하게 진행되면, 가급적 빨리 손실이 발생할 수 없는 곳까지 스톱 지점을 밀어 올린다. 나는 이윤을 맹목적으로 추구하지 않고 거래를 종료해야 할 조짐이 보이지 않는 선까지만 허용한다. 내가 정한 스톱 주문 지점이 어디든, 난 항상 위험 신호를 주시한다. 때로는 거래가 종료되기 전에 미리 그 신호에 대처하기도 한다.

어떨 때는 갑자기 캄캄한 하늘에 번개가 치는 것처럼 테이프에 "나가라"는 신호가 갑작스럽고 선명하게 나타나기도 한다. 테이프에 "나가라"는 신호가 나타나면, 그날 얼마나 많은 이익과 손실을 입었는지 혹은 내가 앞서고 있는지 뒤처져 있는지 계산하려고 머뭇거리지 않는다.

평균 이윤을 늘리려고 노력하긴 하지만, 몇 포인트를 벌거나 잃었는지보다는 스스로 경계를 게을리 하지 않는 데 더 신경을 쓴다. 단호한 침착성과 정확성, 생각의 신속성, 판단의 정확성, 거래 계획 및 실행의 신속성, 선견지명, 직관, 용기, 진취성을 통해 나 자신을 완성하려고 노력한다. 이런 면에서 나 자신을 잘 통제하면 평균적으로 이익을 올리게 될 것이다. 단지 실천의 문제일 뿐이다.

이 방법이 실제로 얼마나 정확하게 이루어졌는지 보여주기 위해, 최근에 하루 동안 6개의 주문(세 번의 매수와 세 번의 매도)이 포함된 세 차례의 거래를 진행했던 일을 설명하겠다. 6개 주문 가운데 5개 주문에서는 보이지 않는 8분의 1의 문제가 내게 불리하게 작용하지 않았다. 여섯 번째 주문의 경우, 내가 주문을 넣은 판매가보다 주식이 5/8나 상승했다.

자세한 내용은 다음과 같다. 장이 시작되었지만 신규 매매가 없었다. 몹시 침체된 상태였던 캔자스시티 서던을 $46\frac{3}{4}$달러에 2,600주를 매각한다는 내용이 테이프에 떴다. 나는 매수 주문을 했고, 그게 '포스트'에 도착하기도 전에 테이프에 $46\frac{7}{8}$과 47이 기록되었다. 주가가 꾸준히 상승해서 $48\frac{5}{8}$에 팔리다가 다시 $48\frac{1}{2}$로 돌아온 걸 보고 매도 주문을 했다. 다시 $48\frac{5}{8}$까지 올라가지는 않았다.

다음 거래 대상은 레딩이었다. 레딩이 그 엄청난 위력에도 불구하고 견제를 받고 있는 모습을 봤다. 그 주식은 158로 거래가 개시되었다. 어느 정도 급상승한 뒤 반락이 다가오는 게 보였다. 반락이 시작되어 주식이 157½에 팔리고 있을 때 매수 주문을 해서 157⅝에 손에 넣었다. 그 즉시 주가가 158¾로 상승했다. 나는 매도 지침 가격을 확인하고 테이프에 그 가격에 나온 주식이 있을 때 주문했다. 하지만 재매수를 정당화할 수 있을 만큼의 반응을 보이지 않다가 나중에 159⅜으로 올랐는데, 이는 내 매도 지침 가격보다 5/8 높은 것이다.

서던 퍼시픽이 갑자기 승자로 떠오르기에 135에 샀다. 그러자 즉시 135½로 올랐다. 시장의 나머지 부분에서 일시적인 과잉 거래가 시작된 듯해서 그 주식이 135½일 때 매도 주문을 했다. 결국 그게 그날의 최고가로 판명됐고, 여섯 차례의 주문 중 매매하자마자 내게 유리하게 움직인 다섯 번째 주문이 됐다.

이 사례는 해당 트레이딩 방법에서 가능한 높은 정확도를 보여주는 예이다. 이런 성과를 자주 올릴 수 있다고 말하지는 않겠지만, 내 트레이딩의 많은 부분에서 그렇게 하려고 꾸준히 노력하고 있다.

하루에 2⅜포인트를 벌고 다음 이틀 동안 2포인트를 잃는다면 사흘 동안 3/8포인트, 즉 하루 평균 1/8포인트씩 번 셈이다. 연패하는 때도 있고 연승하는 때도 있을 것이다. 때로는 낙담하거나 용기를 잃기도 하겠지만, 올바른 자질로 이루어진 사람이라면 곧 모든 장애물을 극복하고 원하는 목표에 도달할 것이다.

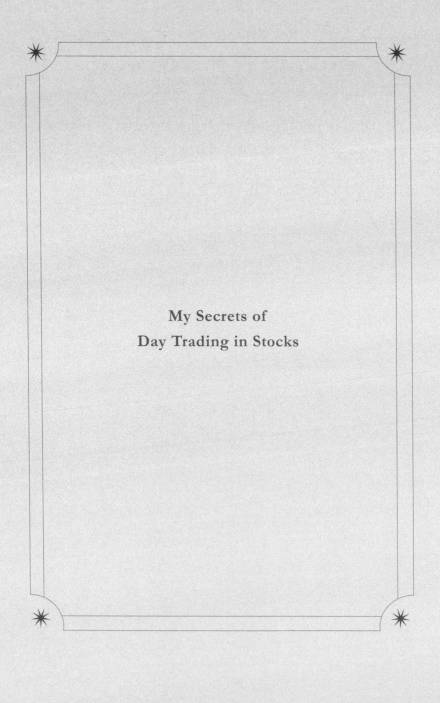

My Secrets of
Day Trading in Stocks

12

거래 종료

테이프 분석을 배우는 학생, 특히 자신의 지식을 실행에 옮기는 사람은 끊임없이 새로운 아이디어를 발전시키면서 이전에 사용하던 방법을 수정한다. 새로운 정상으로 올라설 때마다 그의 시야는 더 넓어진다. 장애물이었던 것들은 사라지고 그가 겪는 문제는 점점 단순화된다.

앞서 테이프 분석을 가격의 즉각적인 추세를 판단하는 기술이라고 정의했다. 대부분의 트레이딩에서 이를 성공적으로 할 수 있다면 이익이 증가할 것이다. 하지만 추세를 인식하고 적절한 시점에 참여하는 건 이 일의 절반에 불과하다.

거래를 언제 끝내야 하는지 아는 건 완전한 거래에서 가장 중요한 부분까지는 아닐지 몰라도 매우 중요한 일이다. 난 거래의 어느 시점에선가 손실 거래의 상당 부분이 내가 즉각적인 추세라고 부르는 것의 정점에 도달하지 못하는 것 때문에 발생했다는 것을 알게 됐다.

사례를 보면 이를 확실히 알 수 있다. 어느 날 뉴욕 센트럴이 강세장에서 반등세를 보인 종목 중 가장 강한 기세를 나타냈다. 레딩과 U.S스틸은 압박을 받고 있었다. 내 지표는 모두 강세였기 때문에, 레딩과 U.S스틸 모두 일관되게 공매도할 수 없었다. 나는 매수 기회를 찾고 있었다. 시장이 하락하기 시작했고, 레딩과 U.S스틸이 특히 심한 타격을 받았다.

나는 그들을 자세히 관찰했고 이 두 종목의 매도가 멈추는 걸 보자마자 뉴욕 센트럴을 매수해서 137¼에 손에 넣었다. 뉴욕 센트럴은 다시는 그 지점까지 내려가지 않았고, 10분 만에 5,000주에 139달러가 제시됐다. 내 매수 지침 가격이 딱 이 정도 상승을 가리키고 있었기 때문에 여기서 팔았어야 했다. 특히 외부 구매자들을 꾀기 위한 미끼처럼 보이는 극적인 가격 제시로 상승세가 절정에 달하는 모습을 봤을 때 팔았어야 했다. 물론 주가가 더 올랐을 수도 있다.

이날의 주된 추세는 상승세였고, 한동안 139에서 고점이 지속되었다. 나는 주식이 그 수치에서 반락할 것으로 생각했고, 실제로도 그랬다. 하지만 정상적인 반락의 바닥에 도달했을 때 새로운 구역에서 매도가 발생하는 바람에 시장 전체가 크게 하락했다.

그 결과, 내 수익이 원래 예상했던 것보다 훨씬 줄어들었다. 이 거래는 사실 139에서 시끄럽게 호가가 제시됐을 때 매도하고 반락이 끝난 뒤에도 지표가 여전히 상승세일 경우 다시 주워 담았어야 했다. 그렇게 했다면 매수 기회를 기다리는 게 아니라 매도를 노리는 위치에 있었을 것이다.

이 책 초반부에서 내 견해를 수정할 권리를 유보했기 때문에, 적극적인 테이프 분석을 통해 얻을 수 있는 최선의 결과는 움직임이 일어날 때 바로 알아차리고, 시작될 때 들어가서 끝날 때 빠져나오는 것이라는 주장을 기록할 생각이다. 이 방법으로는 하루 동안 가장 활발하게 움직인 한 종목의 등락을 모두 파악하지 못하겠지만, 그래도 작은 이익을 많이 안겨줄 것이다. 그리고 최종 결과는 어느 한 종목의 반락을 통해 실현한 수익을 능가할 것이다.

무엇인가에서 벗어나야 한다고 느끼는 사람과 투자할 돈이 있고 새로운 거래를 할 기회를 찾는 사람은 정신적인 사고 과정이 매우 다르다. 작은 움직임의 시작과 끝은 삼각형을 통해 잘 설명할 수 있다. 좁은 끝부분은 움직임의 시작을 나타내고, 넓은 끝부분은 움직임이 끝나는 것을 나타낸다. 상향으로의 움직임 폭은 다음과 같이 나타난다.

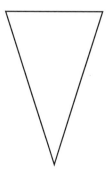

그리고 하향 움직임은 다음과 같다.

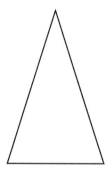

이러한 수치는 움직임이 진행됨에 따라 확대되는 특성을 나타
내며 결국 비교적 활동적인 상황이 우세해질 때까지 거래량과
활동량, 거래 건수가 어떻게 늘어나는지 보여주기 위한 것이다.
이 원칙은 규모가 더 큰 시장 움직임에서도 동일하게 작용한다.
1909년 8월, 호황의 끝을 알리는 몇 차례의 세션에서 유니언 퍼시픽이 극적으로 상승했다.

거래를 종료한 후 테이프는 다음 반락 때 같은 주식을 다시 매수하는 게 좋을지, 아니면 다른 종목이 더 높은 수익을 올려줄지 알려준다. 종종 어떤 주식이 선두 주자가 되기 전에 두세 차례의 변동을 거치기 위해 준비하는 모습을 볼 수 있다. 이것은 좋은 일이지만, 연구와 실천을 통해 가장 복잡한 징후를 명확히 알 수도 있다.

그리고 이제 데이트레이딩을 실용적인 거래로 바꾸려고 노력하는 여러분에 대해 한마디 하겠다. 어떤 결과를 얻을 수 있느냐는 전적으로 여러분에게 달려 있다. 각자 이런 제안이나 다른 데서 얻은 제안을 바탕으로 자기만의 트레이딩 방법을 찾아야 한다.

사람마다 취향이 매우 다르므로 학생이 자신의 지식을 시장에서 실제로 시험해 보지 않는다면 '책으로 배운 지식'이 아무리 많아도 소용이 없을 것이다. 주식시장과 관련된 주제에 익숙하지만 겉보기에 테이프 분석과는 아무 관련도 없어 보이는 것이 어떻게 추론할 기회나 도움으로 이어지는지 놀랍다.

그래서 어떤 책이 이런 제안을 보완하는 데 가장 적합하냐는 질문을 받으면 나는 '손에 잡히는 대로 다 읽어라'고 말한다. 책에서 단 하나의 아이디어만 발견해도 책을 구해서 읽느라 들인 시간과 돈의 가치가 충분하다.

월스트리트는 돈을 벌겠다는 희망을 품고 그곳에 가 있긴 하지만 그 문제를 실용적으로 사업적 관점에서 바라보라고 설득할 수 없는 사람들로 붐빈다. 그들은 절대 공부 같은 걸 하지 않는다. 공부를 하려면 장시간 힘들게 노력해야 하는데 투기꾼은 게으름의 화신이기 때문이다.

거래량 증가나 하락 같은 일정한 부분에 자신의 믿음을 고정하고, 그것을 테이프 분석이라고 부르는 이들을 종종 만난다. 어떤 사람들은 차트 같은 기계적인 지표를 바탕으로 아무 생각 없이 거래하면서 자신은 시장을 읽는 척한다. 그리고 테이프를 소리 내어 읽으면서 거래가 성사될 때마다 시끄럽게 외쳐대고, 강세인지 약세인지 보여주는 높고 낮은 고시 가격을 강조하는 부류도 있다.

이들과 비슷한 부류의 사람들은 그저 피상적인 부분만 보고 투자한다. 만약 이들이 하루 5~6시간씩(지금은 거의 낭비하고 있는 시간) 투자 사업을 면밀히 연구한다면, 연말쯤에는 더 만족스러운 수익을 올리게 될 것이다.

현재 그들 대다수가 손해를 보고 있다. 하지만 내 생각에 테이프 분석이라는 주제와 관련된 최초의 실용적인 글인 내 제안을 통해 많은 사람이 과학적 투자의 가능성을 생각하게 됐다는 건 만족스러운 일이다.

이것은 내가 받은 많은 편지에 나타나 있는데, 대부분 먼 지역에 사는 트레이더들이 보낸 것이다. 현재 큰 변동에 대비해 장거리 투자를 수행하고 있는 이들은 테이프 리더로서의 능력을 테스트해 보기를 갈망한다. 아마 편지를 보낸 이들은 그런 생각을 가진 사람들 가운데 소수에 불과할 것이다.

그런 사람들 모두에게 당신도 테이프 분석을 잘 해낼 수 있지만 그러려면 먼저 시장에 대한 광범위한 기초 지식을 습득해야 한다고 말하고 싶다. 최근 젊은 가수 지망생에게 조언해 달라는 요청을 받은 한 가수는 이렇게 말했다. "먼저 '개성'을 키워야 한다. 그것은 음악 외에 많은 것을 연구해서 발전시킨 지능이다." 기본 원칙 몇 가지를 아는 것만으로는 충분하지 않다. 깊은 이해가 필요하다.

물론 여기서 얘기한 '거래 요령'을 여러 가지 익히면 그것만으로도 성공적인 거래가 가능하다. 전체 주제의 일부를 구성하는 작은 아이디어도 그것 자체가 하나의 방법으로 자리 잡을 때까지 노력해서 정교하게 다듬을 수 있다. 이런 쪽에는 무한한 가능성이 있으며, 합법적이기만 하면 결국 시장에서 돈을 끌어내는 방법은 문제가 되지 않는다.

하지만 사실 테이프 분석은 모든 걸 고려한다. 테이프에 나타나는 모든 사소한 특징들은 끝없이 이어지는 '움직이는 그림' 중 하나를 형성하는 데 나름의 역할을 한다. 오랫동안 테이프 연구를 해 왔지만, 이 '그림들' 중 똑같은 걸 본 적이 없다.

5일간의 거래 세션마다 절대 반복되지 않는 수백 가지 상황이 발생하기 때문에, 모든 경우 또는 대부분의 경우에 맞는 간단한 규칙을 만드는 것은 불가능한 일이다. 이는 차트와 차트 '그림'은 단지 안내서일 뿐이며, 필요한 순간 시장에 대한 판단을 내릴 때는 의존해서는 안 된다는 걸 시사한다.

테이프 분석이라는 주제는 사실상 무궁무진하기 때문에 공부 습관을 몸에 익힌 사람에게는 더욱 흥미롭다. 필요한 기본 지식을 갖춘 테이프 분석 학습자는 이런 제안과 미래에 얻을 수 있는 다른 모든 정보를 철저히 소화해야 한다.

단조로운 반복 학습을 통해 사실을 머릿속에 집어넣는 초등학생처럼 수업을 반복해서 듣는 것만으로는 충분하지 않다. 테이프를 조달해야 하고 다양한 지표를 공부한 내용과 일치시켜야 한다. 그리고 이제 다 이해했다고 생각하더라도, 어떤 노래 가사처럼 "자신이 얼마나 아는 게 없는지 깨달을 때까지는 자신이 얼마나 모르는지를 알지 못한다"라는 걸 느끼게 될 것이다. 다른 분야에서 날 가르쳤던 강사 한 명은 내가 다 안다고 생각한 뒤에도 실제로 아는지 확인하기 위해 서너 번씩 더 검토하게 했다.

테이프를 이용해 주식 거래를 해 본 적이 없는 사람이 중개인 사무실에 가자마자 바로 일을 시작해서 투자에 성공하는 건 거의 불가능에 가깝다. 우선 주요 주식 약자를 알려면 축약된 모든 문자와 그 의미를 알아야 한다. 테이프에 나오는 모든 걸 알아야 어떤 정보도 간과하지 않을 수 있다. 그렇지 않으면 트레이더는 네 글자가 넘는 단어는 하나도 모르면서 고전문학을 읽으려고 시도하는 사람처럼 될 것이다.

흔히 돈이 있는 사람이라면 누구나 증권거래소에 자리를 사서 플로워 트레이더로 돈을 벌기 시작할 수 있다고 생각한다. 하지만 플로워 트레이딩 또한 배워야만 할 수 있는 일이고, 육체적 고생과 심적 긴장에 익숙해지고 요령을 익히려면 보통 몇 개월, 몇 년이 걸린다.

테이프 분석 기술을 가르쳐 주는 사람의 이름을 물어보는 경우가 종종 있다. 내가 아는 테이프 분석으로 수익을 올리는 사람 중에 기꺼이 강사가 되려는 사람은 없다. 그 이유는 매우 간단하다. 테이프를 통해 얻는 수익은 학생들에게 받는 수업료보다 훨씬 많기 때문이다. 단순한 경제학이다. 일상 업무에 테이프 분석을 사용하는 대규모 투자자와 플로어 트레이더 외에도 거래소에는 절대 가지 않고 자기 사무실의 티커에서 세션을 전송하는 뉴욕 증권거래소 회원들이 많다.

그들은 경험을 통해 이 방법으로 더 큰 이익을 올릴 수 있다는 걸 배웠다. 아니면 이 방법을 따르지 않을 것이다. 그들은 대부분 5,000주 이상의 단위로 거래하기 때문에 그들 업무가 하루 거래량 중에서 중요한 부분을 이룬다. 소위 준전문가라고 하는 많은 사람은 순수하게 '직관적인' 테이프 분석을 통해 투자한다.

그들은 규칙, 방법, 전략에 대한 명확한 규정이 없고 자기가 어떻게 그 일을 하는지 명확하게 설명하지도 못할 것이다. 하지만 그들은 '돈을 번다.' 그리고 그것이 가장 좋은 증거다. 성공한 테이프 리더가 비교적 적긴 하지만 그래도 이런 사람들이 존재한다는 건 이 방법으로 돈을 벌 수 있다는 게 사실이란 얘기이므로 여러분도 용기를 내야 한다.

초보자가 극복해야 하는 가장 큰 어려움 중 하나는 '두려움'이다. 자기가 이 일을 잘 해낼 수 있을지 판단할 수 있을 만큼 본격적으로 해 보지도 않고 조금 만지작거리다가 그만두는 사람이 너무 많다. 그리고 심지어 이 일에 꽤 잘 맞는 사람들도 일련의 손실에 겁을 먹고는 더 열심히 파고들어야 할 때 그만둬 버린다.

이 기술을 배우는 것 외에도 일종의 거래 성격을 형성해야 한다. 아무리 상황이 바뀌어도 낙담하거나 물러서지 않고 두려움, 탐욕, 불안, 초조 그리고 이 사업에서 이익을 얻거나 얻지 못하게 만드는 다른 수많은 정신적 요인 같은 자신의 약점을 제거하려고 끊임없이 노력해야 한다. 어쩌면 내가 어려운 과제를 제시한 것일지도 모른다. 만일 그렇다면 그걸 마스터한 이들에게는 보상이 더 클 것이다. 처음에 말했듯이 테이프 분석은 힘든 작업이다. 그 의견을 바꿀 타당한 이유는 없어 보인다.

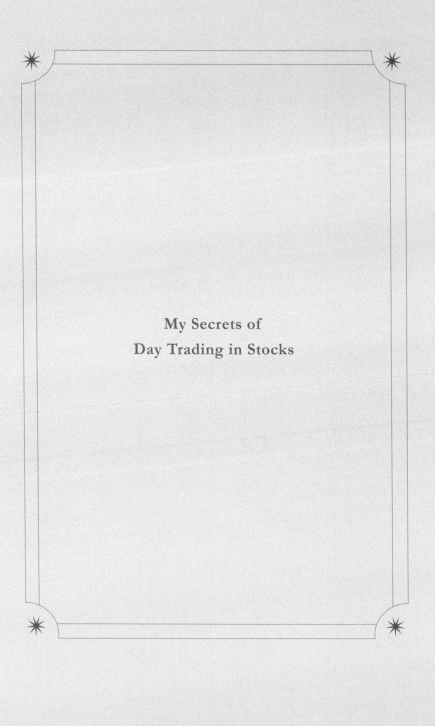

My Secrets of
Day Trading in Stocks

13

이틀 동안의 거래:
내 방식을 활용한 사례

다음은 테이프 리딩에 관한 이 책에서 제시한 방법을 그대로 따라 해서 얻은 거래 기록이다. 이 모험의 가능성을 보여주고 데이트레이딩 기술을 익히고 싶은 사람들을 격려하기 위한 것이다.

매매가로만 따지면 15건의 거래 중 13번은 성공하고 1번만 손해를 봤다는 점을 유념하기 바란다. 한 번의 거래에서는 이익도 손실도 입지 않았다. 7번은 매수, 8번은 매도였다. 이 두 세션 동안 주가가 166¾에서 170⅜(3⅝포인트) 사이를 오가면서 수많은 거래 기회를 제공했다.

모든 거래는 클로즈 스톱을 통해 보호되었는데, 어떤 경우에는 원래의 매수가 또는 매도가와 1/8 또는 1/4포인트 이상 차이가 나지 않았다. 이런 스톱 주문을 항상 한 건 아니다.

			Bought	Sold	Loss	Profit
200	Reading	long	167½	168¼		¾
200	"	short	167¼	168⅜		1⅛
200	"	long	167¼	168¾		1½
200	"	short	169⅝	169¾		⅛
200	"	short	169	169½		½
200	"	short	169⅛	170		⅞
100	"	short	169⅝	170		⅜
200	"	short	168⅛	169⅞		1¾
200	"	long	168	168		even
200	"	long	168¼	168¾		½
100	"	short	168	169¼		1¼
100	"	short	168⅛	169¼		1⅛
200	"	long	168⅛	168½		⅜
200	"	long	168¼	169		¾
200	"	short	169¼	168⅜	⅞	
2700					⅞	11
	Commission				3⅜	
	Tax (about)				¼	
						4½
	Net profits, in points					6½

이유: 활발하게 거래가 진행될 때는 스톱 주문을 속으로만 생각하다가 가격이 필요한 수치에 도달했을 때 '시장가'로 실행하면 더 빨리 변경하거나 취소할 수 있다.

와이코프의 매도·매수 시점을 결정하는 5단계 접근법

1단계 : 시장의 트렌드와 위치를 분석한다.

2단계 : 강한 종목(또는 상품)을 선택한다.

3단계 : 종목이 트렌드 전환 신호를 보일 때까지 기다린다.

4단계 : 위험을 최소화하기 위해 진입 시점을 정한다.

5단계 : 트렌드가 끝날 때 포지션을 정리한다.

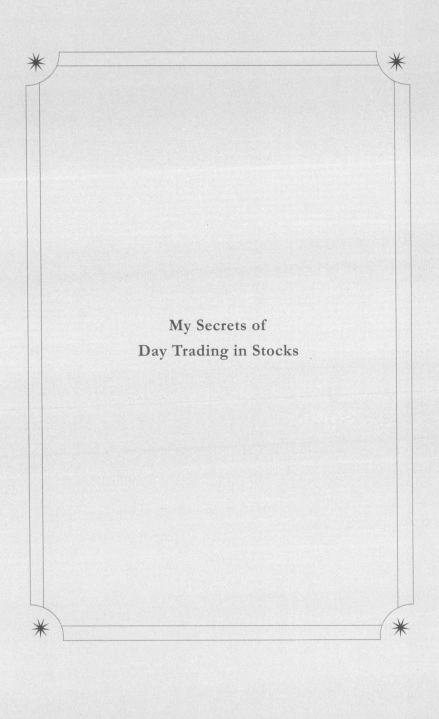

My Secrets of
Day Trading in Stocks

14

장기 거래에
적용되는 원칙

    이 책 초판은 이미 소진된 상태이기 때문에, 두 번째 판을 준비하면서 앞의 장들을 다시 편집할 수 있는 특권을 누렸다. 그 과정에서 여기 제시된 원칙들을 고려하면서 1916년 주식시장에 적용했던 이 원칙들을 다시 시험하고 비교할 수 있었다. 그리고 기존에 쓴 내용을 많이 수정할 필요가 없다는 걸 깨달았다. 유럽 전쟁 발발 이후 트레이딩 성격이 바뀌긴 했지만, 이 변화는 특수한 상황으로 인한 선도주의 변화와 변동 폭 확대를 나타낸다.

    이 규칙과 방법이 옳다는 증거는 다른 형태의 트레이딩에 적용했을 때도 발견할 수 있는데, 그중 가장 중요한 것은 시장의 중요한 전환점에서 매집과 분할 매도를 감지하는 것이다. 나는 이 방법을 이용해서 시장의 중요한 변동을 예측했고, 제한이 별로 없기 때문에 시장을 따라가는 데도 훨씬 편하다는 걸 알게 됐다.

테이프 분석 기술을 이해하는 사람들은 긴 상승 또는 하락과 그 중간의 수많은 움직임에 잘 대비한다. 시장 자체의 행동을 통해 시장을 판단할 때는 여러분이 다음 30분 동안의 변동을 예측하려고 하는지, 아니면 2~3주 동안의 추세를 예측하려고 하는지는 중요하지 않다. 가격, 거래량, 활동, 지지, 압력에 대한 동일한 지표가 두 가지 준비 과정에서 모두 나타난다.

한 방울의 물에서도 바닷물과 동일한 원소들이 발견되고, 그 반대도 마찬가지다. 주식시장에 대한 연구는 곧 현재 가격 수준의 위와 아래에 존재하는 힘에 대한 연구다. 모든 움직임에는 준비 기간, 실행 기간, 종료 기간이 있으며 가장 실질적인 움직임은 오랜 준비 과정을 거친다. 이런 준비와 힘의 집결 없이는 움직임이 지속되지 않는다.

반면 준비를 철저히 할수록 변동 가능 범위가 넓어진다. 시장의 주요 움직임에 대비하려면 몇 달씩 걸리는 경우가 많다. 대규모 투자자들이 주식을 매집하면서 발생하는 하락이 선행될 수도 있다. 그들은 심지어 이런 매집을 위한 길을 닦기 위해 하락을 촉발시킬 수도 있다.

대규모 투자자들은 주식시장 가치의 중요한 변화를 6개월~1년 전에 미리 예측하고 대비하는 능력 면에서 소규모 투자자들과 다르다. 시장 움직임의 구조를 이해하는 사람들은 다음에 발생할 큰 움직임의 방향과 가능한 범위를 알 수 있다.

따라서 호황과 공황을 중심으로 이런 중요한 전환점을 연구하는 게 가장 필수적이다. 소규모 투자자들은 엄청난 양의 증권을 사고파는 이들의 행동을 본받아야 한다. 그들이 이익을 얻을 수 있는 건 미래를 예측하는 능력 덕분이다. 선견지명을 키우려면 시장 상황을 연구해야 한다. 나는 뉴욕 파이낸스 포럼의 강연에서 주식시장에 영향을 미치는 모든 영향이 테이프와 가격 변동에 어떻게 나타나는지 보여줬다.

학생들이 다양한 지식을 습득하는 것을 말리지는 않을 생각이고 농작물, 돈, 정치, 기업 수익 같은 기초 통계를 고려하는 것도 좋은 일이다. 하지만 미래 가격에 대한 지침으로서 시장 행동을 연구하는 것은 부차적인 요인들로 희석되는 것을 정당화할 수 없을 정도로 엄청난 결과를 낳는다. 이런 주장을 하는 이유는 이른바 기본 요소보다 대규모 투자자의 위치가 더 중요하다는 확신 때문이다.

지난 몇 년 동안 나는 이 책의 원칙을 활용해서 5~20포인트 사이의 변동을 예측했다. 결과는 매우 훌륭했다. 그러므로 매우 흥미롭고 수익성 높은 이 사업을 추구하고자 하는 사람들의 개별적인 요구사항에 맞는 트레이딩 방법을 만들기 위해 이 주제를 연구해 볼 것을 추천한다.

리처드 와이코프

나는 어떻게 투자하는가

초판 1쇄 발행 2025년 3월 10일

지은이 리처드 와이코프 **옮긴이** 박선령
펴낸이 김선준, 김동환

편집이사 서선행
책임편집 송병규 **편집4팀** 이은애
디자인 엄재선
마케팅팀 권두리, 이진규, 신동빈
홍보팀 조아란, 장태수, 이은정, 권희, 박미정, 조문정, 이건희, 박지훈, 송수연
경영관리 송현주, 권송이, 윤이경, 정수연

펴낸곳 페이지2북스
출판등록 2019년 4월 25일 제2019-000129호
주소 서울시 영등포구 여의대로 108 파크원타워1 28층
전화 070)4203-7755 **팩스** 070)4170-4865
이메일 page2books@naver.com
종이 ㈜월드페이퍼 **인쇄·제본** 한영문화사

ISBN 979-11-6985-127-5 (04320)
       979-11-90977-97-5 (세트)